ŒUVRES COMPLÈTES

DE

LAMARTINE

PUBLIÉES ET INÉDITES

HISTOIRE DE LA TURQUIE

V

TOME VINGT-SEPTIÈME

PARIS
CHEZ L'AUTEUR, RUE DE LA VILLE-L'ÉVÊQUE, 43

M DCCC LXII

ŒUVRES COMPLÈTES

DE

LAMARTINE

TOME VINGT-SEPTIÈME.

HISTOIRE

DE

LA TURQUIE

V

HISTOIRE
DE
LA TURQUIE.

LIVRE VINGT-SIXIÈME

(SUITE)

XXVII

Cependant l'opinion, ce destin des mouvements politiques, se prononçait depuis quelques jours contre les janissaires et contre la sultane leur idole. La fidélité réfléchie et religieuse des Ottomans à leur prince s'était réveillée dans l'âme du peuple. L'âge tendre de Mahomet IV, l'intérêt qui s'attache à l'innocence et à la faiblesse, entourées des piéges de l'ambition et de la perfidie; la lassitude du joug d'une femme, longtemps reine, mais dont l'insatiable passion de régner survivait à l'âge; le bruit vrai ou faux que cette veuve d'Achmet Iᵉʳ, empoisonneuse de son petit-fils, avait promis sa main, ses trésors et le sceau de l'empire à Begtasch-Aga, en récompense de la perte de sa belle-fille, la sultane Tarkhan, de la déposition de Mahomet IV, de la proclamation de Souleïman ; l'horreur enfin pour le prétendu complot d'empoisonnement par cette marâtre, habilement semé dans le sérail et dans la ville, tout contribuait à passionner l'opinion publique pour Mahomet et pour sa mère.

Une faction armée et quelques oulémas, créatures obstinées de l'aïeule, étaient seuls pour sa cause aux portes du palais ; tout l'empire était pour sa rivale et pour son enfant.

XXVIII

Le grand vizir Siawousch, bien que surpris dans son palais par l'heure, par la promptitude de l'événement, par la nuit, était tranquille sur la vie et sur la liberté du sultan. Le sérail gardé, à tout événement, par des troupes, des bostandjis, des pages et des eunuques fidèles, lui répondait du jeune padischah contre toute surprise de son aïeule. Son caractère martial, sa renommée de soldat, ses services, sa vieillesse même, lui donnaient sur l'opinion et sur les spahis, ses anciens compagnons de camp, une autorité morale avec laquelle les janissaires eux-mêmes étaient obligés de transiger. Aucune révolution n'était possible sans le concours, sans la neutralité ou sans la mort violente du grand vizir ; mais sa mort même n'était que la ressource désespérée des factieux, que le sang de ce vieillard intègre aurait accusés devant les soldats et devant le peuple.

Begtasch-Aga se rendait compte de cet obstacle à son entreprise, et il avait résolu de chercher à l'éluder avant de tenter de le vaincre. Pendant que ses soldats cernaient toutes les portes des jardins du palais, afin d'empêcher le grand vizir d'y pénétrer pour défendre son maître, il convoqua, dans une mosquée voisine de la porte principale du sérail, les vizirs, les oulémas, les agas et les chefs de chambrée des troupes du parti de la sultane Kœsem. Sûr de la majorité, de la complicité et de la main de tous ces conspirateurs, il envoya sommer le grand vizir de paraître immédiatement dans cette assemblée pour y conférer avec lui sur les mouvements nocturnes de la capitale. Le grand vizir, désarmé et surpris dans son palais par une sédition militaire dont l'aga des janissaires était lui-même le moteur, n'avait pas à délibérer. Son audace et son sang-froid étaient sa seule ressource pour sauver l'empire et son maître. Il se rendit avec une apparente complaisance à l'invitation de Begtasch.

Les janissaires et les oulémas le reçurent dans la mosquée avec les respects et la déférence que les factieux, incertains de la fortune du jour, affectent pour ceux qu'ils veulent séduire avant de les intimider. Begtasch-Aga prit la parole au nom de tous; il déplora la dégradation de la gloire militaire, les frontières envahies, les flottes incendiées, les charges vendues, les monnaies altérées par l'ancien grand vizir Malek-Ahmed; les eunuques, sous une mère incapable, maîtres du gouvernement, et faisant fléchir la sagesse et les vertus des premiers hommes d'État sous les fantaisies puériles d'un enfant à qui on mettait des paroles sur les lèvres et des katti-chérifs sous la main. Il déclara, au nom des oulémas et des agas présents et unanimes, que la prolongation d'un tel fantôme de règne serait la ruine des Ottomans; que le grand vizir lui-même ne recueillerait de ses vains efforts que la responsabilité de ces désastres, la honte ou la mort; que le seul génie capable de redresser l'empire croulant était le génie de cette femme supérieure par son expérience, par son courage comme par son âge, qui avait vu sept règnes, et à qui la jalousie d'une sultane Validé, sans talent, ne disputait le dernier que pour le livrer à des esclaves et à des eunuques; qu'un seul salut s'offrait aux vrais défenseurs de la foi et de la patrie, c'était de faire descendre cette sultane du trône avec son fils, et de restaurer le règne de la sultane Kœsem en nommant son autre petit-fils, le sultan Souleïman.

« Jurez, ajouta-t-il en s'adressant au grand vizir, jurez avec nous, sur la tête de vos ancêtres, que vous nous seconderez dans ce généreux dessein. »

Siawousch, qui ne croyait pas devoir la vérité à des assassins, feignit de tremper dans cette conspiration du bien public, et jura par le Coran d'aider les rebelles à sauver la patrie. Les conjurés, satisfaits de n'avoir ni à combattre ni à immoler un homme si populaire par sa vertu, le laissèrent sortir avec honneur de la mosquée.

XXIX

Les factieux, se croyant sûrs de lui, lui permirent de franchir le blocus du sérail et de rentrer dans le palais par la porte de fer des jardins. Les affidés de la sultane Kœsem tenaient cette porte entr'ouverte pour introduire, à l'heure convenue, les janissaires de Begtasch-Aga dans le harem, où elle devait leur présenter, pour padischah, le jeune Souleïman. Cette circonstance le convainquit de la connivence de la sultane au meurtre prémédité de Mahomet IV. Il fit refermer les portes derrière lui; il posta des bostandjis à toutes les issues, et courut au sérail, résolu de mourir ou de sauver l'enfant confié à sa tutelle.

Cependant le chef des eunuques noirs du sultan, nommé Souleïman-Aga, un de ces hommes qui meurent, comme le lion apprivoisé, aux pieds du trône où l'on a rivé leurs chaînes, avait pressenti le complot et devancé, par ses mesures, la présence du grand vizir. Les pages, réveillés en sursaut à sa voix et au bruit des périls du sultan, avaient massacré leur gouverneur, qu'ils avaient cru à tort complice des janissaires, forcé les portes de leurs chambrées, couru aux armes et ameuté les baltadjis, les bostandjis, les eunuques et les agas, sur les marches de la porte *de la Félicité.*

Siawousch-Pacha, en descendant de cheval devant cette porte, harangua énergiquement les défenseurs du palais, puis, pénétrant avec Souleïman-Aga dans l'intérieur, il frappa aux portes fermées de l'appartement reculé où la sultane Tarkhan, dans l'ignorance du tumulte de cette nuit, reposait à côté de son fils. Le kislar-aga du sultan ayant voulu défendre le seuil, Souleïman-Aga le renversa mort d'un coup de poignard, et appelant les cent vingt eunuques préposés à la garde de l'enfant et de sa mère :

« Que faites-vous ? leur cria-t-il à travers la porte ; vous dormez pendant que les janissaires envahissent les abords du sérail pour vous égorger ; ces traîtres, d'intelligence avec la sultane Kœsem, veulent étrangler le padischah et élever Begtasch-Aga, leur chef, jusqu'au trône, en lui faisant épouser la *vieille*, que le poison a trompée, et qui dirige à présent le fer contre son petit-fils. »

XXX

A ces paroles les portes s'ouvrent, les cent vingt eunuques s'arment de leurs poignards, le grand vizir et Souleïman-Aga se précipitent dans la chambre de la sultane Tarkhan. Ils l'éveillent, et lui révèlent à la hâte l'extrémité du péril. Aux premiers mots du vizir, la jeune Validé s'élance de son lit auprès de son fils, qui dormait sans soupçons de la mort suspendue sur sa tête : « O mon fils, s'écrie-t-elle en se penchant sur lui et en le serrant convulsivement dans ses bras, nous sommes perdus! » L'enfant effrayé se lève sur son séant, et, tendant les bras à Souleïman-Aga : « O mon père ! lui dit-il, sauve-moi ! »

Le vizir et l'eunuque, attendris de voir leur souverain implorer ses esclaves, se jettent aux pieds de l'enfant et de la mère, et jurent de se sacrifier pour lui. Souleïman-Aga, le prenant dans ses bras, le porte en chemise, à la lueur des torches, dans la salle du trône, où s'étaient réunis tous les défenseurs du sérail, et l'élevant à la vue des pages et des bostandjis : « Que ceux qui mangent le pain et le sel du padischah, s'écria-t-il, viennent à son secours ! »

A ces lueurs, à cet aspect, à cette voix, vizirs, agas, pages, chambellans, bostandjis, baltadjis, tombent d'un mouvement unanime à genoux devant ce symbole du droit, de l'innocence, du trône, et jurent de lui donner leur sang.

« Soyez tranquille, mon padischah, dit Souleïman-Aga, s'il plaît à Dieu, toutes les têtes de vos ennemis seront demain à vos pieds. »

XXXI

Pendant ces scènes d'effroi et d'attendrissement dans le harem, le grand vizir convoquait au palais, sous peine de mort contre ceux qui perdraient une heure, tous les pachas, beglerbegs, chefs de corps, agas, lewends et grands de l'empire, avec tous ceux de leurs serviteurs armés qu'ils auraient sous la main, et des vivres pour trois jours. La haine sourde contre les janissaires, oppresseurs communs, la fidélité pour le souverain, la tendresse pour l'enfant, la confiance dans Siawousch-Pacha, remplirent avant l'aurore les quais, les jardins, les cours, les appartements du sérail d'une armée de toutes armes dont le nombre était doublé par l'enthousiasme du dévouement. Toutes les chaloupes de la flotte et les caïques du port y débarquèrent en silence les armes, les canons, les munitions de l'arsenal, suffisants pour un long siége.

L'effroi de la nuit se changeait en fureur contre les auteurs d'un si exécrable complot. Le nom de la sultane Kœsem était dans toutes les bouches. Trois cents pages et bostandjis, guidés par le chef des eunuques noirs, Souleïman-Aga, se détachèrent de la foule et se dirigèrent en silence vers le kiosque de l'aïeule pour lui enlever le prince Souleïman, au nom de qui elle prétendait régner encore.

L'eunuque de garde à la porte refuse de l'ouvrir; les pages lèvent les poignards sur sa tête; il tombe à genoux et demande la vie pour prix des révélations qu'il s'offre de faire au sultan. On le mène devant Mahomet IV; il se précipite à ses pieds, et lui remet la clef du trésor secret de sa grand'mère; mais, au moment où il balbutie une excuse et une supplication, un baltadji lui fend la tête d'un coup de hache. L'enfant, épouvanté, jette un cri d'horreur et cache son visage dans le sein du chef des eunuques, qui le portait encore sur ses bras.

XXXII

Cependant les pages et les trois cents eunuques blancs et noirs attachés à la garde personnelle de la sultane Kœsem défendaient héroïquement les portes extérieures de son kiosque et jonchaient le seuil de leurs cadavres. Souleïman-Aga dépose le sultan entre les mains du grand vizir, et court, avec une poignée de pages et de bostandjis, renforcer les assaillants. Il pénètre le premier, le sabre ruisselant de sang à la main, dans le dédale familier aux eunuques des pièces qui composent le harem.

La sultane Kœsem, au bruit de ses pas dans les corridors, croit que ce sont les janissaires de Begtasch-Aga qui viennent la délivrer et la porter au trône.

« Sont-ils là? dit-elle à voix basse en entr'ouvrant un guichet de la porte.

» — Oui, ce sont les janissaires, lui répond Souleïman-Aga ; seulement, sortez. »

Mais la sultane, ayant reconnu son erreur, et pressentant sa perte à la voix du chef des eunuques dévoué à sa rivale, se réfugie dans l'ombre de ses appartements les plus reculés, se cache dans une de ces armoires profondes où les esclaves replient pendant le jour les matelas et les tapis de nuit. Là, roulée par la main d'une de ses femmes dans un rouleau de nattes, elle espère échapper à la première fureur de ses ennemis, et laisser à Begtasch-Aga le temps d'accourir et de changer sa fortune ; mais la rage des icoglans et des baltadjis ne s'arrête ni devant l'inviolabilité du harem ni devant la majesté de la mère et de l'aïeule de tant de padischahs ; ils se précipitent, sur les traces de Souleïman-Aga, dans l'enceinte sacrée, où ils cherchent vainement leur proie.

Une esclave dévouée, sacrifiant sa vie pour celle de sa maîtresse, se présente à eux revêtue d'un riche costume, et leur dit : « Frappez, c'est moi qui suis la sultane Kœsem. »

Ils allaient plonger le fer dans son sein, quand Souleïman-Aga leur fit reconnaître l'erreur. Ils tournent un moment leurs poignards contre l'eunuque lui-même, l'accusant de conniver avec la sultane Kœsem, et de vouloir leur dérober leur victime. Mais au moment où Souleïman-Aga allait tomber sous les coups de ses propres amis, un baltadji, brisant les meubles et les armoires, saisit les pieds de la sultane sous la natte dans laquelle elle était roulée.

« Tais-toi, lui dit-elle à voix basse, et ta fortune est faite à jamais. »

Mais la haine l'emportant dans l'âme du baltadji sur l'avarice, il arrache la sultane de son asile, et appelle ses compagnons pour la contempler. Elle tenait encore dans sa main un mouchoir rempli de sequins d'or qu'elle avait eu la précaution de prendre dans son trésor pour en faire des libéralités aux janissaires qu'elle attendait ; elle s'était revêtue, dans l'attente des événements de la nuit, des plus riches étoffes de sa garde-robe impériale ; ses jambes et ses bras étaient ornés de bracelets de pierreries ; ses doigts éclataient, à la lueur des torches, d'anneaux étincelants ; elle portait en pendants d'oreilles deux diamants de la forme et de la grosseur d'une noix de Caramanie, présent d'Achmet I*er*, son mari, dans le temps de sa jeunesse, de sa beauté et de ses amours.

Le groupe de baltadjis et d'icoglans, éblouis et frappés d'un reste de respect à la vue de cette mère de l'empire étendue dans ces ornements impériaux sur le tapis, à leurs pieds, semblaient hésiter entre la vénération et la colère. La sultane, lisant leur indécision dans leurs regards, se relève d'un bond, avec une force supérieure à ses années, déploie le mouchoir, et sème, pour ralentir leur poursuite, la pluie de sequins et de bijoux sur le plancher. Tandis que ses assassins se baissent pour les ramasser, elle s'enfuit de chambre en chambre à travers le harem, et touche à une porte des jardins où les ténèbres vont favoriser sa fuite; mais un page, plus acharné que les baltadjis, l'atteint, la terrasse, lutte avec peine contre la résistance désespérée de cette femme intrépide, et, les deux genoux sur sa poitrine, la contient en appelant à lui les baltadjis. Ils accourent : l'un d'eux, nommé Mohammed-Baltadji, arrache, à défaut de corde, un des cordons de soie des rideaux de la porte, et le serre autour de son cou jusqu'à ce que la sultane évanouie paraisse morte sous la main des bourreaux (1652). Ses fourrures de zibeline, ses pendants d'oreilles, ses bracelets, ses bagues, ses colliers, arrachés de ses pieds, de ses bras, de ses oreilles, de sa poitrine, deviennent la proie de ses assassins.

Ils jetèrent le cadavre presque nu, selon l'ordre du fetwa rendu par le mufti, sur le pavé où l'on expose le corps des criminels, devant la porte du kiosque *des Oiseaux*. Celui qui portait la tête fut mordu au pouce, par cette bouche presque inanimée, avec tant de force, qu'il ne put lui faire desserrer les dents que d'un coup de poignard dans la gorge. Les assassins, la croyant morte, s'éloignaient pour aller porter la nouvelle du meurtre à la porte *de la Félicité*, lorsqu'en se retournant ils virent le fantôme nu et sanglant de la sultane qui se relevait et qui s'enfuyait dans l'ombre en leur lançant un regard de vengeance. Ils revinrent achever leur victime, qui avait feint la mort par un dernier instinct de vie. Elle combattit, quoique désarmée, contre eux, avec la force d'un athlète, et ne succomba une seconde fois que sous le nombre. Le cordon, resserré autour de son cou avec le manche de la hache d'un baltadji, lui arracha enfin le dernier soupir. Les flots de sang qui jaillirent des blessures, des yeux et des oreilles de cette femme colossale, bien qu'elle eût passé soixante-dix ans, attestèrent la verdeur de sa vieillesse, et la mâle énergie de cette Albanaise, qu'il fallut tuer deux fois pour lui arracher l'empire.

Le crime que lui imputait la haine publique d'avoir tramé la déposition, l'empoisonnement, le meurtre de son petit-fils, est incertain. Ses talents, ses services à l'empire, sa longue et glorieuse domination d'esprit sur trois règnes, sa régence ferme, calme et virile, tant qu'elle ne fut pas sapée dans le sérail par le harem, sont réels. Si ces trois règnes où la Turquie fut relevée ou soutenue par sa main ne portent pas son nom dans l'histoire, ils portent son empreinte.

Adorée dans sa jeunesse, chérie dans sa maternité, vénérée dans sa vieillesse, précipitée de la régence et de la vie encore dans la vigueur de son intelligence par une de ces tragédies de palais dont la confusion recouvre le mystère, sa vie est un monument du génie maternel des femmes appliqué au gouvernement des nations orientales. Roxelane fut plus séduisante et plus épouse, la sultane Kœsem fut plus virile et plus mère. L'une gouverna par sa séduction, l'autre par son génie. Le règne de l'une finit avec sa beauté, le règne de l'autre ne finit qu'avec sa vie. Roxelane fut toute à la nature, la sultane Kœsem dut tout à la politique.

L'une et l'autre attestent que les institutions qui proscrivent les femmes de la liberté et de la vie publiques sont impuissantes, même chez les musulmans, contre la nature qui leur donne d'autres droits, mais autant de droits qu'à l'homme, et que l'amour conjugal ou la piété filiale restitue souvent à la femme supérieure, même dans le gouvernement des empires, ce que la jalousie et l'ingratitude des lois s'efforcent en vain de leur ravir. Régner par l'amour d'un époux ou par la déférence d'un fils, ce n'est pas être une femme exclue du trône, c'est régner deux fois.

XXXIII

Le meurtre de la sultane Kœsem et l'affluence du peuple autour de l'étendard du prophète, cet oriflamme des Ottomans déployé par Siawousch-Pacha au sérail, consternèrent les janissaires, en leur enlevant tout mobile de sédition, et répandirent la terreur dans le conciliabule des agas et des oulémas rebelles de la mosquée.

Begtasch-Aga seul, plus intéressé, comme plus coupable, persévéra dans la révolte, et parla d'incendier la capitale pour forcer les citoyens rassemblés au sérail à voler au secours de leurs familles et de leurs foyers menacés. Il monta à cheval et parut devant les janissaires qui rentraient découragés dans leurs casernes. Il les conjura de retourner sur leurs pas et de secouer le joug des eunuques qui venaient d'égorger la mère des soldats : « Nous ne voulons pas déposer le padischah, leur dit-il en se rétractant de ses desseins de la veille ; nous ne voulons que venger le meurtre de notre Validé. »

Les janissaires indécis l'écoutent avec froideur. L'un d'eux, rompant le silence par une de ces apostrophes populaires qui déconcertent les tribuns en prêtant une trivialité à leurs ennemis, lui cria : « Es-tu donc l'héritier, le fils ou le mari de la Validé, pour prendre en main sa cause contre le padischah ? »

Un rire railleur éclata à ces paroles qui faisaient allusion à ce titre d'époux de la vieille, qu'on attribuait à Begtasch-Aga. Les janissaires l'abandonnèrent à ses périls et rentrèrent dans l'obéissance. Les spahis et tous ceux d'entre les janissaires des vieilles casernes qui n'avaient pas participé aux mouvements de la nuit se présentèrent aux portes du sérail pour grossir le nombre des défenseurs du trône. Le sultan, par les conseils de Siawousch-Pacha, envoya à la mosquée du centre, siége déjà déserté de la rébellion, un katti-chérif impérieux : « Vous, agas de mes janissaires, disait-il ; toi, leur général en chef ; toi, leur général en second, koulkiaya ; toi, Begtasch-Aga, paraissez à l'instant devant moi dans le divan, ou bien il vous arrivera malheur ! »

Begtasch-Aga, à la réception de ce katti-chérif qui achevait d'ébranler les conjurés, fit apporter en vain devant les casernes les sacs d'or et d'argent destinés à les corrompre ou à les retenir ; les janissaires refusèrent d'ouvrir les sacs, de peur de souiller leurs mains par la solde d'un factieux. Le koulkiaya se hâta de bien mériter du parti vainqueur en invectivant le chef de la faction. Il reprocha à Begtasch-Aga de n'avoir ouvert la main que quand il fallait racheter sa vie au prix de ses trésors. Les agas, les oulémas et les chefs secondaires écrivirent des lettres d'excuses et se rendirent, comme des hommes trompés par un ambitieux, au sérail ; ils avaient cru, disaient-ils, accomplir les volontés du padischah. Begtasch-Aga lui-même fut contraint de les suivre. Sa popularité dans les casernes lui semblait une sauvegarde contre la vengeance du sérail.

Siawousch-Pacha, en effet, reçut avec une indulgence apparente les conjurés repentants. Il nomma Begtasch-Aga gouverneur de Brousse, et lui ordonna de partir sans délai pour son gouvernement. Soit audace, soit terreur,

Begtasch-Aga, au lieu de partir, se cacha dans la ville. Découvert le lendemain par le nouvel aga des janissaires Hassan, il fut garrotté sur un âne de rebut, et conduit au sérail à travers les huées et les malédictions de la même soldatesque qui l'applaudissait la veille. Les popularités coupables ne survivent pas à la déchéance de leurs idoles ; le peuple aime partout à faire expier à un seul les factions qu'il a grossies; il aime à se laver dans le sang de ses tribuns de la tache des séditions vaincues.

Le baltadji Mohammed, qui avait tiré par les pieds la sultane Kœsem de l'armoire et prêté le manche de sa hache pour serrer le cordon autour de son cou, rencontra le cortége injurieux de Begtasch-Aga. « Traître! cria-t-il à l'aga vaincu, que t'avais-je fait pour demander hier ma tête à la mosquée?

» — Misérable assassin, lui répondit Begtasch-Aga, ne me condamne pas à voir ton visage. »

Il fut étranglé par les muets dans la première cour du sérail, et son cadavre jeté à la mer (1652). Son avarice avait amorti en effet son ambition. On découvrit sous une chaudière de ses bains, scellée dans une maçonnerie massive, deux vases immenses pleins de ducats d'or, de sequins et de pierreries, dons de la sultane Validé ou fruits de ses rapines.

Kara-Tschaousch, son collègue et son complice, amené devant le sultan, pleura comme une femme. « C'est avant la peine, lâche, qu'il fallait pleurer, « lui dit le bostandjibaschi ; et il fit signe au muet d'abréger ses larmes par la mort.

La tête du koulkiaya des janissaires, troisième chef du complot, fut apportée quelques jours après à l'arçon de sa selle, par un paysan de Féredjik, où il s'était défendu jusqu'à la mort. On jeta cette tête à la porte du sérail.

L'astronome, secrétaire du divan, Sarikatib, quoique étranger à la conspiration, expia l'amitié que lui portait la sultane Validé. Une raillerie de ce Juvénal ottoman lui coûta la vie. Pendant les scandales de la vénalité des charges sous l'avant-dernier grand vizir, Sarikatib, sortant du sérail fut rencontré par un de ses amis qui lui demanda d'où il venait. « Je viens, répondit-il avec une amère indignation dans l'accent, du marché des esclaves. »

Comme Caton, il prévint le bourreau par le poignard, et mourut en déplorant la décadence de sa patrie.

L'eunuque noir, Souleïman-Aga, dont le sang-froid et l'intrépidité avaient suppléé dans la nuit à l'absence du grand vizir et sauvé son maître, fut élevé au premier grade de la domesticité du palais, celui de kislar-aga. Il avait été le véritable grand vizir dans la nuit. La sultane Tarkhan, maintenant Validé et maîtresse du gouvernement, lui abandonna, sous le titre de kislar-aga, la tutelle de l'enfant qu'il avait préservé, et la direction absolue du divan. Il usa de son crédit avec l'insolence d'un Éthiopien parvenu à l'avant-dernière marche de l'empire.

XXXIV

Siawousch-Pacha ne tarda pas à se lasser d'un titre de vizir purement honorifique sous un favori qui lui dictait ses ordres par la bouche d'un enfant et d'une femme. « Ce n'est pas le pouvoir d'un grand vizir, disait-il souvent, que l'esclavage honteux auquel on voudrait me condamner sous des eunuques noirs. »

Ces murmures lui furent imputés à crime. La sultane, asservie par la reconnaissance à l'eunuque, cherchait à la fois un grand vizir assez fort pour soutenir l'empire, assez résigné pour supporter un protecteur dans Souleïman-Aga. L'empire n'en avait qu'un seul, c'était Kœprilü, pacha vieilli dans les guerres et dans les conseils, étranger aux factions, un de ces hommes que la faveur néglige parce qu'ils dédaignent de la rechercher, et qu'on laisse arriver au déclin des années avant de reconnaître en eux le salut et la grandeur des empires. Son nom était déjà sur les lèvres; mais la crainte de sa supériorité l'éloigna encore une fois des oreilles de la Validé.

L'eunuque demanda à la sultane-mère la destitution et la mort de Siawousch-Pacha; elle ne lui accorda que la destitution et l'exil honorable à Malghara. Souleïman-Aga fit nommer à sa place un vieillard qui touchait à la seconde enfance, Gourdji-Mohammed, âgé de quatre-vingt-douze ans. Sa caducité était son titre. Souleïman-Aga voulait régner sous ce fantôme. Il fit exiler ceux des conseillers de la sultane qui avaient prononcé le nom de Kœprilü, et le relégua lui-même à Gustendjil, pour que la distance effaçât l'éclat de son mérite. Les exactions remplirent le trésor; les places d'aga des janissaires, de defterdar, de grand chambellan, de vizir, furent données à des complaisants de cour et à des bouffons de Souleïman-Aga. Ipschyr-Pacha et Abaza-Pacha, fils du grand rebelle, s'insurgèrent en Caramanie, et s'avancèrent jusqu'à Brousse. On négocia honteusement avec eux, et on acheta leur retraite et leur soumission par des gouvernements et des subsides.

L'Égypte, en proie aux insurrections et à l'anarchie, échappait à l'administration directe et régulière de la Porte (1653). Le sultan convoqua un divan solennel pour délibérer sur le parti à prendre relativement à cette importante province de la monarchie. La sultane Validé y assistait derrière le grillage de la tribune de son fils. Le grand vizir, avec l'incurie de la caducité et la loquacité de l'âge, proposa le premier et soutint longtemps le funeste système de gouvernement à vie, sorte d'abdication partielle qui fait des provinces un patrimoine viager et bientôt héréditaire des pachas. Il fut réfuté avec éloquence et indignation par Masoud-Pacha, homme d'État révélé par cette discussion dans un conseil d'eunuques. Le grand vizir insista et revendiqua jusqu'à satiété, dans sa réplique, le respect qu'on devait à son grand âge.

« Mon père, s'écria la sultane en se levant d'impatience et en écartant le rideau qui la voilait au divan, il ne s'agit pas ici de barbe blanche, grise ou noire, il s'agit du meilleur avis et de la plus sage politique. »

Masoud conquit dans cette scène la confiance de la sultane. Le soir, elle convoqua un nouveau divan dans le kiosque du sérail, appelé le kiosque *de la Mer*, parce qu'il trempe ses murs dans les flots. Il s'agissait de la marine; le grand vizir en discourut comme il avait discouru de l'Égypte; Masoud, encouragé par l'approbation de la Validé, le convainquit d'ignorance et d'impéritie. Le sultan, préparé d'avance à son rôle par sa mère, fit passer à Gourdji-Mohammed un katti-chérif :

« Je ne saurais le lire, dit le grand vizir; qu'on fasse entrer le secrétaire du divan, et qu'il m'en fasse la lecture. »

Le mufti présent prit le katti-chérif et le lut : « Toi, mon vizir, disait la lettre laconique, rends le sceau. »

Les mains tremblantes et convulsives de ce vieillard ne pouvaient dénouer les cordons du sachet de soie dans lequel les vizirs portent le sceau sur leur poitrine. Le grand chambellan fut forcé de l'assister dans ce tremblement de ses doigts qui tenaient encore à ce hochet de son ambition mourante. Il balbutia quelques plaintes sur l'injustice et l'ingratitude des hommes. Masoud, sans décence de sentiments et sans pitié de langage, l'apostropha avec mépris, espérant élever sa faveur sur sa ruine. Gourdji-Mohammed se retira les larmes aux yeux. Cet outrage à la vieillesse est rare chez les Ottomans, qui croient que l'âge est un sacre de Dieu, et que l'expérience est l'oracle vivant des affaires.

Le sultan rassembla le lendemain le conseil, et posa le premier la question du choix d'un grand visir. Le mufti renvoya ce libre choix au padischah seul. Masoud demanda l'ajournement et la nomination d'un simple caïmakam ou lieutenant général de l'empire; d'autres demandèrent pour vizir Housseïn-Pacha, le serdar ou généralissime de l'armée de Crète, estimé et aimé des troupes. Les agas des janissaires et des spahis s'y opposèrent, comme à une mesure qui décapiterait l'armée active sous les ordres d'Housseïn, et qui comblerait de joie les Vénitiens. La sultane Tarkhan, qui commençait à s'enhardir aux discussions d'État, et qui voulait complaire aux généraux en soutenant leur avis, parla derrière le rideau contre le choix du brave Housseïn.

On se réunit sur le nom d'un pacha jusque-là obscur, mais dont la réputation de sévérité inexorable présageait à l'empire un bourreau plus qu'un ministre. C'était Ahmed-

Pacha, Albanais féroce, sorti des pages, devenu kiaya du grand vizir autrefois massacré par les spahis révoltés sur l'hippodrome, échappé avec peine lui-même à cet attentat, et qui avait conservé de ces sinistres mouvements militaires une horreur profonde de l'indiscipline, qui se vengeait de la terreur qu'il avait éprouvée par la terreur qu'il inspirait à son tour aux factions. Il accepta à condition d'une indépendance absolue dans ses actes.

XXXV

Sa courte administration ne fut qu'une brusque continuité de représailles contre tous ceux qui avaient trempé dans les séditions quelconques du dernier temps. Il affronta Souleïman-Aga lui-même, et fit bannir l'eunuque au fond de l'Égypte. Il déposa le mufti pour avoir, dans un accès de colère, arraché la barbe à un ancien juge de Caffa, en Crimée. Une querelle avec le capitan-pacha ameuta contre lui les vizirs, les agas, le harem. On répandit qu'il songeait à se délivrer du joug importun de la sultane Validé en substituant, comme Begtasch-Aga, Souleïman, fils d'une autre femme, au jeune Mahomet IV. La crédulité du harem conspira sa chute et sa mort.

La sultane, pour lui dérober le piége, le couvrit de faveurs ; elle lui envoya la veille des fêtes un cafetan de zibeline et un poignard à manche de diamants. Comme on le félicitait sur ces grâces : « Insensés, dit-il à ses familiers, que vous connaissez peu les cours! Tout cela n'est que le présage de mon exécution. J'ai, pour servir le padischah, tourné tout le monde contre moi; je n'ai pas réfléchi que résister à tous, c'est se dévouer à sa ruine; je recueille ce que j'ai semé. »

Ses songes lui confirmèrent dans la nuit ses réflexions du jour. On l'appela inopinément au sérail; il pressentit le supplice, et s'y prépara avant de sortir par l'ablution et la prière des mourants : « Grâce à Dieu, dit-il en passant le seuil, mes ennemis ne vivront pas longtemps. »

Le sultan, en l'apercevant, l'apostropha avec une colère d'emprunt au-dessus de son âge, et ordonna aux bostandjis de l'étrangler devant lui.

« Mon padischah, lui dit en s'inclinant le fidèle mais importun vizir, tu me fais mourir injustement; au dernier jour mes deux mains pèseront lourdement sur ta tête. »

L'enfant détourna les yeux et les muets serrèrent le cordon. On remit son cadavre à sa fille unique pour l'ensevelir (1653) dans le sépulcre qu'il s'était construit lui-même sous les cyprès de Scutari.

Son crime était d'avoir trop servi un pouvoir faible qui ne savait pas soutenir ses serviteurs. Le capitan-pacha Dervisch-Mohammed, son ennemi, lui succéda.

XXXVI

L'agitation des provinces se propagea dans la capitale. Un cheik d'Ourmïah, qui passait pour prophète, déclara en chaire à Constantinople, au nom de Dieu, que toutes les calamités des Ottomans venaient de l'influence de la sultane Tarkhan, et qu'il fallait ou l'exiler ou la marier à un pacha qui l'enlevât aux intrigues du harem. Ces prédications ameutant le peuple, on embarqua nuitamment le fanatique et on le relégua dans ses montagnes.

Le gouverneur d'Égypte, l'eunuque Abderrahman, qui accourait à Constantinople avec les trésors du Caire pour acheter le grand vizirat, fut accusé d'avoir concouru au meurtre du sultan Ibrahim.

« Aussitôt que les registres de l'Égypte qui contiennent le secret de ses richesses seront arrivés, écrivit la sultane mère à son fils, tu le tueras. »

Le grand vizir représenta au sultan que le privilége des eunuques était de n'être immolés que dans l'enceinte du sérail. Abderrahman fut étranglé en y entrant.

Ce supplice fit trembler les eunuques; l'influence des femmes s'accrut de leur abaissement par ce meurtre. La nourrice du sultan, mariée par la sultane Kœsem au grand cafetier du sérail, et une esclave favorite de la même sultane, nommée Antar, mariée à Mourtéza, pacha d'Erzeroum, se disputèrent le gouvernement dans le harem. On relégua le jeune frère du sultan, Souleïman, objet de tant d'ombrages, dans le kiosque *du Jardin des buis*, sombre vestibule de la mort, sorte de limbes du palais, entre le trône et le supplice.

Le nouveau chef des eunuques noirs, Beïram-Aga, devenu kislar-aga de Mahomet IV, reprit sur cet enfant l'influence enlevée à Souleïman-Aga par son éloignement. Les pages eux-mêmes, compagnons des jeux et des exercices de Mahomet, inspiraient de la jalousie à sa mère. Beïram-Aga, averti par les précepteurs du prince des familiarités naissantes entre les pages et le sultan, remarqua un jour que l'enfant prenait un plaisir trop vif à ces jeux avec les enfants de son âge; il lui fit signe de rentrer dans ses appartements.

« Mon lala, lui dit Mahomet, mes ancêtres, je le sais, avaient la coutume de passer les jours de fête dans la chambre des pages pour être témoins de leurs progrès dans les exercices d'esprit et de corps, et j'y trouve le même plaisir que mes pères. »

Beïram alla se plaindre à la sultane Validé de la désobéissance de son fils.

« Pourquoi, lui dit-il, permettez-vous au sultan de passer les nuits avec ses pages? Ignorez-vous donc qu'il y a de ces jeunes gens qui aspirent à devenir ses favoris pour l'arracher à votre autorité?

» — Aga, répondit la mère indulgente à l'eunuque, mon lion est encore un innocent enfant qui s'amuse à ces jeux de son âge, laissez-le veiller jusqu'à minuit. »

Beïram-Aga, substituant sa propre sévérité à la molle tendresse de la Validé, revint dans la salle des pages, prit le sultan par la main, et l'obligea à rentrer dans ses appartements, en lui disant que c'était l'ordre de la Validé.

L'enfant murmura et versa des larmes d'humiliation; les pages offensés tirèrent leurs poignards, les muets protégèrent avec peine l'eunuque contre l'émeute de ces jeunes favoris. Les pages intéressèrent dans leur cause les spahis, offensés comme eux par une altération des monnaies qui retranchait quelques aspres de leur solde. Ils pillèrent la maison du defterdar; ils protestèrent contre les ordonnances de l'aga des janissaires qui leur interdisaient le tabac : « Laissez-nous fumer, criaient-ils dans les cours du sérail, ou cette fumée que vous étouffez deviendra contre vous la flamme de la révolte. »

XXXVII

Le grand vizir Dervisch-Mohammed mourut dans ces angoisses de l'empire. La terreur et la corruption firent nommer l'agitateur amnistié de l'Asie, Ipschyr. Le titre de grand vizir ne fit qu'exalter son audace. Il refusa de sortir d'Alep, dont il était gouverneur, sous prétexte de troubles de l'Asie à apaiser. Il ordonna à tous les beglerbegs de le rejoindre au printemps à Konïah, comme s'il eût voulu paraître en conquérant et non en vizir à Constantinople.

« Vois ces troupes, dit-il au chambellan qui lui apportait une lettre du sultan pour l'appeler immédiatement à son poste, et juge si avec de telles forces je jouerai ma tête contre la lettre d'un enfant. »

L'Asie entière le considérait comme un dictateur qui allait purger et renouveler l'empire; la cour et la capitale tremblaient d'avoir ajouté un titre légal à tant d'insolence. Les irrésolutions du divan donnaient lieu à des scènes et à des rixes qui changeaient les conseils en tumultes. Le capitan-pacha n'échappa aux poignards des eunuques, qui lui reprochaient, devant le sultan, le sang d'Ibrahim, qu'en s'ouvrant la fuite le sabre à la main. Ipschir, déjà arrivé de Nicomédie, entra en triomphateur à Constantinople. La sultane Validé, pour assouvir son ambition, lui donna la main de la jeune sultane Aïsché, sa fille, sœur de Mahomet IV. Il proscrivit ou immola tous ses ennemis dans le divan.

Le defterdar, Morali-Pacha, dont la Validé lui avait

demandé la vie, fut atteint par quatre *chiaoux*. Avant d'arriver au lieu de son exil, il fut dépouillé de ses habits, couvert de la tunique d'un paysan qui labourait son champ près de la route, et égorgé par les bourreaux dans un chemin creux. Son oppression souleva contre lui les troupes mêmes qui en étaient les instruments dans la capitale. On fit craindre aux janissaires que la destruction de leur milice ne fût le but de son armement dans les provinces et de ses faveurs aux troupes asiatiques, amenées par lui dans la capitale. Une pétition, promenée aux flambeaux sur l'hippodrome par les janissaires, demandant la tête d'Ipschyr et du mufti, souleva en une nuit la ville entière.

Pendant que le grand vizir se refugiait au sérail, les révoltés pillaient sa maison et y trouvaient quatre cent mille ducats d'or, fruits de ses exactions.

« Que faire? » s'écria le sultan.

Tout le monde se tut dans le conseil; l'aga des janissaires, enhardi par la détresse d'Ipschyr et dévoilant l'inimitié de tous contre l'oppresseur commun, se leva : « Mon padischah, dit-il en montrant du doigt le grand vizir, tes esclaves sont contents de toi ; mais ils ne veulent pas de ton *lala*. — Tant que le grand vizir et le mufti, son complice, vivront, poursuivit le capitan-pacha, les troupes ne se disperseront pas. »

Ipschyr, pris au piége de son ambition, se prosterna pour rendre le sceau, aussi humble dans la détresse qu'insolent dans la force. « C'est sa tête qu'il nous faut! » crièrent les troupes à travers les grilles du palais. On leur porta sa tête sur l'hippodrome. Le peuple se la passa de main en main comme un jouet, et les soldats la plantèrent au fer d'une lance. Son parti mourut avec lui : les popularités de caserne ont moins de racines que les popularités d'opinion ; le seul Abaza-Pacha, son complice de révolte, qu'il conservait à Scutari à la tête d'un corps d'Asiatiques pour intimider la capitale, lui resta fidèle même après le supplice. La moitié des troupes d'Abaza l'avait abandonné pour se joindre dans Constantinople aux spahis et aux janissaires soulevés. Gourd-Mohammed, autrefois kiaya d'Ipschyr et maintenant transfuge de sa cause, alla à Scutari conjurer Abaza de désavouer son ami mort, et de se soumettre avec sa poignée d'Asiatiques au nouveau grand vizir. « Que ton visage devienne pourpre de honte, » lui répondit Abaza révolté de tant de bassesse; et il partit avec ses troupes pour les montagnes de Caramanie.

XXXVIII

Un Arménien, nommé Souleïman-Pacha, mari d'une sultane, dut le sceau à la faveur de la Validé (1654). Sa main incertaine et faible ne put ralentir la décadence générale du gouvernement. Il le résigna. On reparla de Kœprilü; mais la modicité de sa fortune dans un temps où tout s'achetait, même l'obéissance dans l'empire, servit encore à ses envieux de prétexte pour l'écarter. « Comment un homme sans fortune pourrait-il gouverner *le monde?* » s'écria Souleïman-Pacha lui-même.

On envoya le sceau au conquérant de Crète, le serdar Housseïn. Un caïmakam fut institué pour l'attendre. C'était Sournazen-Pacha, capitan-pacha, homme ambitieux et turbulent, qui aspirait au gouvernement pour lui-même.

L'agitation qu'il fomenta secrètement dans les troupes força le sultan à tenir un divan à pied, sorte de séance soldatesque et populaire devant les séditieux.

Les troupes exigèrent qu'il sortît, contre l'usage, de la cour du sérail par la porte *de la Félicité*, pour comparaître dans l'*Alaï-Kiosque*, situé à l'angle des jardins et ouvrant par ses balcons sur la place où elles étaient rassemblées. Mahomet IV s'y assit derrière un grillage; des cris impérieux l'obligèrent à faire ouvrir les grilles. Les conseillers de sa jeunesse l'entouraient pour lui souffler ses réponses; de nouvelles clameurs demandèrent l'éloignement de ces conseillers, pour que le padischah, maintenant en âge de penser, parlât de lui-même; les vizirs disparurent de la loge. Cependant les deux chefs des eunuques blancs et des eunuques noirs s'accroupirent invisibles à ses pieds pour lui murmurer tout bas ses paroles. Un juge, nommé Hassan, parla au nom du peuple, demanda la réforme des abus et trente têtes nominativement portées sur une liste de proscription. Il jeta pour pièces de conviction sur la terre une poignée d'aspres falsifiées, monnaie qui trompait et ruinait le peuple.

Les deux eunuques, dont les têtes étaient comprises dans la proscription, firent prononcer au sultan quelques vagues promesses de redressement de ses torts. Le caïmakam s'avance à son tour à la fenêtre et promet, au nom du padischah, que les trente coupables seront dépouillés et bannis. « Mais ne demandez pas leurs têtes, ajouta-t-il pour complaire au sultan.

» — Prends garde à toi-même, » lui répondit la foule inflexible.

Le malheureux enfant vit arracher de ses pieds les deux

chefs des eunuques, ses favoris, dont il venait de plaider vainement la cause. On les étrangla sous ses yeux, et on jeta leurs cadavres du haut du balcon à la multitude. Trois autres eunuques furent précipités après eux. Le *lala*, précepteur chéri de Mahomet IV ; le grand trésorier ; le capou-aga, chef des gardes du sérail ; le kislar-aga, son premier chambellan ; le grand douanier Hassan, le grand maréchal du palais Shaban-Khalifé, le grand cafetier, enfin la toute-puissante Méléki, favorite successive des deux sultanes Validé, demandés, contestés, marchandés et impitoyablement refusés aux supplications et aux sanglots du sultan, furent de la même tribune jetés sans vie aux soldats et au peuple.

Ce monceau de cadavres s'élevait jusqu'au niveau du balcon du kiosque. Le caïmakan Sournazen-Pacha ramassa, comme il l'avait prémédité, le sceau de l'empire dans ce sang. Mais à peine Mahomet IV l'eut-il proclamé grand vizir, que les troupes complices portèrent envie à sa fortune, et s'écrièrent en le voyant recevoir le sceau : « Misérable ! ne nous as-tu donc soulevés que pour devenir grand vizir ? »

XXXIX

Ces cris de juste réprobation le précipitèrent de son poste au moment même où il venait de l'obtenir. Tant de crimes ne lui furent payés que par deux heures de puissance. Siawousch-Pacha, l'ancien grand vizir, fut rappelé de Malghara pour reprendre la tutelle de cette sanglante minorité.

Les trente cadavres, traînés par les janissaires et par la populace sur la place de l'hippodrome, y furent pendus par les pieds aux branches de l'immense platane où, par une juste représaille du temps, le généreux Mahmoud II, vengeur de ses ancêtres, devait faire pendre aux mêmes branches les cadavres des janissaires anéantis dans leur dernier crime. C'est de cet arbre, pilori vivant des victimes et des bourreaux, que ces funèbres journées de la jeunesse de Mahomet IV ont reçu le nom d'événements du *platane*.

Ce long massacre et ces hideux trophées n'avaient pas rassasié les janissaires. Pendant les dix jours qui précédèrent l'arrivée de Siawousch, chaque matin, le peuple, à son réveil, venait compter de nouveaux cadavres suspendus pendant la nuit aux rameaux du platane.

Siawousch, malade de la goutte, maladie expiatoire de l'oisiveté et des délices du harem, mourut presque en arrivant, la nuit même où il faisait étrangler son ennemi, le defterdar. La victime et le meurtrier furent portés ensemble au champ des morts, allant s'accuser ou s'excuser devant le Justicier suprême.

Mohammed-Pacha, *au cou tordu*, gouverneur de Syrie, fut appelé au sceau. Quarante blessures reçues dans les guerres de Perse, dont l'une lui avait coupé et dévié un muscle du cou, lui valaient ce surnom. Le nouveau caïmakam Yousouf purgea, en l'attendant, la ville des bandes nocturnes qui continuaient à régner en attroupements sur l'hippodrome et à pendre les victimes qui leur étaient désignées au fatal platane. Il arracha aux janissaires eux-mêmes, rassemblés autour de l'étendard du Prophète, la punition de leurs propres agitateurs Roum-Hassan, Schamli,

Jamakali et Kara-Othman. Leurs têtes furent exposées en terreur à leurs complices devant la porte du sérail et sous l'arbre dont ils avaient fait leur gibet.

XL

On apprit le lendemain de ces massacres, à Constantinople, la destruction de la flotte du capitan-pacha Kénaan, à l'embouchure des Dardanelles, par les Vénitiens. Quatre-vingts vaisseaux ou galères furent incendiés ou coulés dans ce combat par l'amiral Marcello, dont le nom ne resta pas moins terrible aux Turcs que celui de don Juan d'Autriche après le désastre de Lépante. Ténédos, Lemnos, Samothrace, îles au cœur de l'empire, rentrèrent sous la domination de Venise.

Mohammed *au cou tordu*, à peine arrivé à Constantinople, découvrit une trame de l'ambitieux Masoud, devenu mufti par la faveur inconsidérée de la sultane Tarkhan, trop charmée de son éloquence au divan. Il avait conspiré la déposition de Mahomet IV et le couronnement de Souleïman, dont il espérait la tutelle. Envoyé en exil à Brousse, et conspirant de là le soulèvement de la Caramanie, le juge de Brousse, qui épiait ses trames, les dévoila à la Porte. Une lettre du sultan ordonna au juge de lui envoyer la tête du mufti. A la réception de cette lettre, le juge fit cerner, par une bande de chasseurs simulés, la maison de campagne qu'habitait Masoud sur les pentes du mont Olympe. On le surprit mangeant des fruits avec ses femmes dans un kiosque de ses jardins, au clair de la lune.

A l'aspect de ses meurtriers, il ne se résigna pas en pontife, mais il tira le sabre et combattit en désespéré pour la vie ou pour la vengeance. Son cadavre, laissé au bord de la fontaine où il était venu chercher les délices d'une nuit d'été, fut visité le lendemain, en foule, avec une égale curiosité, par les musulmans et par les chrétiens de Brousse. Les uns vénéraient en lui un martyr, les autres exécraient un persécuteur des chrétiens qui avait fait fermer, pendant qu'il était mufti, plusieurs de leurs églises à Constantinople. Masoud, le second des muftis morts par le supplice, était de la pire espèce des persécuteurs, un persécuteur sans foi, un hypocrite de fanatisme. L'intrigue, l'ambition, l'agitation de sa vie, ses talents et son éloquence pendant cette *fronde* des Turcs, sous la minorité de Mahomet IV, rappellent le cardinal de Retz en France. Hommes de tumulte l'un et l'autre, ils ne parvinrent jamais au but élevé de leur ambition; ils espéraient la gloire, ils n'atteignirent que le bruit.

XLI

Ces exécutions ne rouvraient pas les Dardanelles bloquées à Ténédos par les Vénitiens, ne renforçaient pas l'armée de Candie, ne comblaient pas le vide du trésor, ne restauraient pas la flotte, ne recrutaient pas l'armée. Le sultan, qui grandissait en âge et en raison, rassemblait en vain divan sur divan pour rendre, par ses reproches au vizir, quelque vigueur à la monarchie. La chute de Mohammed *au cou tordu* fut déterminée par une généreuse impatience du jeune sultan.

« Je veux, dit-il un jour au divan, marcher moi-même à la tête des troupes contre les Vénitiens qui ravagent nos provinces de Grèce : prépare-moi, vizir, une armée et une flotte dignes d'un padischah. »

Le grand vizir s'excusa sur l'impossibilité d'improviser une flotte dans un temps où l'indiscipline avait ruiné l'obéissance dans les troupes, les séditions l'ordre dans l'empire, les Vénitiens et les tempêtes les vaisseaux restants dans les escadres, et où le trésor public, qui ne recevait plus le produit des impôts, ne pourrait être rempli que par des offrandes volontaires des enrichis, aussi âpres à retenir qu'il avaient été avides à acquérir.

Le sultan ayant communiqué cette réponse à sa mère, elle fit appeler dans la nuit, à une entrevue secrète avec elle, le vieux Kœprilü, qui portait dans sa tête le conseil de l'empire.

« Tout périt, lui dit-elle, faute d'une main pour tout soutenir et tout relever dans le *monde* ; te sens-tu, comme on le dit, le courage et le génie d'accepter, dans une situation si désespérée, le fardeau du gouvernement ?

» — Oui, répondit le vieillard ; avec le secours de Dieu et la bénédiction de la sultane Validé, je prends l'engagement de tout rétablir, à la condition de tout pouvoir, de ne souffrir aucun égal et aucun rival dans la confiance absolue du padischah et de sa mère, de voir mes ordres aveuglément ratifiés par lui, et d'être cru de lui et de vous sur parole et non sur les calomnies de mes ennemis. »

La sultane fit, au nom de son fils et en son propre nom, le serment de tenir fidèlement ces conditions de dictature absolue réclamée par l'homme nécessaire. Le lendemain, Kœprilü reçut le sceau de l'État, en plein divan, des mains du sultan, et Mohammed *au cou tordu* fut envoyé en exil (1655).

L'avénement tardif d'un seul homme était la restauration de tout un peuple. La main de la jeune sultane, en s'étendant au hasard sur tant de têtes, était enfin tombée sur le prédestiné de l'empire.

LIVRE VINGT-SEPTIÈME

I

Il ne faut ni trop déprécier les hommes souvent capables, mais malheureux, qui ne peuvent arrêter, malgré tous leurs efforts, la décadence des empires, ni trop exalter ceux qui les relèvent. Indépendamment du mérite, la destinée est pour une grande part dans la fortune ou dans l'infortune des hommes d'État. Il y a dans le cours des choses humaines des heures mal choisies où rien n'est possible, même à la vertu, à l'héroïsme, au génie, et qui semblent porter malheur à ceux qui vivent et qui règnent sous leur influence. Il y en a d'autres où ce malheur des circonstances semble, pour ainsi dire, épuisé, où l'excès du mal, la lassitude de l'anarchie, la terreur ou la honte de la ruine commune, le retour à l'ordre, cet équilibre des sociétés, et des coïncidences d'esprit public et d'événements favorables, rendent tout facile, parce que le plus difficile alors devient possible. Le mal a son excès, comme le bien a son apogée. Arrivés au sommet du bien, les peuples descendent; tombés au fond du mal, ils remontent; c'est la loi de notre nature humaine, infirme pour le crime comme pour la vertu.

La Turquie était à une de ces heures où la honte de lui-même saisit un peuple, et où le désespoir de sa perte inévitable lui rend la volonté et l'énergie de se sauver. Tout le mérite de Kœprilü, ce Richelieu des Ottomans, fut d'avoir eu foi dans cette résipiscence de sa nation; tout son bonheur fut d'être appelé au gouvernement à l'heure juste où la Turquie voulait être gouvernée. Un an plus tôt, il aurait été entraîné dans l'écroulement général des choses et des hommes; un an plus tard, il n'y aurait plus eu d'empire à sauver. Les dates, qui sont l'opportunité des choses, ne tiennent pas assez de place dans l'appréciation que les historiens philosophes font des hommes d'État. Les années où ils surgissent sont un des principaux éléments de la justice ou de l'injustice qu'on fait à leur nom. Dieu s'est réservé plus de part qu'on ne croit dans les gloires politiques: celui qui vient avant que la Providence l'appelle est un fléau; celui qui vient à la minute du siècle est un grand homme. Tel fut Kœprilü, appelé par des historiens occidentaux Koproli et plus généralement Kiuperli.

II

Rien jusqu'à ces derniers temps (1655) ne l'avait désigné pour le pouvoir suprême, et sa vieillesse, qui s'avançait avec la soixante et douzième année de son âge, semblait plutôt le reléguer hors de la scène active des affaires d'État, où il avait rempli jusque-là des rôles honorables, mais presque ingrats.

On disait que sa famille était originaire de France ; rien ne le confirme ni ne le dément. Cette famille, jusqu'à lui obscure, avait pu flotter, comme beaucoup de familles dépaysées par le mouvement des religions et des races, de la côte de France à celle d'Italie, de celle d'Italie à celle de l'Adriatique, et s'était nationalisée en Albanie. Le père albanais de Kiuperli avait transporté sa maison et ses biens dans une des fertiles vallées de l'Asie Mineure, non loin d'Amasie. Le village dont il prit le nom ou auquel il donna le sien s'appelait *Kœpri* (le Pont); il s'appelle aujourd'hui *Vizir Kœpri*, ou le Pont des Vizirs, en souvenir des trois grands hommes d'État sortis de ce hameau pour la gloire de l'empire. Situé au pied d'une haute montagne, au confluent de deux petits torrents qui vont grossir le fleuve Halys, affluent de la mer Noire, il est renommé pour ses eaux, ses orges, ses poires, ses pommes, ses raisins, ses cerises et ses toisons de brebis. C'est en apportant tout jeune, par la mer Noire, ces produits du pâturage et des vergers de son père au marché de Constantinople, que Kiuperli, connu des pourvoyeurs du palais, devint aide de cuisine, puis chef des cuisines au sérail. Quoique illettré comme un berger d'Albanie, son intelligence et son zèle le firent remarquer du grand vizir Kara-Mustafa, son compatriote, qui le fit sortir des cuisines, passer dans l'armée, et monter de grade en grade jusqu'à la dignité de *mirakhor* ou grand écuyer.

Les vicissitudes de ces temps agités l'avaient éloigné presque toujours de la cour depuis sa jeunesse; tantôt gouverneur de Jérusalem, tantôt de Damas ou de Tripoli, toujours irréprochable et considéré dans ses fonctions diverses, imprimant de lui une haute idée aux pachas qui traversaient ses provinces, redouté des factieux, chéri des populations, et se faisant une clientèle unanime d'estime et d'amitié, qui ne portait ombrage à aucune ambition supérieure, c'est ainsi qu'il était arrivé à la vieillesse sans éclat, mais sans ombre : un de ces hommes dont on ne soupçonne le génie qu'à l'heure où il va s'éteindre. Mohammed *au cou tordu* l'avait rappelé de Damas, puis nommé au gouvernement inférieur de Gustendjil, quand son nom avait commencé à être prononcé à voix basse au sérail. Kiuperli, offensé de cette relégation imméritée à Gustendjil, avait ajourné son départ, contemplant, de l'ombre où il était caché, les anarchies et les ruines de l'empire.

Son élévation étonna et scandalisa les prétendants nombreux au pouvoir, qui connaissaient à peine son nom. Les oulémas disaient : « C'est un ignorant qui ne sait ni lire ni écrire. » Les militaires disaient : « C'est un administrateur civil qui n'entend rien à la guerre, et qui s'est laissé vaincre par le rebelle Wardar-Pacha. » Les financiers disaient : « C'est un homme sans biens qui ne pourra remédier à la pénurie du trésor. » Tous disaient : « C'est un vieillard à qui l'âge a enlevé la chaleur du sang qui donne la force aux volontés de l'homme ; et qui monte si tard et si haut ne tardera pas à descendre dans la tombe à laquelle il devrait seule penser. »

III

Les premiers actes de Kiuperli ne tardèrent pas à démentir ces présages de l'envie et de l'ignorance. Il renonça dès le premier jour au système appauvrissant des concussions qui faisait enfouir les richesses, et rendit l'or à la circulation en rendant la confiance aux propriétaires. Il refusa énergiquement au sultan la tête et les biens de son prédécesseur, Mohammed *au cou tordu*, que les courtisans voulaient tuer pour sa dépouille.

Une sédition religieuse des orthodoxes musulmans contre les derviches et les sofis, leurs adversaires, ayant ameuté la capitale quelques jours après son avénement, il embarqua résolûment pour l'île de Chypre tous les fanatiques intolérants qui agitaient les mosquées au nom de leurs visions mystiques. Un moine mendiant, nommé Turk à cause de son austérité sauvage, qui cachait les plus honteuses voluptés sous l'apparence de l'ascétisme, voulait ramener les musulmans à la nudité de la brute, proscrire les pantalons flottants, les peignes, les cuillers, comme des instruments inutiles à l'homme, à qui Dieu a donné des doigts; l'argenterie, les arts, les étoffes, la musique, la danse, étaient également l'objet de ses malédictions somptuaires. Cet insensé faisait retentir avec plus de cynisme les malédictions philosophiques de Jean-Jacques Rousseau contre l'état de civilisation : « Mais, ajoutait-il en professant également l'impeccabilité des quiétistes chrétiens du dix-septième siècle, l'homme une fois sanctifié peut se livrer en secret et innocemment à toutes les licences de la volupté. »

Kiuperli l'exila dans le mépris, au lieu de le populariser par le martyre; il destitua le mufti, qui avait prêté la main, par faiblesse, aux persécutions de la secte des orthodoxes contre la secte des sofis, puritains de l'islamisme. Le defterdar ayant été assailli à coups de pierres par les janissaires le jour de la solde : « Prends patience comme moi, lui dit-il, jusqu'à ce que la patience nous rende la force, et fais remettre à tes fenêtres les vitres que l'émeute a brisées; le jour viendra. »

La temporisation, cette politique des vieillards, usa ce que la force ne pouvait encore écraser. La sédition cessa d'être populaire. Derrière le vizir les factieux commençaient à sentir l'opinion, ce vizir suprême.

IV

Les ambassadeurs de Perse apportèrent des gages de paix; l'empereur Léopold Ier d'Allemagne demanda le renouvellement des trêves (1656); le roi Gustave de Suède implora l'assistance de Kiuperli contre les Russes. Il la promit à ce prince, à condition de se réconcilier avec les Polonais, ennemis naturels des Russes. Les Polonais, de leur côté, lui dénoncèrent une conspiration des Russes, pour insurger dans l'empire tous les sujets du sultan professant la religion grecque ; il sentit l'impuissance d'un pareil soulèvement à cette époque où l'empire comptait cinq musulmans armés contre un Grec sans armes. Il refusa aux Polonais la guerre impolitique dans laquelle ils voulaient l'engager au nord, pendant que la guerre contre Venise appelait toute son attention et toutes ses forces au midi. Bien que l'esprit catholique et chevaleresque de la noblesse française fît violence à la politique de Louis XIV, pour venir individuellement combattre et mourir en volontaires à Candie, il n'eut point de peine à retenir cette puissance dans l'alliance traditionnelle de François Ier, par la crainte de l'ascendant que la décadence de la Turquie donnerait à la maison d'Autriche, cette éternelle rivale de la France.

V

Les démagogues turcs *du Platane* ayant renoué leurs conciliabules pour reprendre par la terreur l'ascendant qu'ils avaient exercé pendant ces journées de massacres, véritables *journées de septembre* de la Turquie, il se rendit chez le mufti et lui demanda un fetwa légitimant d'avance tous les actes de son administration : « Mais à quoi bon ? lui demanda le mufti étonné. — A m'assurer de votre fidélité, répondit Kiuperli, afin que si jamais les ennemis de l'ordre venaient à vous séduire ou à vous intimider comme vos prédécesseurs, cet écrit témoignât devant le sultan et devant la postérité que nous avons agi de concert pour le salut *du monde.* »

Le mufti, lié à son ami par cette solidarité, lui remit avec confiance le fetwa. Il contenait l'anéantissement des spahis, ces factieux de toutes les révoltes. A cheval à la tête des janissaires qu'il avait détachés de leurs anciens complices, Kiuperli les cerna de troupes et de canons dans leurs casernes.

A l'aube du jour, tous les corps d'état, convoqués par ses ordres au sérail, reçurent du sultan invisible un katti-chérif ainsi conçu :

« Depuis mon avénement au trône, les spahis n'ont cessé de désobéir, de se jouer du respect qu'ils me doivent et de l'honneur de l'empire ; en conséquence, nous avons chargé notre grand vizir de les anéantir ; que les bons prêtent assistance à mon vizir contre les pervers. Les chefs des rebelles doivent être saisis et mis à mort. »

Les mesures étaient prises, les listes dressées, les coupables désignés, le fewta couvrait tout de l'autorité de la religion et des lois ; les chefs saisis par le grand vizir et l'aga des janissaires, pendant leur ronde nocturne, étaient entre les mains des bourreaux. Soixante têtes de chefs de faction, au nombre desquelles étaient celles du kiaya des djebedjis Khalil-Aga, du grand chambellan khasséki Mustafa-Aga, tombèrent devant la fenêtre grillée du sérail, où, deux ans auparavant, le sultan avait subi la sanguinaire exigence des factieux et livré les cadavres de son précepteur et de ses eunuques. La faiblesse de son enfance et ses outrages furent ainsi lavés sur la place même où les coupables avaient triomphé de lui. Son autorité ressortit terrible et vengée du lieu où elle avait péri. L'obscur et timide Kiuperli, tant que l'heure n'avait pas été propice à la restauration complète du trône, apparut tout à coup aux musulmans comme le fantôme armé de la justice, exécuteur de la vengeance de Dieu.

L'ancien grand vizir Siawoush-Pacha, comptant sur l'appui du harem, et taché de quelques souvenirs de vieilles factions, ayant temporisé avec l'ordre d'exil qu'il avait reçu, Kiuperli demanda sa mort en exemple aux coupables obscurs. Le sultan la refusa par l'inspiration de sa mère.

« Reprenez donc le sceau, lui dit l'inflexible ministre, puisque, malgré vos engagements avec votre esclave, vous ne ratifiez pas tout ce que je juge nécessaire à votre salut.

» — Mon lala, répondit Mahomet IV, fais ce que tu voudras : je t'abandonne les têtes de tous ceux qui contrarieront tes desseins. »

La menace suffit pour éloigner Siawousch.

VI

L'ordre ainsi rétabli au dedans, il reconstitua la flotte et l'armée, retrouva dans sa volonté la vigueur martiale de sa jeunesse, et s'avança lui-même par terre à la tête des troupes sur la rive européenne des Dardanelles pour les débloquer, pendant que la flotte naviguait à la hauteur de l'armée. Les janissaires embarqués sur l'escadre ayant faibli au premier choc des vaisseaux vénitiens, Kiuperli fit tirer sur les lâches par les batteries du rivage, et les força à se rembarquer. Le vaisseau-amiral de Mocenigo, général des Vénitiens, sauta en l'air, frappé en pleine soute par un boulet rouge du château des Dardanelles. Cette explosion incendia les deux cents galères des Vénitiens, foudroyées des deux rives. Une fumée épaisse, refoulée dans le canal par le vent du sud, couvrit pendant deux heures le mystère de cette lutte entre les hommes, les navires, les feux, les vents et les flots. L'escadre ottomane avait péri avec celle des Vénitiens (1658). Les Dardanelles n'étaient qu'un vaste cimetière de vaisseaux dont les carcasses fumaient encore. Mais la mer de l'Archipel et de Crète était rouverte aux Ottomans.

« Viens, mon faucon ! s'écria le sultan en recevant à son retour le canonnier Kara-Mohammed qui avait pointé le canon contre le vaisseau-amiral; que le pain du padischah soit à jamais ta légitime nourriture ! Que Dieu récompense les braves tels que toi ! »

Il le baisa sur les yeux, attacha de ses propres mains deux aigrettes de pierreries à son turban, et se dépouilla de son cafetan pour l'en revêtir.

Kiuperli ne cacha pas la lâcheté des janissaires, quoique intéressé à les ménager pour l'appui qu'il en avait reçu contre les spahis : flatter les fautes de ses soldats lui paraissait aussi impolitique que les corrompre. Leur kiaya et sept de leurs colonels qui avaient entraîné leurs soldats dans leur fuite furent décapités derrière sa tente, et leurs corps jetés avec mépris dans la mer. Le capitan-pacha, craignant sa vengeance, se réfugia avec quelques vaisseaux sur la côte d'Afrique. Kiuperli le rassura par des lettres indulgentes. Une nouvelle escadre, rapidement équipée par ses ordres, transporta le vizir et l'armée à Ténédos. L'île retomba promptement dans ses mains; Lemnos suivit le sort de Ténédos (1660).

VII

Kiuperli envoya de Lemnos au sultan l'invitation de transporter sa cour à Andrinople, de peur qu'en son absence il n'y fût obsédé par les intrigues des ambitieux et par les séditions du peuple. La passion de Mahomet IV pour la chasse servit de prétexte à cet éloignement de la cour. Dès sa plus tendre enfance, cette passion, qui devait occuper toute sa vie, fut celle de Mahomet. Un pigeon qu'il avait percé d'une flèche à l'âge de huit ans, dans la vallée des *Eaux-Douces*, avait été chanté par les poëtes de la capitale comme un exploit digne de ses aïeux. Ce sultan ne rêva jamais d'autre gloire.

En 1658, une expédition contre Rakoczy, prince de Transylvanie, éloigna de nouveau Kiuperli d'Andrinople pendant l'hiver. Allié de l'hetman des Cosaques, qui lui fournissait soixante mille cavaliers, Rakoczy, attaqué d'un côté par le grand vizir, de l'autre par deux cent mille cavaliers tartares qui inondèrent ses provinces, laissa cent mille morts sur ses champs de bataille, et se réfugia avec ses débris derrière la Theïss. Le reste de la jeunesse de Transylvanie fut emmené en esclavage par les Tartares de Crimée. Barcsay fut investi par la Porte de la souveraineté de Transylvanie, à la charge d'un tribut annuel de quarante mille ducats.

VIII

Une révolte d'Abaza-Hassan en Asie Mineure rappela Kiuperli aux armes (1660). Ce rebelle compagnon d'Ipschyr avait, comme on l'a vu, quitté Scutari avec une poignée de *lewends* turcomans, après le meurtre de ce vizir. L'anéantissement des spahis lui avait servi de prétexte pour soulever de nouveau les Turcomans, et pour marcher avec cent mille cavaliers sur Brousse. Il envoya de là au sultan des députés chargés de demander la destitution de Kiuperli, l'exterminateur des spahis.

« Je ne déposerai pas mon fidèle vizir, répondit Mahomet IV : il n'a fait qu'exécuter mes ordres. »

Il suivit Kiuperli à Scutari pour combattre Abaza. Trois pachas et treize cents spahis de l'armée du sultan dont on découvrit les intelligences avec les rebelles furent massacrés par l'ordre du grand vizir.

Mourteza-Pacha, son lieutenant, à la tête de cinquante mille janissaires, perdit huit mille hommes dans une première bataille contre Abaza. Le grand vizir, sans lui faire un reproche de son revers, le renforça d'une seconde armée. Il refoula Abaza jusqu'à l'Euphrate. Des négociations perfides s'ouvrirent entre les deux généraux sous les murs d'Alep. Mourteza persuada au simple et crédule Turcoman que, s'il se retirait de la ville et de la citadelle d'Alep, son pardon serait facile à obtenir de Kiuperli. Abaza se retira hors de la ville ; Mourteza y entra. Une trêve régna entre les deux camps. Sous prétexte d'une fête de réconciliation, Mourteza invita Abaza-Hassan à rentrer dans Alep avec une suite de cavaliers. Les habitants d'Alep, chez lesquels on logea, homme par homme, cette escorte, avaient ordre de massacrer chacun leur hôte au signal d'un coup de canon tiré du château.

A la fin du souper offert par Mourteza-Pacha à Abaza : « Donnez, dit-il à ses pages, donnez aux pachas, nos frères, l'eau pour les ablutions de la prière du soir. »

Au lieu de l'eau des ablutions, les satellites apostés de Mourteza répandirent le sang des convives. Abaza et trente de ses généraux tombèrent sous le poignard des assassins. Le coup de canon annonça leur dernier soupir aux hôtes des cavaliers turcomans de sa garde ; chacun d'eux apporta une tête à Mourteza. Ainsi périt la révolte par la trahison, triste vicissitude des gouvernements despotiques.

IX

Le héros presque fabuleux du siècle, le conquérant de Crète, Déli-Housseïn, rappelé de Candie où il avait versé son sang pendant tant d'années pour la foi, fut sacrifié, non à la sécurité de l'empire, mais aux ombrages de Kiuperli. Déli-Housseïn ne s'était élevé que par ses exploits ; il était incapable de crime.

Né à Iénischyr, d'un simple bûcheron de cette vallée, il était entré au sérail comme *baltadji*, dans son enfance, sous Amurat IV. L'ambassadeur de Perse ayant donné en présent au sultan un arc que les plus vigoureux athlètes de la capitale n'avaient pu tendre, Déli-Housseïn, en portant du bois dans la chambre du kislar-aga, trouva, par hasard, cet arc suspendu à la muraille. Seul, dans l'appartement, il essaya ses forces sur l'arc, et parvint à le fléchir en se jouant, et à attacher aux deux extrémités la corde ; puis, entendant les pas du chef des eunuques, et craignant d'être surpris dans son indiscrétion, il s'évada en laissant l'arc tendu dans la chambre.

Le kislar-aga, en rentrant, s'étonna de trouver l'arc déplacé et prêt à recevoir la flèche. On interrogea Housseïn ; il avoua sa faute ; elle devint sa fortune et sa gloire. Le sultan Amurat IV, archer vigoureux lui-même, admira un archer plus robuste encore que lui, l'éprouva en présence de sa cour, l'attacha à ses chasses, et finit par le nommer son grand écuyer. Son instinct de la guerre et sa fortune firent le reste. L'armée ne connaissait que son nom. On pensait à lui dans les extrémités de fortune de l'empire ; il avait été désigné deux fois pour le poste de grand vizir. Kiuperli craignait que cette gloire militaire n'éclipsât sa puissance politique. Il l'avait nommé capitan-pacha par déférence à l'opinion plus que par faveur.

De vagues accusations de malversations dans le maniement des fonds de la marine servirent de texte à sa haine. Il la communiqua au sultan ; le sultan, docile, appela Housseïn devant lui et l'accabla d'injures. Emprisonné aux Sept-Tours, Housseïn y expia, deux jours après, sa gloire trop éclatante par une mort ingrate. Cette mort est la seule tache de Kiuperli ; peut-être la crut-il juste et nécessaire à la sécurité de Mahomet IV, à qui les factions militaires, qui cherchaient un chef, auraient imposé promptement par Housseïn la servitude dont il avait délivré l'empire ; peut-être le sacrifia-t-il au besoin d'être seul grand dans l'opinion après ce rival d'influence. La conscience et la politique se mêlent tellement dans l'âme d'un homme d'État, dans un gouvernement despotique, que les historiens attribuent quelquefois au crime ce qui est devoir, et au devoir ce qui est crime.

X

Le poëte Abdi, devenu plus tard historien de son siècle, fut nommé gouverneur de l'Arabie maritime, où les révoltés avaient propagé l'agitation. La Syrie fut purgée par Ali-Pacha, lieutenant de Kiuperli, de tous les chefs druzes qui remuaient de nouveau dans ses montagnes.

Sur le Danube, Michné, Grec de naissance, qui s'était fait couronner, par les moines, archiduc de Valachie, soulevait ses provinces contre les Turcs. Une armée de Tartares, de Polonais et de Cosaques alliés de l'empire le défit à Yassy, tua quinze mille de ses partisans dans une bataille de trois jours; et le força à se réfugier auprès de Rakoczy, parmi les derniers défenseurs de la cause de ce rebelle.

L'asile prêté par l'Autriche à l'ambitieux Rakoczy devint, entre Kiuperli et l'ambassadeur d'Autriche, le texte de griefs qui devaient aboutir à la guerre. La fidélité aux conditions de la trêve avait honoré jusque-là la diplomatie ottomane. Les excursions de Rakoczy dans les provinces autrichiennes avaient été énergiquement réprouvées et même réprimées par la Porte. Ce fut une des causes de l'insurrection des Transylvains contre les Turcs. Les généraux allemands en profitèrent pour prendre, au nom du prince vaincu et dépossédé, possession des places et des châteaux de Hongrie. Le pacha d'Ofen, indigné, marcha à son tour contre la forteresse de Grosswardein, occupée par les impériaux. Housseïn-Pacha emporta la place réputée imprenable. « Ses remparts sont si élevés, dit l'historiographe ottoman, témoin de ce siége, qu'un oiseau ne saurait en atteindre la cime, et ses fossés si larges que la pensée elle-même n'ose s'aventurer à les franchir. »

Les Russes profitèrent de cette diversion des Allemands pour exciter les Cosaques du Dniester à s'unir à eux contre les Tartares. Le khan des Tartares, informé de ces insinuations, leva quarante mille cavaliers pour prévenir les Russes. Firasch-Beg, son général, défit leur avant-garde sur les bords de l'Arel. Soixante et dix mille Russes s'approchaient pour venger cette défaite. Mohammed-Ghéraï, khan des Tartares, les enveloppa d'une nuée de cavaliers tartares et cosaques, alors ses alliés ; trente mille Russes restèrent sur les steppes du champ de bataille ; les trente mille autres furent emmenés captifs en Crimée (1660).

Les Polonais envoyèrent des ambassadeurs féliciter la Porte de cette victoire sur l'ennemi commun. Les Russes en envoyèrent également pour se plaindre de l'agression des Tartares. Kiuperli temporisa dans ses réponses. Les symptômes de la guerre prochaine contre l'Autriche lui défendaient de diviser les forces ottomanes. Il rappela d'Ofen Sidi-Ahmed-Pacha, un des anciens rebelles dont il avait ajourné la punition, et il ordonna au séraskier de Hongrie, Ali-Pacha, de lui envoyer sa tête. Sidi-Ahmed, attiré par trahison sous la tente du séraskier, reçut cinq balles dans le buste, de la main des *chiaoux*. Il se fit jour, malgré ses blessures, le sabre à la main, et, s'élançant sur son cheval, il allait échapper à ses meurtriers, quand les *chiaoux* coupèrent les jarrets de son cheval. Sidi-Ahmed, en se retournant, vit un de ses propres serviteurs qui le visait à la tête : « Traître ! scélérat ! » s'écria-t-il. Puis, s'enveloppant de son manteau pour ne pas voir tant d'ingratitude, il attendit, comme César, sans mouvement, qu'on l'eût achevé à coups de pierres devant la tente du séraskier.

XI

Une campagne des Polonais et des Tartares contre les Russes, fomentée par Kiuperli, mais dans laquelle il n'engagea pas les troupes ottomanes, anéantit, à Azof, vingt mille Cosaques qui s'étaient vendus cette fois aux Russes. Kiuperli fit construire de nouvelles forteresses pour fermer l'empire trop ouvert au nord, l'une à l'embouchure du Don, appelée Seddoul-Islam (la digue de l'islamisme); l'autre sur les rives du Dniéper, au *gué du Faucon;* la troisième au milieu des steppes de la Tartarie, entre le Dniéper et le Don, pour dominer solidement les Tartares eux-mêmes, les plus nombreux, les plus consanguins, mais les plus indisciplinables de ses feudataires; la quatrième entre la mer Caspienne et la mer Noire, dans ces déserts qui déversent par moments des torrents d'hommes sur le nord et sur le midi.

Les châteaux des Dardanelles furent multipliés et réarmés pour servir d'écueils infranchissables aux nouvelles flottes que Venise tenterait de lancer au cœur de l'empire.

Ce fut alors qu'il fit répondre à l'ambassadeur d'Autriche, qui se plaignait de l'assaut de Grosswardein et qui demandait des réparations : « Le lion, mon maître, ne craint plus le feu ni l'eau, et si toutes les puissances chrétiennes réunies sur terre ou sur mer veulent éprouver sa force, qu'elles le fassent. J'ai assez vécu pour rasseoir à la fois, quoique vieux, le trône de mon padischah et la religion du Prophète. »

XII

Son génie jeta en s'éteignant ses plus vives lueurs. Épuisé de jours et rassasié de gloire, il sentit la vie se retirer de lui sans s'affliger de la mort. Son œuvre lui survivait ; son nom ne pouvait mourir. Il fit prier le sultan, qui le vénérait comme un père, de venir auprès de son lit tenir un divan secret de mort. Il lui légua, dans un long entretien secret, sa politique :

« Tous les malheurs de votre enfance, lui dit-il, sont venus de l'influence des femmes dans le gouvernement ; livrez-leur votre cœur, jamais votre politique. Ne laissez pas l'oisiveté corrompre vos troupes, et vous-même montrez-vous souvent à la tête de vos armées, afin que les factions tremblent au dedans et que les giaours vous respectent au dehors. Quant au trésor, ne souffrez jamais qu'il reste vide, car le malheur peut venir des quatre points de l'horizon sur un empire aussi vaste que le vôtre ; mais il n'y a point de malheur irréparable avec un trésor plein et un peuple soumis. »

Il expira en paix (1661) après avoir versé son expérience dans la mémoire et dans le cœur de son jeune souverain. Parvenu au pouvoir à soixante-douze ans, il n'avait gouverné que cinq ans ; mais ces cinq ans avaient ressuscité la Turquie.

XIII

A peine Mohammed Kœprilü ou Kiuperli avait-il rendu le dernier soupir, que le sultan appela à Andrinople l'aîné de ses fils, Ahmed Kiuperli. Ce jeune homme, de vingt-six ans, était alors caïmakam ou lieutenant de son père, à Constantinople. Mahomed IV lui remit le sceau de l'empire comme un héritage ; c'était le 1ᵉʳ novembre 1661.

Ahmed Kiuperli tenait de la nature le caractère et le génie inculte de son père ; mais il avait de plus, par le bonheur de sa naissance, une éducation littéraire et politique qui achevait en lui les perfections des dons naturels. L'histoire de cette famille, où le vizirat fut trois fois héréditaire, est en quelque sorte celle de l'empire pendant une période de vingt-sept ans. Ahmed fut le plus grand des trois Kiuperli. A ce titre, rien de ce qui caractérise cet homme historique n'est indifférent au récit : les peuples passent anonymes, ils ne revivent que par quelques grands noms pour la postérité.

XIV

Parmi tous les hommes d'État qui ont inscrit leurs noms par leurs œuvres aussi profondément sur les règnes que les rois eux-mêmes, celui avec lequel Ahmed Kiuperli présente le plus d'analogie est le grand homme d'État anglais M. Pitt. Comme lui, il gouverna souverainement sous un prince effacé du trône; comme lui, il succéda, dans la fleur de sa jeunesse, aux fonctions et au génie d'un père qui avait préparé son successeur dans son fils; comme lui, il eut un génie différent, mais égal au génie de son père; comme lui, il ne vécut que pour gouverner; sa seule passion personnelle fut la passion de l'autorité sur sa nation, de la défense du pays, de la grandeur de la monarchie; comme lui, enfin, il mourut jeune et à l'œuvre, sans avoir connu la disgrâce, laissant après lui une renommée amère aux ennemis de sa patrie, mais qui se confond, pour les Anglais et pour les Ottomans, avec le patriotisme du pays lui-même.

Ahmed Kiuperli n'avait point eu d'enfance : son père, dans la prévoyance des vicissitudes de fortune et de spoliations qui atteignent en Turquie les hommes élevés aux fonctions de la cour ou de l'armée plus que les autres, avait voulu prémunir ce fils chéri contre ces catastrophes et ces spoliations en l'attachant au corps plus modeste, mais moins exposé, des oulémas. Il le destinait aux fonctions civiles de juge ou de mufti. Ses études avaient été d'autant plus précoces et d'autant plus sérieuses que son père, qui ne savait ni lire ni écrire, appréciait à un plus haut prix pour son enfant les avantages d'une éducation dont il avait été privé lui-même. L'admirable aptitude de ce jeune homme avait correspondu à tant de leçons. La religion, le droit civil, le droit public, la politique, l'éloquence, l'histoire, la poésie, les langues arabe, persane, turque, italienne, nourrissaient son intelligence ou ornaient sa mémoire. Il avait puisé dans une lecture immense et assidue la maturité d'idées et l'élégance de style qui donnent à l'homme intérieur la sûreté de pensée et la fluidité d'élocution. Ces études et ces goûts pour les sévères plaisirs de l'esprit avaient imprimé de bonne heure à son attitude et à ses traits un caractère de réflexion et de gravité douces qui n'impose pas le respect, mais qui l'inspire.

Son extérieur révélait la maturité avant le temps. Il était de haute et noble stature, un peu incliné en avant; son front était vaste, ses yeux bien ouverts, son teint blanc comme celui d'un homme qui vit à l'ombre des bibliothèques; son accueil était modeste, décent, gracieux; la rusticité et la rudesse du père avaient disparu dans le fils; il semblait vouloir faire oublier plutôt que rappeler en lui le titre de fils d'un grand vizir. Attaché, par la philosophie qu'on lui avait enseignée, aux biens réels et permanents, tels que la vertu et la gloire, plutôt qu'aux biens périssables, tels que l'ambition, la sensualité, les richesses, son désintéressement était exemplaire, et les présents qu'on lui offrait étaient pour lui des offenses. Ami de la règle et de l'ordre par devoir, jamais par colère et par passion, il avait horreur des tschaouschs ou *chiaoux*, des spahis, ces instruments des massacres qui déshonoraient même sous son père la politique du divan, et il ne croyait devoir demander au châtiment que ce qu'on ne pouvait obtenir de la raison et de l'intérêt bien entendu des peuples. Le khodja de Kiuperli, Othman, homme consommé en sagesse et en science, lui avait transmis ses vertus.

Tel était l'homme à qui Mahomet IV allait confier son trône et l'empire. Fatigué d'avoir vécu par les orages qui avaient agité son berceau, heureux d'avoir retrouvé la sécurité et la paix sous la tutelle d'un ministre, seul exposé aux vicissitudes des factions pendant qu'il jouissait du loisir, des amours et des délassements de sa jeunesse, adonné à la chasse comme un fils des Turcomans, ce sultan avait résolu, par instinct autant que par politique, de ne jamais régner lui-même, pour écarter de sa personne les troubles et les responsabilités terribles du gouvernement; mais, droit et ferme dans ses choix, il savait déjà choisir ses ministres et les soutenir après les avoir bien choisis. Le nom de Kiuperli, indépendamment du mérite de celui qui le portait, lui paraissait une désignation céleste, un nom d'heureux présage pour l'empire et pour sa maison.

XV

Ahmed Kiuperli ne démentit aucun de ces présages. Quoique si jeune, ses voyages dans toutes les provinces de l'empire, le gouvernement de Damas, quelques campagnes contre les Kurdes et contre les Druzes, et enfin l'exercice récent des fonctions de caïmakam à Constantinople, autant que l'exemple et les entretiens paternels, l'avaient préparé pour les affaires. Il commença par se montrer sévère, afin de pouvoir être impunément indulgent. Il voulait détendre insensiblement les ressorts trop sanglants du gouvernement, mais il voulait que sa douceur ne fît pas présumer en lui la faiblesse, et qu'en changeant, l'empire ne changeât pas de respect.

Le grand chambellan, Déli-Hafiz, ennemi de Mohammed Kiuperli, son père, ayant témoigné une joie presque factieuse au moment où le corps du grand vizir enseveli passait devant sa maison, Ahmed l'exila à Chypre.

Le mufti ayant récriminé dans le divan contre quelques exécutions du dernier gouvernement :

« Qui a signé ces fetwas de mort? lui demanda-t-il.

» — C'est moi, répondit le mufti ; mais je les ai signés par intimidation, et parce que je craignais pour moi-même.

» — Effendi, lui dit sévèrement le nouveau grand vizir, est-ce à toi, qui es versé dans la loi du Prophète, à craindre un ministre plus que tu ne crains Dieu? »

Le mufti destitué alla expier sa lâcheté à Rhodes. Le vertueux Sanizadé fut nommé mufti à sa place.

XVI

L'ordre si complétement rétabli dans l'empire par son père lui permit de tourner ses premiers regards vers l'Allemagne. Le premier des Kiuperli avait tout préparé en vue d'une énergique répression des sourdes hostilités de l'Autriche. La guerre s'allumait d'elle-même dans les provinces limitrophes des deux empires, de Hongrie et de

Transylvanie. Les commandants de places fortes du parti des impériaux et les pachas gouverneurs de provinces du côté des Turcs se combattaient ou se réconciliaient sans l'aveu de leurs gouvernements respectifs. Les généraux, presque tous italiens, des armées de l'empereur Léopold, et les volontaires lorrains ou français, jetés dans ses armées par le fanatisme de la gloire et de la foi, se faisaient d'eux-mêmes, dans l'intérêt du pape et de Venise, les champions d'une guerre sacrée que la politique n'avouait pas encore. Des partisans hongrois et transylvains, excités par cette chevalerie d'Allemagne, d'Italie, de France, guerroyaient tantôt sous un prétexte, tantôt sous un autre, contre les garnisons turques du Danube.

Ali, pacha d'Ofen, ayant envoyé Housseïn-Pacha à Huzt en négociateur, Housseïn fut fusillé perfidement par le commandant de Huzt. Ali vengea l'assassinat de son ambassadeur par une incursion dans le Palatinat de Marmarosch.

La Transylvanie fut incendiée; un noble transylvain, Michel Apafy, en reçut l'investiture. Les Tartares de Crimée, cavalerie innombrable qui était pour les Turcs ce que les Cosaques étaient pour les Russes, accourus à l'appel d'Ali-Pacha, renforcèrent son armée de quarante mille sabres. Hermanstadt et Témeswar ne se rachetèrent de l'incendie que par une rançon de deux cent mille ducats, indemnité des frais de la guerre intentée déloyalement aux Turcs.

Kémény, autre prétendant à la souveraineté de Transylvanie, appuyé indirectement par les impériaux, rentra avec une armée de partisans dans cette province après la retraite d'Ali et des Tartares. Vaincu, comme l'avait été, un an auparavant, Rakocy par Koutschouk-Pacha, lieutenant d'Ali, Kémény, renversé de son cheval, périt dans la déroute sous les pieds des chevaux du pacha.

XVII

Tout présageait un choc prochain, et pour ainsi dire involontaire, entre les deux empires, entraînés par leurs populations. Kiuperli aurait voulu ajourner la lutte jusqu'à la fin de la guerre avec Venise et de la lente conquête de Crète. Le parti du harem, à qui sa jeunesse et son inexpérience imposaient moins de déférence que ne lui en avait imposé le vieux Kiuperli, l'accusait de sa longanimité, et se plaignait de l'autorité trop absolue qu'il prétendait, comme son père, exercer sur le sultan. La sultane Validé Tarkhan, irritée de ce qu'il avait déposé le defterdar Housseïn-Pacha, sa créature, représentait à son fils que si la déférence était glorieuse envers un vieillard, elle était humiliante envers un jeune homme qui n'avait encore de grand que son orgueil. Elle employait, pour fomenter l'envie de régner par lui-même dans son fils, les insinuations des favorites, et la voix même des cheiks.

Un jour que le sultan passait à cheval devant la mosquée *des Roses*, à Andrinople, pendant qu'un prédicateur célèbre y était en chaire, Mahomet IV descendit de cheval, et entra pour écouter la parole sacrée. Le prédicateur, en apercevant le sultan, changea tout à coup de texte, et apostrophant indirectement le padischah :

« Nous t'avons placé sur la terre, s'écria-t-il en citant un verset du Coran, pour y succéder au Prophète ; juge donc toi-même avec justice les hommes que nous t'avons confiés. »

Mahomet IV, une autre fois, par le conseil de sa mère, s'abstint quelques jours de la chasse, unique occupation de sa vie ; il se plaça derrière un grillage du kiosque *des Revues*, d'où l'on voyait tous ceux qui se rendaient aux audiences du grand vizir, et fit punir sévèrement lui-même tous les chrétiens qui s'y rendaient dans le costume réservé par les lois aux musulmans. Un jeune Arménien, qui, selon la coutume tolérée par l'usage, portait le jour de son mariage des pantoufles jaunes, fut arraché, par ordre du sultan, à son cortége et à sa fiancée, et puni de mort.

Un exercice si puéril et si atroce de son autorité fit murmurer Andrinople, et convainquit le sultan lui-même et sa mère que le gouvernement ne serait que le hasard de l'ignorance et du despotisme en de telles mains. La sultane Tarkhan se réconcilia avec le jeune Kiuperli, au prix de faveurs habiles que le grand vizir accorda au confident de cette princesse, Schamizadé. Une ligue politique entre ces trois influences du sérail confirma le pouvoir dans les mains du grand vizir.

XVIII

Venise, lasse d'une guerre qui épuisait ses finances et ses arsenaux, commençait à négocier sous main un accommodement, par Ballarino, son agent secret à Andrinople. Kiuperli, attentif aux dispositions de l'Allemagne, qui lui faisaient pressentir une guerre continentale, se montrait disposé à partager la possession de la Crète avec la république, et à ajourner une de ces guerres pour tourner toutes les forces de l'empire contre les impériaux. Une rencontre maritime, dans les eaux de Chio, entre la flotte vénitienne et la flotte ottomane, rompit fortuitement ces négociations. Celles de la Porte avec l'Autriche, au sujet de la Transylvanie, n'aboutirent, à la fin de 1662, qu'à une rupture complète de la longue paix cinq fois renouvelée sous le nom de trêve. La Porte refusa définitivement de renoncer au droit de nommer les princes de Transylvanie. Le 16 mars 1663, Kiuperli, après avoir nommé son beau-frère, Kara-Mustafa, caïmakam de Constantinople pour lui répondre de la capitale en son absence, sortit d'Andrinople pour commander lui-même l'armée.

Le sultan accompagna son vizir jusqu'à la première station hors d'Andrinople, et lui remit avec pompe l'étendard du Prophète et un sabre à poignée enrichie de diamants. L'armée l'attendait à Belgrade; elle reçut le vizir tout-puissant comme elle aurait reçu le sultan lui-même. Les deux frères de Kiuperli, Mustafa-Beg et Ali-Beg, marchaient à côté de lui; l'armée entière se replia après son passage pour l'accompagner à sa tente dressée sur la croupe des collines au pied desquelles se confondent le Danube et la Save, presque aussi large que le fleuve où se perdent ses eaux.

Le baron de Gœs et le résident autrichien à Andrinople, Réninger, plénipotentiaires du duc de Sagan, ministre de l'empire, attendaient Kiuperli à Belgrade pour tenter une dernière fois la paix. Le vizir les reçut avec politesse, mais avec froideur; il les fit monter à cheval à sa suite, et les conduisit sur une colline d'où le regard embrassait son armée entière. Elle était composée de cent vingt-cinq mille hommes d'élite, de cent vingt-cinq pièces de canon de campagne, de douze canons énormes de siége, de soixante mille chameaux et de douze mille mulets portant les approvisionnements et les munitions. Cent vingt mille Tartares étaient en marche pour la grossir d'une nuée de cavalerie mal disciplinée et dévastatrice des campagnes. Ahmed-Ghéraï, fils du khan des Tartares, la commandait. Une telle armée, dans les mains d'un jeune homme que le nom de Kœprilü ou Kiuperli rendait redoutable aux ennemis de l'empire, était la plus éloquente des diplomaties. Les conférences s'ouvrirent sous cette impression.

Kiuperli demanda seulement, pour se retirer, les conditions de Soliman le Grand, si longtemps acceptées par l'Autriche, c'est-à-dire la reconnaissance du droit de protection de la Porte sur la Transylvanie, la restitution des villes hongroises conquises contre la foi des traités par les partisans autrichiens, enfin le renouvellement du tribut annuel de trente mille ducats, payé autrefois, et maintenant tombé en désuétude, par l'Autriche. Les plénipotentiaires promirent satisfaction sur les premiers articles; quant au dernier, ils déclarèrent qu'ils n'oseraient pas soumettre au duc de Sagan une proposition si attentatoire à la dignité d'un grand empire; ils achèteraient la paix par la justice, par la déférence, jamais par l'humiliation d'un vasselage.

XIX

Kiuperli porta l'armée en avant jusqu'à Essek, où les conférences se renouvelèrent aussi vainement entre les mêmes plénipotentiaires et Ali-Pacha, serdar de Hongrie, commandant de l'avant-garde des Ottomans. Ali-Pacha et Mohammed-Pacha, son collègue, n'attendirent pas la réponse de Vienne pour attaquer l'armée hongroise de Forgacs et de Palfy à Neuhœusel. Trente mille Hongrois périrent ou dans le choc ou dans le fleuve. Forgacs s'enferma avec quelques débris dans Neuhœusel. Palfy n'échappa qu'avec deux hussards et son escorte ; des milliers de têtes furent jetées en monceaux aux pieds du grand vizir, qui avait commandé lui-même les mouvements de la bataille. Les cent vingt-cinq mille Tartares arrivèrent le soir de la victoire. Le fils du khan, Ahmed Ghéraï, armé d'un sabre, d'un poignard, d'un carquois, vêtu d'une veste de drap d'or bordée d'hermine, coiffé d'un kalpak de zibeline, escorté de Tartares et de Cosaques de Crimée dans le même costume et avec les mêmes armures asiatiques, rappelait Timour-Lenk au milieu de ses conquêtes.

Kiuperli répartit cette multitude en quatre immenses camps autour de la ville, et dirigea lui-même les assauts. Les Hongrois, malgré la hauteur et l'épaisseur de leurs remparts, contraignirent par une lâche révolte le marquis Pio et Forgacs, leurs généraux, à capituler. La victoire de Neuhœusel et surtout la chute de cette forteresse de la Hongrie, jusque-là réputée imprenable, répandirent l'étonnement et la consternation dans toute l'Allemagne. Ces deux triomphes donnèrent à Kiuperli l'audace d'accomplir dans sa propre armée un coup d'État de toute-puissance qu'il crut devoir à l'affermissement de sa récente autorité.

Le confident intime de la sultane Validé, Schamizadé, qui avait suivi le grand vizir à l'armée, moins comme ami que comme surveillant jaloux de sa conduite, conspirait avec la sultane la déposition de Kiuperli au premier revers, et voulait élever à la place d'un ministre si impérieux son propre beau-père, Ibrahim-Pacha, un des lieutenants du vizir alors à l'armée avec lui. Kiuperli, informé de cette trame, écrivit au sultan que si le bruit répandu de sa destitution prochaine n'était pas démenti par l'exécution immédiate des traîtres qui se vantaient de lui succéder, son ascendant miné dans sa propre armée ruinerait la campagne.

Mahomet IV, sans consulter sa mère, répondit à Kiuperli de ne prendre conseil que du salut de l'empire. Le lendemain de cette réponse, le favori de la sultane Validé, Schamizadé, et son complice Ibrahim furent décapités, à la stupéfaction de l'armée, devant la tente de Kiuperli, et leurs têtes, envoyées à Andrinople, comme deux têtes de traîtres, attestèrent l'immuabilité du ministre dans la faveur du sultan. La sultane Tarkhan trembla pour sa propre influence et se réfugia dans son titre de mère :

« Mon vizir, écrivit le sultan à Kiuperli, a bien gagné le pain de mes esclaves en n'ayant pour tapis que les pierres et pour lit que la terre nue ; que mon pain lui profite ! »

XX

Cependant le prince élu de Transylvanie, Apafy, était accouru avec ses principaux partisans s'abriter sous la protection de l'armée turque. Un noble transylvain, nommé Haller, soupçonné de briguer pour lui-même l'investiture de la principauté, l'avait suivi. Kiuperli reçut dédaigneusement Apafy, et fit décapiter Haller et jeter son cadavre dans le fleuve par les Tartares.

Toutes les places voisines de Lewenz, Novigrad, Neutra, Freystad, Schintau, tombèrent au contre-coup de Neuhœusel. Les Tartares répandus dans la Moravie et dans la Silésie ramenèrent des troupeaux de jeunes filles enfermées dans des sacs sur les croupes de leurs chevaux, ou accouplées deux à deux comme des chiens en laisse; leurs hordes, le fer et la torche à la main, galopèrent au milieu des flammes jusqu'à trois milles d'Olmütz; les terres des princes de Diétrichstein et de Lichtenstein furent ravagées; douze mille de leurs vassaux furent traînés en esclavage et vendus au marché de Neuhœusel. Presbourg vit du haut de ses remparts brûler trente-deux de ses riches villages. Treize cents chariots chargés de femmes et d'enfants, chassés devant eux par les Cosaques et les hussards du khan de Tartarie, et quatre-vingt mille Hongrois esclaves, marchaient en files vers Belgrade pour aller peupler les vallées de l'Europe ou les steppes de Crimée. Kiuperli, sans armée ennemie devant lui, et repliant la sienne sur Belgrade pour l'hiver, laissa les Tartares inonder la Hongrie. Les Polonais lui ayant envoyé demander le secours de ses Tartares contre les Russes, il les congédia en les menaçant de tourner ses armes contre eux-mêmes s'ils continuaient à pactiser avec les impériaux pendant qu'il était en guerre avec l'Allemagne.

Le printemps de 1664 renouvela l'invasion de la Hongrie par l'armée de Kiuperli, reposée et recrutée pendant l'hiver. Le sultan, du fond du harem ou des forêts d'Andrinople, assistait aux exploits de son vizir. Il avait épousé, l'année précédente, une jeune Grecque née en Crète, enlevée par les Turcs à la prise de Rétimo. Le serdar de Crète, Housseïn, frappé de ses charmes, l'avait jugée digne de son maître et l'avait offerte en présent à la sultane Validé. Son nom était Rébia Gülmisch, c'est-à-dire, en turc, *l'abeille qui boit les roses du printemps*. L'amour de Mahomet IV pour cette jeune esclave aux cheveux noirs ne tarda pas à contre-balancer dans son cœur l'autorité jusque-là souveraine de la Validé aux cheveux d'or.

Rébia Gülmisch donna, au printemps, un premier fils au sultan, qui fut appelé Mustafa. Cette fécondité précoce consolida son crédit.

XXI

Cependant l'Allemagne, menacée d'une invasion plus profonde, armait depuis sept mois tous ses défenseurs. Zriny, surnommé *Pieu de Fer*, avait rallié les Hongrois et s'avançait en Transylvanie ; le comte de Souches marchait sur Neutra. Hohenloë, Strozzi, généraux de l'Autriche, suivis de corps français et italiens, concertaient un plan de campagne sous les murs de Kanischa, qu'ils assiégeaient. Ils se concentraient à Serinwar pour y recevoir, dans une situation solidement retranchée, le choc de Kiuperli. Strozzi tomba frappé à mort dans une mêlée.

Le maréchal Montecuculli, le premier homme de guerre de l'Italie et de l'Allemagne, vint prendre le commandement général de l'armée confédérée. Il s'établit dans un triangle fortifié par la nature entre la Mur, la Drave et la position retranchée de Serinwar. Kiuperli ne pouvait l'aborder qu'après avoir surmonté cette position défendue par la ville. Le nombre et l'acharnement des Turcs triomphèrent des défenseurs de Serinwar; le comte de Thurn, qui la commandait sous Montecuculli, y périt sur la brèche avec trois mille Hongrois, l'élite de ses troupes. Montecuculli et le comte de Coligny, qui lui avait amené six mille volontaires français, repassèrent la Mur et fermèrent le passage à Kiuperli.

L'armée turque, dispersée en détachements de trente à quarante mille hommes, se contenta d'observer les impériaux et les Français, et d'assiéger une à une les places qui résistaient encore. Montecuculli, trop faible pour s'engager contre ces corps d'armée qui l'auraient étouffé en l'enveloppant, se retira sur la Raab, rivière qui couvre l'Autriche. Kiuperli l'y suivit de près et campa sur la rive gauche. Il y fut rejoint, au village de Saint-Gothard, par les plénipotentiaires de l'Autriche, témoins de l'incendie de la Hongrie et de l'esclavage de tout un peuple.

Le même sort qui menaçait leur pays, l'inégalité du nombre entre l'armée de Montecuculli et celle de Kiuperli, avaient fait fléchir l'empereur Léopold : le duc de Sagan, son ministre, les autorisait à subir, dans un traité permanent, les nécessités et les humiliations de la défaite. Kiuperli, pour les contraindre à une plus complète et à une plus prompte résignation, voulut passer sous leurs yeux la Raab à Saint-Gothard, devant l'armée de Montecuculli. Ce général, le héros de son siècle, surpris d'abord par l'impétuosité des Ottomans, qui avaient passé le fleuve à gué et refoulé les Allemands sur un amphithéâtre de collines, céda un moment le village de Moggersdorf, centre de sa position, aux janissaires qui l'avaient escaladé. Ses soldats fuyaient, ses officiers se faisaient tuer à leur poste; lui-même, avec le sang-froid, ce génie du caractère, recueillait son armée et reformait sous son épée ses débris.

Quand il les eut ranimés de son âme, il déploya hardiment ses deux ailes, l'une commandée par le duc Charles de Lorraine, son élève dans l'art des combats, l'autre, toute composée de noblesse française, sous les ordres du comte de Coligny. Ces trois grands capitaines, fondant à la fois sur la première moitié de l'armée turque, qui avait seule encore passé la rivière, refoulèrent les Ottomans dans le lit de la Raab, à demi comblé de leurs morts. Vingt mille janissaires, le nerf de l'armée, abandonnés sur la rive gauche et enfermés dans leur conquête, périrent, plutôt que de se rendre, au village de Moggersdorf. Les trois mille chevaliers français de Coligny et du duc de La Feuillade lancèrent leurs chevaux dans le fleuve, sur les pas des Turcs, et sabrèrent les spahis jusque sous les batteries de Saint-Gothard.

« Quelles sont ces jeunes filles? demanda ironiquement Kiuperli, aux renégats hongrois qui l'entouraient à l'aspect des cuirasses polies, des coiffures élégantes, des nœuds de rubans, des chevalières poudrées déroulant leurs ondes sous les casques.

» — Ce sont les Français, » répondirent les Hongrois.

Mais leur parure efféminée recouvrait les lions de la guerre; cette jeune noblesse chargea jusqu'aux tentes du vizir en criant : « Allons! allons! tue! tue! » Ce cri, retenu par les Turcs, servit, le soir, à désigner les Français, comparés le matin à des femmes. La Feuillade, leur colonel et leur exemple, reçut dans ce combat, des janissaires et des spahis, le nom de *Fouladi* ou de l'homme d'acier.

Tant d'héroïsme et de fortune fut perdu; la gloire seule de Monteucculli fut couronnée par la victoire sans poursuite de Saint-Gothard. Elle relevait l'honneur de la campagne; elle n'en réparait pas les désastres. Malgré les vingt mille janissaires qu'il avait perdus, Kiuperli n'en conservait pas moins deux cent mille soldats, partout vainqueurs dans les plaines de la Hongrie. Le village et la chapelle commémorative de Saint-Gothard furent le seul monument de la journée. Tant de sang répandu ne changea rien aux conditions de la paix consenties d'avance par l'empereur Léopold. Elle fut signée à Eïsenbourg, le 10 août, telle que Kiuperli l'avait dictée à Belgrade.

Apafy, le client des Turcs, était reconnu prince de Transylvanie, sous leur suzeraineté; les palatinats hongrois rentraient à la Porte; les conquêtes de la campagne devenaient propriété permanente du sultan; il était interdit à l'Autriche de relever les fortifications de Serinwar; le tribut déguisé sous le nom de présent d'ambassade fut allégé, mais maintenu. Une telle paix, après un seul revers dans une continuité de triomphes, pouvait retentir comme la plus éclatante des victoires dans l'empire et dans le cœur du sultan.

Kiuperli ramena l'armée à Belgrade, congédia avec un présent digne de son maître le khan des Tartares, suivi de cent mille esclaves que ses cavaliers avaient enlevés à la Hongrie et à la Saxe. Kara-Mohammed-Aga, beglerbeg de Roumélie, fut nommé ambassadeur de la Porte à Vienne, pour y porter la ratification du traité de paix par le sultan. Escorté d'un cortége asiatique de cent cinquante dignitaires de la cour, les présents qu'il était chargé d'offrir à Léopold 1ᵉʳ consistaient en panaches de plumes de héron, en aigrettes de diamants, en une vaste tente, soutenue au centre par un seul pilier, en tapis de Perse, en pièces de soie et de mousseline des Indes, en deux livres d'ambre gris, en quatorze chevaux de main, nés en Arabie ou en Perse, couverts d'équipements d'or et de pierreries.

XXII

Kiuperli retrouva à Andrinople sa toute-puissance, accrue de sa renommée de conquérant et de vengeur de l'empire. Le sultan, en son absence, n'avait fait que de pacifiques campagnes contre les bêtes fauves dans les forêts voisines d'Andrinople. Son historiographe, Abdi, était chargé de consigner dans ses annales, comme des événements historiques, tous les accidents de ces chasses impériales. La sultane favorite, Gülmisch, et son jeune confident, Yousouf, l'accompagnaient dans ces lointaines excursions de plaisir. Il partait ordinairement de ses stations à la clarté de la lune, au son des trompettes et des timbales, faisait sa prière dans les mosquées des villages, rendait des jugements, comme saint Louis, sous les chênes des forêts, se montrait inflexible et souvent sanguinaire envers les blasphémateurs de sa foi, et punissait de mort le doute comme un crime.

Abdi cite deux victimes de son fanatisme martyrisées comme athées : l'un parce qu'il égalait Jésus au Prophète, l'autre parce qu'il professait la religion cosmopolite des Druzes. Il raconte, le même jour, le meurtre d'un palefrenier qui maltraitait sans cause un cheval, et la rencontre fortuite, par le sultan, d'une vache qui enfantait un veau dans la prairie, et son dialogue avec le paysan chrétien, maître de la vache, qu'il s'efforça de convertir à l'islamisme.

Le sultan, jaloux de la mémoire de ces puérilités, venait souvent les raconter familièrement à l'historien Abdi, quand il était malade, et se faisait représenter les annales, dont quelques pages sont écrites de sa propre main. Tout indique en lui, dans ces pages, un de ces rois fainéants de la première race dynastique de la France, considérant comme subalterne toute autre fonction que celle de donner leur nom au règne, et laissant le gouvernement et la guerre, comme des métiers ignobles, à des maires de palais. La prière, la chasse et le loisir étaient pour lui les seules œuvres d'un roi.

XXIII

Kiuperli, libre maintenant de porter toute son attention sur la conquête de la Crète, ramena le sultan à Constantinople, où la sultane Validé Tarkhan accueillit son retour par des présents d'une valeur d'un million cinq cent mille piastres, dont l'énumération éblouit l'esprit. Mahomet IV y reçut en même temps les présents de la cour d'Autriche, apportés à Constantinople par l'ambassadeur, le comte Walter de Leslie. Ces présents attestent l'industrie et les arts de l'Autriche à cette époque. Des miroirs de la hauteur d'un homme encadrés dans l'argent ciselé, et tournant sur un pied de même métal; des aiguières d'argent et d'or sculptées, portées sur des trépieds et des colonnettes cannelés; des bassins dorés et couverts, qui lançaient des jets d'eau parfumée; des candélabres à plusieurs branches; des arrosoirs d'argent, pour épancher en gouttes les eaux de senteur; une vaisselle de vermeil, des guéridons d'argent, des fusils, des poignards, des pupitres de jaspe, des lunettes d'approche, des tapis des Pays-Bas espagnols, brodés d'or; des montres, des pendules, une grotte artificielle avec un cadran dont une chute d'eau faisait marcher l'aiguille et sonner les carillons; et des présents analogues, mais à l'usage des femmes, pour la sultane mère et la sultane favorite : telles étaient les magnificences dont Léopold colorait son humiliation et achetait la paix.

Le cortége de noblesse allemande, italienne et anglaise, qui accompagnait à cheval l'ambassadeur, était digne des présents. On y comptait les ducs de Norfolk, lord Arundel, les princes de Lichtenstein, le comte de Trautmannsdorf d'Herberstein, le Florentin Pécori, le Génois Durazzo, le Milanais Casanova, le Français Châteauvieux. Cent cinquante nobles de toutes les nations de l'Europe, excepté les sujets de Rome et de Venise, décoraient de leur présence l'ambassade de Léopold.

L'ambassadeur de France, M. de La Haye, à son retour à Constantinople, subit les reproches et les injures du grand vizir pour les secours indirects et volontaires que le roi de France laissait, en Crète et en Hongrie, se joindre aux ennemis de l'empire : « Vous autres Français, lui dit Kiuperli, vous vous proclamez nos meilleurs amis, et nous vous rencontrons toujours avec nos ennemis. »

Ce reproche amer et spirituel était fondé en ce moment.

Il aurait été aussi légitime à l'époque où Napoléon débarquait en Égypte pour en expulser les Ottomans, et où il autorisait, à Erfurth, la Russie à attaquer impunément les Ottomans, nos alliés naturels; il l'aurait été à Navarin, où nos canons, confondus avec ceux de la Russie et de l'Angleterre, anéantissaient follement la flotte de Mahmoud; il l'aurait été, enfin, dans ces derniers temps où nous imposions à la Turquie, relativement aux Lieux saints de Jérusalem, des partialités envers des moines catholiques et des expropriations envers huit millions de ses sujets grecs qu'elle ne pouvait consentir sans s'exposer, de la part de la Russie, à la guerre glorieuse, mais onéreuse, dans laquelle nous l'assistons aujourd'hui (avril 1855).

XXIV

M. de La Haye, homme irritable et fier, se leva et jeta avec mépris les capitulations, qu'il tenait à la main, sur le tapis. Kiuperli s'emporta et l'apostropha du nom outrageant alors de juif. Son premier chambellan leva le tabouret sur lui et l'en frappa; l'ambassadeur tira son sabre du fourreau; les chiaoux s'élancèrent sur lui pour le désarmer; le tumulte menaça de devenir sanglant. Le grand vizir reconnut, trois jours après, son tort, convoqua le ministre français, lui fit des réparations, et le pria d'étouffer dans le silence, entre sa cour et la Porte, une violence réciproque de paroles et de gestes dont l'ébruitement aurait coûté à la Porte et à la France leur vieille amitié.

Cette vieille amitié, il est vrai, était sans cesse compromise, de la part de la France, par des hostilités sourdes qui répondaient mal aux déclarations officielles d'alliance ou de neutralité. Cette double conduite de la France n'était pas duplicité préméditée, c'était la violence perpétuelle faite par la religion à la politique. Nous allons retrouver, en effet, la noblesse française en face des Turcs en Crète, comme nous venons de la rencontrer en Hongrie. Il y avait deux peuples dans les Français et deux hommes dans Louis XIV. Si la politique conseillait au roi et au peuple de persévérer toujours dans la seule alliance qui pût l'aider à contre-balancer la maison d'Autriche, la religion, les préjugés populaires datant des croisades, les incitations de Rome et les dernières palpitations de l'esprit chevaleresque leur faisaient un reproche d'honneur et de conscience de ne pas s'unir aux ligues chrétiennes contre les sectateurs du Prophète.

C'est ce double sentiment qui faisait éclater sans cesse une apparente contradiction entre les paroles et les actes de la France, relativement aux Ottomans. Ce n'était pas perfidie dans la cour de France, c'était faiblesse. Louis XIV lui-même, alors dans toute la vigueur de sa jeunesse et de son règne, n'y échappait pas : ainsi, pendant qu'il assurait Kiuperli de sa neutralité bienveillante dans la guerre que la Porte soutenait contre l'Autriche en Hongrie et contre Venise en Crète, il était forcé, par condescendance à l'esprit chevaleresque de sa noblesse, d'autoriser au moins par son silence des corps de volontaires français à voler sous le drapeau désavoué de la France au bord du Danube et dans la mer de Candie. Le chevalier l'emportait malgré lui sur le politique et le chrétien sur le roi.

C'est là l'explication de toute la diplomatie française en

Orient à cette époque, et c'est encore aujourd'hui la seule explication que l'histoire puisse donner de la double diplomatie du gouvernement actuel de la France, ébranlant lui-même la Turquie en 1852 par l'inopportune exigence des Lieux saints, et lui prêtant ses armes et son sang en 1854 pour la consolider; cette diplomatie a compromis l'État. Le préjugé lutte contre la raison. Les Turcs sont nos amis, et les musulmans sont la vieille antipathie de nos mémoires.

XXV

Kiuperli toléra, en homme d'État consommé, une contradiction dont l'ambassadeur français lui révéla confidentiellement les motifs. Il se garda bien de contraindre à une rupture déclarée une puissance dont il avait intérêt à ménager le rôle ambigu, et dont il comprenait la double nature. Les forces navales et les forces de terre, qu'il pouvait désormais tourner toutes contre les Vénitiens en Crète, le rassuraient contre le petit nombre de volontaires, aventuriers de religion et de gloire, que Louis XIV laissait sortir de ses ports. Cette conquête de Candie n'était pas seulement pour Kiuperli une nécessité et une gloire de l'islamisme, elle était aussi une adulation habile à la jeune et belle sultane Gülmisch, qui régnait de plus en plus en souveraine sur le cœur tendre de Mahomet IV.

Cette favorite, Crétoise de famille et née à Rétimo, se flattait, après la conquête de sa patrie par son époux, d'être couronnée reine de Crète, de posséder, comme *argent de pantoufles*, les riches revenus de cet empire insulaire devenu l'apanage d'une esclave née dans son sein, et de gouverner à son gré, avec la douceur d'un joug de femme, ces compatriotes et ces chrétiens dont elle se sentait toujours la fille et la sœur.

Gülmisch, enivrée de ces perspectives dont Kiuperli l'éblouissait pour s'assurer son concours, se chargeait à son tour de défendre Kiuperli dans l'esprit du sultan, son époux, contre les rivalités subalternes de deux jeunes favoris, Yousouf et Mustafa, qui lui donnaient quelque ombrage. Cette ligue entre un grand homme et une femme adorée pour dominer un prince faible permit à Kiuperli de concentrer à Andrinople des trésors et des armements égaux à ce que Soliman le Grand avait jamais rassemblé de ressources pour ses plus vastes expéditions. Kiuperli, sûr de Gülmisch, n'hésita pas à prendre lui-même le commandement d'une guerre qui l'éloignait pour longtemps peut-être du sultan (1666).

L'armée, accompagnée du sultan jusqu'à la mer, fut passée en revue par Mahomet IV avant son embarquement; puis il revint à Andrinople par une marche prolongée par des chasses qui durèrent vingt-deux jours. Il y occupa ses loisirs à la construction du nouveau sérail, qui coûta douze cent mille ducats d'or, et que l'historien Abdi décrit en termes aussi magnifiques que son architecture :

« Le palais fabuleux de Schedad, fils d'Aad, et celui de Chosroès de Perse à Médaïn, ne pouvaient supporter la comparaison. On y voyait des estrades de marbre, des avenues de colonnes de pierres colorées de diverses teintes, des kiosques aux coupoles dorées, des fontaines jaillissantes retombant dans des vasques d'argent massif, des portes en bois odorant ciselé, des murailles revêtues de nacre de perles. »

XXVI

Une agitation religieuse, fomentée par un imposteur juif de Smyrne, nommé Sabathaï, qui se donnait pour un autre Messie et un autre Prophète, et dont les juifs et les musulmans adoptèrent la secte, émut un moment l'empire; Kiuperli le fit enfermer avant son départ aux Sept-Tours. Ses partisans ne virent dans cette captivité que la réalisation d'une de ses prophéties qui annonçait cette persécution. Sabathaï devait en sortir vainqueur, monté sur un lion dont il dirigerait la course avec une bride formée de serpents à sept têtes.

Un autre imposteur polonais, inventeur de rêveries mystiques, et rival de Sabathaï dans la crédulité populaire, le dénonça au caïmakam Mustafa comme soufflant la révolte aux peuples. Le sultan le fit venir à Andrinople et l'interrogea lui-même. Crédule autant qu'orthodoxe, Mahomet IV voulut cependant éprouver la puissance surnaturelle de Sabathaï; il le fit attacher nu à une colonne pour servir de but aux flèches de ses archers, pour voir s'il était invulnérable. L'imposteur juif éluda l'épreuve et la mort en confessant ses impostures et en abjurant sa divinité. Il embrassa l'islamisme, et devint, de messie, portier à gages du sérail. Sa honte anéantit sa secte.

XXVII

L'armée s'embarqua le 14 mai 1666. Après avoir traversé la mer de Marmara, elle employa quatre mois à traverser lentement l'Anatolie, et se rembarqua à Isdin, en face de Rhodes, pour la Crète. Elle atterrit, le 16 novembre 1666, sur la plage de la Canée.

La flotte égyptienne de vingt-six voiles qui amenait le contingent du Caire à Kiuperli, interceptée par l'escadre vénitienne, fut anéantie sous les yeux des Turcs.

Une seconde flotte, partie de Constantinople avec six mille janissaires, porta au printemps l'armée du grand vizir à quatre-vingt mille combattants. Le 20 mai 1667, il ouvrit les tranchées devant les murs de Candie, ce dernier boulevard des Vénitiens en Crète et des chrétiens dans l'Orient. Morosini, le premier homme de guerre de Venise, récompensé de ses exploits par l'ingratitude et par l'envie, avait été rappelé de l'oubli par les nobles de cette oligarchie pour sauver une seconde fois sa patrie. Il avait tout pardonné à ses ennemis et s'était dévoué pour toute vengeance. Nommé généralissime de l'armée et de la flotte, il avait débarqué avec deux mille hommes dans la place. Neuf mille autres, aguerris déjà par leur longue lutte contre Housseïn, défendaient derrière d'inexpugnables bastions cet écueil de la puissance ottomane pendant tant d'années. Quatre cents pièces de canon couronnaient les remparts, servies par les premiers artilleurs de la chrétienté; sept bastions presque massifs, des fossés semblables à des abîmes creusés au ciseau dans le roc vif, enfin des mines souterraines et inconnues pratiquées sous le sol et prêtes à engloutir les assiégeants jusque dans leurs tranchées, rendaient Candie la terreur des Turcs.

Cette ville leur avait déjà dévoré deux flottes et trois armées. Morosini, pour être plus présent au danger, logeait sous un des bastions casematés de la place. C'est de là qu'il inspectait sans cesse les tranchées, qu'il déblayait les fossés des fascines par une machine de son invention, qu'il dirigeait les sorties, et qu'il recevait, à l'imitation des Turcs, les têtes coupées des ennemis que ses soldats apportaient à ses pieds avant de les jeter à la mer.

Six cent dix-huit explosions de mines et trente-deux assauts couvrirent la ville de fumée, la mer de sang et la terre de cadavres, du 22 mai au 18 novembre. L'Égypte et la Syrie entendaient de leurs rivages, par les vents de mer, les détonations de la ville et du camp comme celles d'un perpétuel volcan. Quatre cents officiers chrétiens, trois mille Vénitiens dans la ville, huit mille Ottomans tués pendant ces premiers mois de siége, attestaient l'acharnement des combattants.

Un des bastions, nivelé par les monstrueux canons de Kiuperli, parut ouvrir enfin l'enceinte aux janissaires. Morosini les devança par une sortie de toute la garnison qui reconquit les tranchées sur les Turcs. Ceux-ci parvinrent à les recouvrer; mais une mine pleine de deux cents barils de poudre, que les assiégés avaient recouverte de terre sous leurs pas, en engloutit sept mille dans leurs lignes. Kiuperli renvoya d'un seul convoi quatre mille de ses soldats mutilés en Asie. La peste, fomentée par les exhalaisons de tant de cadavres, décima son camp; les tempêtes écartèrent ses renforts de la côte ; les pluies d'hiver comblèrent ses ouvrages. Morosini, aussi entreprenant sur la mer qu'invincible sur ses murailles, sortit avec une escadre de vingt vaisseaux, et abordant corps à corps la seconde flotte d'Égypte chargée de troupes, l'incendia et la coula sous les yeux du grand vizir.

XXVIII

Dix-huit mois s'étaient consumés sans autre résultat que des milliers de cadavres. Le duc de Savoie, qui avait loué des régiments à Venise, les retira, à l'instigation de Kiuperli, au printemps de 1668. Le marquis de Ville, qui les commandait, obéit avec douleur à son prince vainement gourmandé par le pape. Le marquis de Saint-André-Montbrun, général des volontaires de France en Crète, lui succéda dans le commandement de la place. Les Vénitiens voulaient par cette déférence caresser l'orgueil de Louis XIV, et le contraindre à secourir sa propre noblesse mourant pour sa foi.

Le roi permit au duc de La Feuillade, aussi brave sur le champ de bataille que servile et adulateur dans les cours, d'enrôler cinq cents officiers français des armées de Condé et de Turenne, et quatre mille vétérans pour Candie. Une élite de jeunesse française, les Fénelon, les Sévigné, fils de la femme qui illustra ce nom, les Villemor, les Château-Thiéry, les Saint-Paul, étaient partis avec Beaufort ; cinq cents chevaliers d'Italie s'étaient joints à eux. Ces renforts comblaient les vides que le canon turc faisait dans les rangs des Vénitiens ; mais cette jeunesse, impatiente de miracles, s'accommodait mal de la guerre méthodique et défensive que l'expérience de Morosini imposait à sa garnison devant une armée six fois supérieure en nombre et en cavalerie hors des murs.

Le 16 décembre 1668, les six mille Français, forçant les consignes, fondirent avec l'impétuosité de leur race sur les janissaires, les enfoncèrent, les poursuivirent, conquirent un moment leur camp, et après en avoir sabré deux mille, défièrent l'armée entière de Kiuperli. La Feuillade et ses principaux officiers affectaient un tel mépris pour les Turcs, qu'ils dédaignaient de tirer l'épée sur cette horde, et qu'ils galopaient, comme Murat sur les Cosaques, un fouet à la main, sur les spahis. Leurs défis, leur jactance et leur témérité leur coûtèrent des milliers de braves au retour dans le camp.

Kiuperli, les chargeant à la tête des topschis et des janissaires, en tua quatre mille entre la ville et le camp. Villemor, Tavannes, quarante des amis de La Feuillade furent tués ; Fénelon vit son fils tomber à ses côtés sans pouvoir arracher au moins son corps aux janissaires ; d'Aubusson, Sévigné, Montmorin, Créquy, La Feuillade, rentrèrent décimés, couverts de leur propre sang, et presque seuls, par cette même porte qu'ils avaient forcée le matin pour faire honte aux Vénitiens de leur prudence. Ils se découragèrent d'une guerre de discipline et de constance en opposition avec leur génie aventureux ; ils murmurèrent contre la timidité de Morosini, qui murmurait lui-même contre leur jactance. Ils se rembarquèrent, ne rapportant de leur campagne qu'une vaine gloire, l'estime des Turcs, la juste colère des Vénitiens.

XXIX

La Feuillade, guéri de ses blessures, ne désespéra pas cependant de Candie; il aida les envoyés de Venise à Paris et le légat du pape à obtenir du roi un secours de vingt régiments. Le duc de Beaufort, ce héros et ce tribun de la Fronde sous Mazarin, déchu de sa popularité, mais non de son courage, cherchait dans la guerre les aventures qu'il avait cherchées dans les séditions. Il s'embarqua peu de temps après La Feuillade pour Candie. Il y amena, le 19 juin 1669, une escadre de quatorze vaisseaux, chargés de troupes sous ses ordres et sous ceux du duc de Navailles. Les mousquetaires de la garde de Louis XIV et cinq mille volontaires français débarquèrent sous les batteries des Turcs.

La ville n'était plus qu'un monceau de décombres, sous lesquels campaient quelques milliers de défenseurs. Ces gentilshommes, à peine débarqués, forcèrent Morosini à les laisser braver le feu des Ottomans en pleine campagne; ils rougissaient de couvrir leur intrépidité de fossés, de bastions et de murailles. Le duc de Navailles, le duc de Beaufort, Castellane, Choiseul, Dampierre, Colbert, leurs chefs, restèrent sourds aux représentations du général vénitien. Cette sortie funeste, dans laquelle les Français furent promptement refoulés par les Turcs, ramena sur leurs traces l'ennemi vainqueur jusque sous la porte de la ville. Cinq cents d'entre eux périrent entre les remparts et le camp de Kiuperli. Les têtes coupées d'un comte de

Rauzan, d'un Lesdiguières, d'un Fabert, d'un marquis d'Uxelles, d'un Castellane et de soixante mousquetaires furent jetées devant la tente du grand vizir.

Le duc de Beaufort ne reparut plus. « Il est blond et de haute taille, écrivit Morosini pour le redemander vivant ou mort aux ennemis. S'il est vivant, nous vous donnerons pour sa rançon tout ce que vous demanderez ; s'il est mort, nous vous payerons son cadavre au poids de l'or. »

On le chercha en vain parmi les morts ou parmi les prisonniers ; soit qu'il eût été englouti dans le cratère d'une mine, soit qu'il eût rougi de honte de rentrer dans la ville après une fuite qui humiliait son orgueil, et qu'il eût poussé son cheval dans les solitudes inaccessibles de l'île, on n'entendit plus parler de ce brillant héros de nos guerres civiles. Le bruit courut longtemps qu'il s'était fait ermite dans les hautes forêts de Crète, et qu'il y avait achevé, dans le désert et dans la pénitence, une vie prédestinée par ses vicissitudes aux aventures de la guerre, des révolutions, de l'amour et de la religion.

XXX

Le duc de Navailles, par une inexplicable versatilité, si ce ne fut pas par un ordre secret de Louis XIV, abandonna la ville à ses dangers après l'avoir compromise par sa fougue. Les Français repartirent deux mois après leur débarquement. Cette défection, funeste aux Vénitiens comme à leur honneur, entraîna celle des auxiliaires italiens, des chevaliers de Malte et des Allemands de la garnison. Morosini les supplia en vain de lui laisser trois mille hommes jusqu'à l'hiver; rien ne put retenir ces infidèles alliés. Le héros de Venise resta seul avec une poignée de braves dans les débris de ses fortifications, en face de deux cent mille Ottomans.

Kiuperli lui offrit, par politique autant que par admiration, une capitulation digne de son caractère. Elle fut signée sur les ruines du bastion de Morosini, et, le 26 septembre 1669, la croix fit place au croissant sur les dômes à demi écroulés de Candie. Le blocus ou le siége de cette capitale de la Crète avait duré vingt-cinq ans, et coûté trois cent mille hommes aux vainqueurs. Jamais l'ambition seule n'aurait donné une telle persévérance à un ennemi, une telle constance aux défenseurs; mais Candie était le champ de bataille de deux religions, et les religions ont les antipathies aussi longues que les siècles.

Kiuperli traita Morosini en ennemi digne de lui : il lui accorda pour lui, ses soldats et les habitants, la liberté et le temps d'évacuer l'île. Il ne resta dans la ville que deux prêtres grecs, une femme et trois Juifs. Kiuperli reçut de leurs mains, sur la brèche du bastion Saint-André, appelé aujourd'hui le bastion de la Conquête, les quatre-vingt-trois clefs de la ville dans un bassin d'argent. Morosini s'embarqua pour Venise, où il ne trouva de nouveau que des calomniateurs qui l'accusaient d'avoir vendu la Crète, un procès politique et des fers. L'ingratitude obstinée de sa patrie ne lassa pas le patriotisme de ce grand homme, que les Turcs devaient bientôt retrouver en Morée comme l'Annibal des Ottomans.

XXXI

Le soir de la capitulation, Kiuperli écrivit pour la première fois au sultan, à qui il avait juré de ne pas envoyer d'autre lettre qu'une lettre de victoire. Le lendemain, il accomplit avec une touchante piété filiale un devoir plus cher à son cœur : il alla déposer sa victoire aux pieds de sa mère au village d'Emadia, voisin de son camp. Cette femme, supérieure d'esprit, de vertu et de courage, avait voulu suivre son fils dans son expédition, pour le fortifier dans les revers, ou pour jouir de son triomphe. Le grand vizir écoutait avec respect ses conseils, et se glorifiait de devoir à sa mère ses plus sages et ses plus généreuses inspirations. Il déposa avec larmes les clefs de la ville à ses pieds, et l'embrassa comme la source vénérée de sa vie et de sa gloire.

Plus avide de consolider la conquête de Candie pour les Ottomans que d'aller en étaler l'orgueil à Constantinople, Kiuperli séjourna encore neuf mois en Crète pour relever les fortifications des villes et pour organiser l'administration des provinces. La nombreuse population grecque, respectée par lui dans sa religion, dans ses propriétés et dans ses mœurs, continua à faire des campagnes de Crète le jardin de la Méditerranée et l'appendice de l'Égypte.

XXXII

Rien n'avait troublé gravement ni l'empire ni la cour, gouvernés de loin par le génie de Kiuperli, pendant les trois années de son séjour au camp devant Candie. Le vaisseau qui le rapportait en Europe jeta l'ancre devant l'île de Cos (1670); le grand vizir s'y reposa quelques jours avec sa mère, dans les gracieux paysages de l'île, au bord des fontaines ombragées d'orangers, entre les souvenirs de sa longue campagne et la prévision des affaires qui l'attendaient à Andrinople. La passion de la nature, de la contemplation et du loisir, est le sens originaire et indélébile de l'Ottoman. On le retrouve dans ses héros les plus actifs comme dans ses sages les plus recueillis.

Kiuperli consomma ces jours trop abrégés de l'été en entretiens philosophiques avec les poëtes et les historiens de sa suite, et avec les livres dont la lecture assidue nourrissait son âme. Il débarqua enfin à Rodosto, et rencontra Mahomet à Timourtasch, où ce prince était venu, en chassant, recevoir lui-même son vizir. Mahomet IV n'était point jaloux d'une gloire qui lui paraissait sa propre gloire. Il remit de nouveau l'empire agrandi entre les mains de son ministre. Son fanatisme contraignit seulement Kiuperli à sévir plus qu'il ne l'aurait voulu contre les violateurs du Coran, et surtout contre les buveurs de vin grec. Le vizir, sans scrupules sur cette observance religieuse, avait appris, dans ses campagnes de Crète et de Hongrie, à savourer, avec tempérance, cette boisson qui active l'imagination des poëtes et le courage des guerriers. « Pendant son séjour de quinze jours sous les orangers de l'île de Cos, au bord de ses fontaines aux ondes de cristal, où il n'avait voulu voir que ses familiers, dit l'historien turc de sa vie, Kiuperli, oubliant les affaires d'État, avait fait rafraîchir souvent le vin doux de Méthymne dans la source d'Homère, qui murmurait à côté de lui. »

XXXIII

Louis XIV envoya son ambassadeur, M. de Nointel, à Constantinople, avec une escadre de cinq vaisseaux, sous le commandement de M. d'Apremont. Le caïmakam ayant refusé le salut des batteries du sérail, par ressentiment de la conduite ambiguë de la France pendant la guerre de Crète et de Hongrie, l'escadre passa devant le sérail sans saluer le palais du sultan. La sultane Validé assistait du balcon du kiosque *de la Mer* à l'entrée de l'escadre. Offensés du silence des batteries françaises, les Turcs murmuraient sur le rivage. Un coup de feu, parti d'un bâtiment turc, blessa un matelot de l'escadre; un combat naval allait s'engager dans le port. La sultane, admiratrice des Français, s'interposa; elle fit prier M. d'Apremont de la saluer de ses salves le lendemain pendant qu'elle traverserait le Bosphore pour se rendre à son palais de Scutari. Les Français accordèrent à une femme, mère du souverain, ce qu'ils avaient refusé au représentant de l'empire (1671).

M. de Nointel, après cette réconciliation, fit son entrée

solennelle à Constantinople. Appelé de là à Andrinople, il y fut accueilli froidement par Kiuperli et par le sultan. Ayant parlé dans son entretien avec le grand vizir des armes de Louis XIV, encore jeune alors : « Votre padischah est le padischah d'un grand peuple, lui répondit Kiuperli; mais son épée est encore neuve. » Cependant, après une lente négociation, M. de Nointel obtint la signature de nouvelles capitulations en soixante et un articles, favorables au commerce français et au droit de protection de la France sur les Lieux saints et sur la liberté des pèlerinages.

M. de Nointel profita de son séjour en Turquie et de ses priviléges d'ambassadeur pour visiter un des premiers les ruines et les sites de l'Archipel et de la Grèce. Suivi de cinq cents personnes, parmi lesquelles des dessinateurs, des peintres et des érudits, il explora les chefs-d'œuvre de la nature et les vestiges de l'antiquité grecque et romaine, sur cette scène aujourd'hui vide du monde antique. Il découvrit la grotte merveilleuse d'Antiparos, où les girandoles de stalactites éblouissantes réfléchirent l'éclat de milliers de cierges et de lampes pendant la nuit de la naissance du Christ, dont il fit célébrer la commémoration dans ce temple naturel.

XXXIV

Les Hongrois autrichiens envoyèrent, à la même époque, un de leurs magnats, le comte Zriny, à Andrinople, pour offrir un tribut annuel de soixante mille ducats à la

Porte, si Kiuperli voulait les soustraire, selon l'expression de leur ambassadeur, à la tyrannie des Allemands et des Jésuites, qui violentaient leur liberté et leur conscience. Kiuperli, attentif à d'autres côtés de l'empire, éluda, sans les rejeter, les offres des magnats de la basse Hongrie.

Les Cosaques du Don, race perpétuellement flottante entre les Russes, les Tartares, les Polonais et les Turcs, s'étaient divisés en deux factions, dont l'une avait nommé pour hetman Brukoski, dévoué aux Russes; l'autre, Doroszenko, hetman des Cosaques *du Roseau*. Doroszenko, attaqué, contre les intentions de la Porte, par les Polonais, en ce moment alliés des Russes, réclama la protection de la Porte, et reçut l'investiture et les queues de cheval, signe de sa nationalisation parmi les protégés des Ottomans. L'alliance des Cosaques qui occupaient le vaste territoire indécis entre le Dniéper et le Dniester donnait une frontière solide aux Turcs, contre la Pologne inconstante et contre la Russie hostile.

Kiuperli marcha, avec cent cinquante mille hommes, contre les Polonais, qui venaient de faire invasion sur les terres des Cosaques. Le sultan, las cette fois d'une oisiveté qui lui faisait donner le surnom humiliant d'Avadji (chasseur), suivit l'armée. Elle passa le Danube (1672), et s'avança vers la forteresse polonaise de Kaminiec, bâtie sur un rocher entouré du Smotrix, qui lave ses murs. Sa chute rapide entraîna celle de toute la Podolie. La Pologne, vaincue et humiliée, implora, par l'organe de Jean Sobieski, son héros futur, l'ajournement du tribut de trois cent mille ducats dont elle venait d'acheter la paix.

Sobieski, le seul homme de sa nation qui ne désespéra pas de sa patrie, fut nommé commandant général des débris de l'armée vaincue. Il attendit à Choczim ou une paix plus honorable ou une bataille désespérée contre les Turcs. Les Valaques et les Moldaves de l'armée de Kiuperli passèrent au milieu de la bataille à Sobieski. Le Dniester, à peine dégelé, engloutit, par la rupture d'un pont de bateaux, des milliers de Turcs; le reste, coupé par le fleuve du centre de l'armée, périt sous le canon de Choczim et sous le sabre des Polonais (1673). Sobieski conquit dans ce sang l'estime, l'enthousiasme et le trône de sa patrie. Son génie éclata tout à coup dans la fortune relevée des Sarmates. Un homme avait ressuscité un peuple.

On négocia la paix sur une base plus équitable. Le sultan, le vizir et l'armée rentrèrent pour la discuter à Andrinople.

XXXV

Les fêtes du sérail, à l'occasion de la circoncision de son fils, effacèrent de la mémoire de Mahomet IV le revers de Choczim.

Les deux sultanes Tarkhan, Gülmisch, et une nouvelle sultane, appelée la petite favorite, à qui l'histoire ne donne pas d'autre nom, assistèrent, selon l'usage, à cette magnifique cérémonie, tout à la fois *baptême et robe virile* des princes musulmans. Elles versèrent toutes trois, dit Abdi, des larmes abondantes aux cris de douleur du jeune Mustafa, fils de Gülmisch *aux lèvres de rose;* mais ces larmes de femmes ne coulaient pas, dit-il encore, d'une même source et n'avaient pas la même signification dans leurs yeux. Gülmisch pleurait de joie de voir son premier né, fils unique du sultan, consacré par une si auguste cérémonie au trône où elle régnerait avec lui ; la petite favorite pleurait de douleur et de jalousie de sa stérilité, qui, malgré l'amour de Mahomet IV, lui refusait dans un fils le gage de la perpétuité de sa faveur ; enfin, la sultane Validé Tarkhan pleurait d'angoisse sur l'avenir sinistre de son autre fils, Souleïman, dont la vie inutile et dangereuse désormais à Mahomet, son frère, pouvait être sacrifiée à chaque instant à la passion du sultan pour le fils de Gülmisch.

Le sultan, en effet, craignant de laisser après lui dans Souleïman un compétiteur à son fils Mustafa, préméditait depuis longtemps un crime que les traditions, les lois et les exemples lui présentaient comme une prévoyance et presque comme une vertu de la politique. Ce n'étaient pas les scrupules, c'étaient les supplications et les larmes de la sultane Validé, et les grâces innocentes de l'enfant, qui le faisaient hésiter à l'accomplir. Plusieurs fois il avait donné et révoqué l'ordre fatal. Quelques semaines avant la circoncision de Mustafa, troublé jusque dans un songe par l'obsession de cette pensée du meurtre, il s'était levé en sursaut de sa couche, et il était entré le poignard à la main dans la chambre de la sultane Validé, pour frapper lui-même dans son sommeil l'enfant envers lequel il se reprochait sa propre pitié ; mais Souleïman dormait, par pressentiment maternel de ses périls, dans la chambre et à côté du lit de la Validé.

Éveillée par les pas de Mahomet sur le tapis, et saisie d'effroi à la vue du poignard, elle s'était élancée de sa couche, et elle avait couvert Souleïman de son corps. Le sultan, ému des sanglots de sa mère, épouvanté de ses malédictions, avait laissé tomber le fer de sa main, et il était rentré dans ses appartements humilié de sa faiblesse.

Kiuperli le détournait avec horreur d'un crime qui déshonorait l'humanité pour affermir le trône. Son opposition constante et efficace à ces coups d'État par l'assassinat politique lui conciliait la reconnaissance et l'appui de la sultane Validé. La petite favorite, présent récent de la Validé à son fils, et dévouée par rivalité à sa protectrice, protégeait les jours de Souleïman, et l'adoptait dans son cœur à défaut de fils. Enfin, Gülmisch, *aux lèvres de rose*, malgré sa tendresse pour son fils Mustafa, ne sollicitait pas un crime qui lui aurait attiré à jamais la haine et la vengeance de la mère de son époux; reconnaissante envers Kiuperli, qui lui avait conquis son royaume de Crète, elle continuait à le servir de son crédit presque absolu dans le harem; en sorte que ces trois femmes, rivales sous certains rapports les unes des autres, concouraient toutes par un intérêt particulier à protéger Souleïman, et à consolider la fortune de Kiuperli, qui était en réalité celle de leur ambition et celle de l'empire.

XXXVI

Rien ne la troublait en ce moment que les dissensions éternelles, mais subalternes, entre les Latins et les Grecs, relatives aux priviléges de possession des Lieux saints à Jérusalem, et dans les sanctuaires voisins, consacrés aux mystères chrétiens.

L'ambassadeur français, M. de Nointel, sous prétexte d'exercer le droit de protection nationale que les dernières capitulations accordaient à la France sur les priviléges des catholiques, des couvents et des pèlerinages, avait voulu visiter lui-même Jérusalem, avec toute la pompe et l'autorité d'un représentant de Louis XIV. Sa partialité impolitique avait ravivé les compétitions et les haines des Grecs, en concédant aux Latins, par une extension abusive des capitulations, les possessions exclusives des clefs du Saint-Sépulcre, de l'église de Bethléem, ainsi que l'usage des candélabres et des tapis qui avaient de tout temps appartenu aux Grecs.

Le divan, importuné comme de nos jours de ces querelles incessantes entre des moines représentant quelques milliers de catholiques latins et le patriarche représentant huit millions de chrétiens grecs, sujets de l'empire, rendit une décision conforme à celle d'Amurat IV, qui restituait aux Grecs la possession de leurs priviléges dans les Lieux saints. C'est cette même querelle, malheureusement renouvelée de M. de Nointel dans ces derniers temps, qui a enfin allumé aux feux de l'autel l'incendie qui dévore en ce moment l'Orient.

XXXVII

Tout prospérait à l'empire. Sobieski, son seul ennemi, après une nouvelle et glorieuse campagne à Zurawno contre Ibrahim-Pacha et contre les Tartares, où il avait contenu deux cent mille hommes avec quinze mille Sarmates adossés au Dniester, venait de conclure une paix modeste, mais urgente pour sa nation, entre les deux camps. La Pologne, malgré ses deux victoires, perdait, par ce traité, la Podolie et l'Ukraine ; mais elle avait conquis un héros. Kiuperli pouvait l'anéantir avec les deux cent mille soldats de Mahomet IV, les Tartares et les Cosaques en ce moment réunis sous sa main contre les Polonais ; mais il était trop politique pour abuser de sa force contre un État dont la Turquie n'avait rien à redouter, et qui pouvait, au contraire, comme dans les périodes précédentes, devenir son avant-garde contre les Russes, les Hongrois ou les Allemands.

Les Sarmates, selon Kiuperli, étaient les plus braves cavaliers de l'Europe ; mais leur caractère était aussi léger que le sable de leurs steppes. La Pologne était tour à tour un camp ou une faction ; elle n'était jamais un gouvernement à longue pensée, redoutable à ses voisins ; il fallait la réprimer, jamais la détruire. Il l'admirait sans la craindre. Le fond de ces pensées était vrai ; mais le temps n'était pas loin où, sous la main de Sobieski, cette faction équestre, devenue une armée invincible, allait venger le Danube et sauver l'Allemagne.

La mort précoce de Kiuperli hâta cette heure. Il succombait lentement, comme M. Pitt, sous le poids d'un empire dont il était à lui seul l'âme et la main, et qui sollicitait sans cesse sa pensée et son bras des confins de l'Éthiopie, du Tigre, de l'Euphrate, du Don, de l'Adriatique, jusqu'aux confins de l'Autriche. Son courage d'esprit lui faisait illusion sur l'épuisement de ses forces. En ramenant le sultan de Constantinople à Andrinople, il mourut à deux stations de la capitale, dans une chaumière du village de Karabéber, après une maladie de vingt jours (1675).

Jamais l'empire n'avait tant perdu dans un seul homme. Sa vertu était telle que nul n'avait à se réjouir de sa mort, et sa vie était tellement identifiée à la grandeur de sa nation, que l'empire crut mourir avec lui. Pour juger ce grand homme, fils d'un grand homme, il n'y a pas besoin de panégyrique, il suffit de se souvenir à quel degré d'anarchie et d'abaissement les deux Kiuperli avaient pris le trône et le peuple, et de voir à quel degré de sécurité et de grandeur le père et le fils avaient relevé la monarchie. Heureux les hommes qui n'ont pas besoin de paroles, et dont la gloire est écrite dans les frontières et dans les institutions de leur pays! mais malheur aux peuples qui placent leur destinée sur la tête d'un seul homme d'État, fût-il aussi grand, aussi vertueux et aussi heureux que Kiuperli, et qui vivent ou meurent dans un seul homme! ils ont de beaux règnes, ils n'ont pas de longues destinées. Le temps appartient aux individus : l'éternité n'appartient qu'aux peuples.

LIVRE VINGT-HUITIÈME

I

Les deux grands ministres que la destinée avait accordés dans la même famille à Mahomet IV avaient tellement soulagé l'esprit de ce prince des soucis du trône, que régner, pour lui, se bornait à reprendre un instant l'empire des mains d'un grand vizir pour les déposer aussitôt dans les mains d'un autre. L'habitude aussi de voir depuis tant d'années le pouvoir se succéder dans la famille des Kœprilü ou Kiuperli, interdisait, pour ainsi dire, toute ambition du vizirat, même aux favoris du sultan, et ne laissait pas douter aux Ottomans que le sceau de l'empire ne passât comme un joyau de la succession de Mustafa-Beg, jeune frère de Kiuperli.

Mustafa-Beg le croyait lui-même ; il eût été heureux pour l'empire que le sultan eût respecté en lui cette désignation pour ainsi dire dynastique au gouvernement. Mustafa-Beg, en suivant de plus près les traditions de son père et de son frère, aurait sauvé à la monarchie les calamités et les hontes qui allaient découler d'une autre politique. Mais l'homme qui devait entraîner et briser l'empire ottoman sur l'écueil de sa puissance était né : c'était Kara-Mustafa, beau-frère du grand Kiuperli et caïmakam de Constantinople.

II

Kara-Mustafa était un Asiatique des environs de Merzifoùn ; son père, chef d'une tribu guerrière et puissante de Mésopotamie, avait été tué en combattant pour les Turcs contre les Persans au siége de Bagdad. Le vieux Kiuperli, qui commandait l'armée ottomane en Mésopotamie, avait adopté l'enfant orphelin par reconnaissance pour le père. Il l'avait fait élever dans sa maison avec ses propres fils ; il l'avait promu, de grade en grade, au rang d'écuyer du sultan, de général, de capitan-pacha, et enfin de caïmakam de Constantinople, sorte de vice-vizir qui gouverne la capitale en l'absence du véritable vizir. Pour mieux l'incorporer dans sa famille, il lui avait donné sa fille pour épouse. Kara-Mustafa avait donc contracté dans cette maison toutes les parentés de l'adoption, de la consanguinité, de la toute-puissance; mais il n'en avait contracté ni le génie ni les vertus. C'était un caractère de satrape asiatique, superbe, insatiable et féroce. Gâté dès son enfance par une fortune complaisante, il avait reçu du hasard toutes les dignités, sans en avoir conquis aucune par son propre mérite; l'habitude de commander était sa seule capacité au commandement. Des richesses incalculables, des convoitises plus insatiables encore, un luxe oriental qui dépassait les convenances d'un sujet, un harem de quinze cents femmes consacrées à son ostentation ou à ses voluptés, des esclaves et des chevaux sans nombre, des domaines sans limites, l'égalaient aux rois d'Asie.

Cet orgueil et cette pompe étaient un des motifs qui déterminaient le sultan à lui remettre le sceau de grand vizir. Ce prince, tremblant toujours au souvenir des factieux qui avaient élevé dans son enfance leurs séditions jusqu'à son trône, voulait mettre une distance immense entre son grand vizir et ses autres serviteurs. L'orgueil de Kara-Mustafa lui plaisait, car si l'orgueil provoque quelquefois, plus souvent encore il écrase. Réprimer les factions dans leur germe renaissant, était tout le règne de Mahomet IV.

III

Les premiers actes de Kara-Mustafa attestèrent son incapacité politique. Au lieu de suivre les traditions de son père et de son frère adoptifs, les deux Kiuperli, politique.

qui avait consisté à n'avoir jamais à combattre qu'un ennemi de l'empire à la fois, et à pacifier les uns pendant qu'il luttait contre les autres, Kara-Mustafa sembla coaliser à plaisir tous les ennemis de l'empire contre les Ottomans. Il insulta gratuitement, en plein divan (1676), l'ambassadeur de Louis XIV, M. de Nointel, pour une vaine question d'étiquette, et le livra aux brutalités de parole et de geste des chiaoux, qui l'expulsèrent de sa présence. Il irrita, par ses dédains et par ses exigences, l'ambassadeur polonais, qui entrait dans Constantinople avec une suite de gentilshommes dont les chevaux étaient ferrés d'argent; les fers de ces chevaux, attachés par un seul clou mal rivé, se perdaient avec intention pendant la marche, comme pour attester la profusion et la libéralité des Polonais.

« Il faut que ces hommes aient des têtes de fer, dit le grand vizir, pour semer ainsi leur argent! Leur suite n'est pas assez nombreuse pour assiéger Constantinople; elle l'est trop pour venir baiser le seuil de la Sublime Porte; mais je crains qu'il ne soit souillé par les lèvres de tant d'infidèles chrétiens : au reste, le sultan est bien en état de nourrir trois cents Polonais, lui qui en compte trois mille ramant esclaves sur ses galères! »

Les négociations des Polonais, pour obtenir du grand vizir la restitution d'une partie de la Podolie et la protection de la Porte contre les Tartares, subirent des lenteurs qui aigrirent ces républicains mobiles et qui les rejetèrent à contre-cœur dans l'alliance des Russes. Kara-Mustafa, au lieu de désintéresser les Russes de ses différends avec les Polonais et les Autrichiens, les fit attaquer sur le Dniester par Ibrahim, pacha de Bosnie (1677). Défaits par les

Russes et poursuivis par les Cosaques jusqu'au Boug, les Turcs s'abritèrent dans Bender.

Ibrahim, en rentrant à Constantinople, rencontra le sultan qui marchait lui-même avec son grand vizir vers Silistrie pour venger ce revers. A l'aspect de son général vaincu, le sultan, aux yeux de qui toute défaite était crime, ordonna au bourreau de lui trancher la tête. Ibrahim descendit de son cheval et découvrit sans murmure sa gorge aux bourreaux. Sa résignation fléchit Mahomet IV; il commua sa peine en un emprisonnement dans le château des Sept-Tours; mais il lui ordonna de s'y rendre à pied, indigne qu'il était, dit-il, de monter à cheval après sa défaite. Les chiaoux ayant représenté au sultan que ce vieillard infirme était incapable de parcourir à pied les douze lieues qui le séparaient de sa prison, Mahomet révoqua encore son ordre, et exigea seulement que le serdar se traînât pendant quelques pas pour lui obéir. On le laissa poursuivre ensuite sa route à cheval. L'épouse d'Ibrahim, qui avait été nourrice du sultan, parut à ce moment, se jeta aux pieds du cheval du sultan, et implora, le front dans la poussière, la grâce de son mari. Mahomet, incapable de rien refuser à celle qui lui avait donné son lait, changea la prison en exil.

IV

L'armée, lentement rassemblée à Silistrie autour des tentes du sultan, menaçait les Russes de leur enlever l'Ukraine (1679). L'hiver, qui sévissait dans ce rude climat, rendait le séjour de Silistrie fastidieux aux sultanes, accoutumées aux délices des palais de Constantinople et d'Andrinople ; elles obsédaient Mahomet IV de leurs plaintes et de leurs regrets dans des termes et dans des chants conservés par les historiens turcs de cette campagne :

« Ce ne sont plus là, disaient-elles dans leurs vers plaintifs, ces rivages du Bosphore où soufflent les vents tour à tour tièdes et rafraîchissants de l'Archipel ! où l'on voit les poissons argentés bondir, en sortant du filet, sur le sable de la grève, au pied des murs du sérail ! où les dauphins labourent les sillons écumants des vagues ! où des bains aux ondes bleues et des fontaines murmurantes réjouissent de tous côtés la vue ! où les cris des hirondelles, les soupirs de Bulbul, et le gazouillement de mille autres oiseaux enchantent les oreilles et provoquent les rêves d'amour sous les feuilles ! Qui nous rendra les haleines parfumées et les délicieux frissons des zéphyrs de Marmara ? »

V

Les ennuis de ces femmes lassaient d'avance le voluptueux Mahomet IV d'une campagne à peine commencée ; il tournait sans cesse les yeux vers Andrinople, à peine retenu au camp par les instances de Kara-Mustafa. L'armée russe, forte de cent mille combattants, attendait les Turcs au delà du Dniester. Le khan des Tartares, appelé par le grand vizir, rejoignit les Turcs devant Cehryn. La ville, emportée d'assaut pendant une nuit d'ivresse de la garnison russe, devint un champ de feu et de carnage. Les Russes, ralliés en force à quelque distance, menacèrent de venger Cehryn dans le sang des Turcs. Satisfait de cet incomplet triomphe, Kara-Mustafa se replia devant eux, et le sultan revint triompher sans gloire à Constantinople (1680).

Le grand vizir, resté en arrière, pressura les principautés de Moldavie, de Valachie, de Transylvanie, pour grossir son trésor personnel. Il vendit à un Cantacuzène la principauté de Valachie à prix d'or ; il ordonna en même temps un inventaire du trésor impérial de Constantinople pour y faire réintégrer les objets précieux dilapidés par d'infidèles gardiens.

« L'un des joyaux les plus précieux de ce trésor des sultans, raconte M. de Hammer d'après les chroniques du temps, le gros diamant de vingt-quatre carats et de la plus belle eau, qui, dans les jours d'apparat, orna depuis l'aigrette du panache impérial, avait été découvert une année auparavant, par un pauvre homme, sur un tas de fumier, près de la porte d'Égrikapou. Comme il n'en connaissait pas la valeur, il l'échangea contre trois cuillers ; le nouvel acquéreur de cette pierre la vendit dix aspres à un orfévre ; mais plus tard, ayant soupçonné qu'elle en valait bien davantage, il en demanda à son acheteur un prix plus élevé. Le différend fut porté à la connaissance du chef des orfévres, qui s'appropria le diamant pour une bourse d'or ; le grand vizir voulut le lui enlever de force, lorsque parut un édit impérial qui définitivement adjugea le diamant au trésor impérial. C'était le second que l'on trouvait ainsi : sans doute ils provenaient tous deux des trésors de l'antique Byzance. Le premier, qui était encore plus beau et d'un poids supérieur, avait été découvert par un enfant, sous le règne de Mahomet II, dans le *Haïvanseraï* ou l'*Hebdomon*. Peut-être avait-il appartenu à la couronne des empereurs byzantins, qui, la vingt-deuxième année du règne de Justinien, s'était égarée, par la faute des maîtres de la garde-robe, sur la place de l'Hebdomon, pendant une marche triomphale. »

VI

La pensée d'immoler ses deux jeunes frères, fils d'Ibrahim, obsédait de plus en plus Mahomet IV à mesure que ces princes avançaient en âge et en grâces. Cette obsession était d'autant plus atroce, que ce prince, qui n'était pas sanguinaire d'instinct, leur servait de tuteur et de père, et que c'étaient des fils autant que des frères dont une odieuse politique lui demandait le meurtre. Kara-Mustafa, n'osant combattre directement une résolution qui lui faisait horreur, dont Kiuperli, son maître, lui avait appris à détester l'usage, engagea le sultan à consulter le divan et le mufti sur la légitimité d'une telle exécution.

Le divan et le mufti furent unanimes à lui refuser la sanction légale ou religieuse de ce crime. Mahomet IV s'arrêta devant la réprobation de son conseil. Il laissa vivre ses frères, et maria ses sœurs, Aïsché et Aatika, à des vizirs.

Une paix précaire suspendit les hostilités entre les Turcs et les Russes, qui s'interdirent également d'élever des forteresses dans le territoire neutralisé, entre le Boug et le Dniester.

VII

Cependant, au commencement de 1682, les dissensions intestines de la Hongrie, dont une moitié penchait pour les Allemands, l'autre moitié pour les Turcs, fournirent à Kara-Mustafa les prétextes, les motifs et l'occasion d'accomplir la longue pensée des deux Kiuperli contre l'Autriche.

Les prétextes étaient en effet nombreux, les motifs fondés, l'occasion opportune ; mais depuis que les deux grands ministres dormaient ensevelis dans le même tombeau, la tête et la main manquaient également à l'exécution d'un si vaste plan. Il est rare dans l'histoire qu'une pensée conçue par un homme de génie n'avorte pas sous la main d'un homme médiocre. Kara-Mustafa avait hérité d'une entreprise plus forte que lui.

Reportons un moment nos regards sur la rive gauche du Danube.

VIII

L'empereur Léopold, instrument de la persécution religieuse contre l'Allemagne protestante, avait ajouté en Moravie et en Hongrie les griefs de la conscience libre aux ombrages de la nationalité outragée. Le sang de l'aristocratie hongroise, dévouée à la patrie et à la réforme, ne cessait de couler sous la hache des bourreaux; les comtes de Serin, de Nadasti, de Frangipani, de Trattembach, décapités par les bourreaux de l'empereur catholique, en 1671, avaient laissé des vengeurs dans leurs enfants et dans leurs compatriotes.

L'un de ces chefs des réformés et des rebelles hongrois, le comte Tékéli, était mort sur le champ de bataille en disputant son pays à ses oppresseurs; la moitié de la Hongrie avait vu mourir en lui son Machabée, mais elle n'était pas morte avec lui. Cette race héroïque et constante n'accepte aucun joug, même de la victoire; elle croit au droit plus qu'à la fortune; elle ne cède jamais vivante ce qu'on veut lui arracher de sa liberté. Elle avait retrempé ses forces dans le sang de ces grands martyrs de sa cause; elle choisit pour chef le jeune fils du patriote Tékéli, mort pour elle : elle pensa que celui qui avait son père à venger en défendant sa patrie serait plus irréconciliable contre la tyrannie que tout autre de ses grands citoyens. L'amour, la liberté, la vengeance filiale, se confondaient dans le cœur du jeune Tékéli, pour en faire le héros de l'indépendance par la nature comme par la politique. Il était, par sa mère, petit-fils du comte de Nadasti, un des noms les plus imposants de l'aristocratie hongroise. Il était depuis son adolescence épris des charmes de la fille du comte de Sérin, dont l'Autriche lui avait disputé la main pour la donner à son protégé le prince de Transylvanie. Il voulait la reconquérir au prix de son sang; sa passion était le second mobile de sa gloire. *Pour Dieu et pour la patrie* était l'inscription de ses étendards. *Pour la comtesse de Serin* était la secrète devise de son cœur. Rien de vénal dans l'héroïsme de ses troupes; elles n'étaient soldées que par les acclamations de leur patrie et par les dépouilles de leurs ennemis.

Trois fois en trois ans, sous le commandement de Tékéli, les Hongrois avaient triomphé en bataille rangée des armées de Léopold ; les généraux n'avaient que de la science militaire, Tékéli et ses compagnons avaient le génie de la terre libre qui s'insurgeait sous leurs pas. Les ministres de Léopold, ne pouvant le vaincre, tentèrent de le séduire. Des trêves honorables entre les impériaux et lui furent conclues ; on l'appela à Vienne pour y traiter d'égal à égal des conditions qui pouvaient pacifier la Hongrie et du partage de ces provinces entre Léopold et lui.

Dans ces négociations il entrevit des piéges contre sa liberté ou contre sa vie ; il s'évada de Vienne, il revint au milieu de ses camps, il invoqua, comme tous les chefs de factions civiles, le secours de l'étranger et de l'infidèle contre ses compatriotes d'un autre parti que le sien. Les Hongrois, ligués de nouveau par lui avec les Turcs, jadis ennemis, aujourd'hui libérateurs, devinrent l'avant-garde des Ottomans en Allemagne ; Tékéli, flatté par Kara-Mustafa de l'espoir de la couronne de Hongrie, fut en effet proclamé par le divan roi de la Hongrie supérieure, sous le titre de roi des Hongrois et des Transylvains ; il épousa et couronna de sa propre main sa fiancée, la belle Hélène de Serin, devenue veuve du prince transylvain, vaincu et tué. Comme tous les transfuges, il surpassa contre sa patrie les férocités des Ottomans, dont il dirigeait les invasions dans la Hongrie allemande.

Des milliers de ses compatriotes tombèrent sous le sabre de ses cavaliers. Semblable aux Espagnols du nouveau monde, qui avaient associé les brutes elles-mêmes à leur extermination des innocents Indiens de l'Amérique, il avait dressé des chiens molosses à flairer, à poursuivre et à déchirer, jusque dans les cavernes des montagnes de Moravie, les partisans de la domination impériale. Il ne remettait de sa patrie que des ossements et des cendres aux détachements turcs du pacha d'Ofen, qu'il précédait dans leurs invasions sur les territoires de l'Autriche ; la terreur de son nom courait du Danube au Rhin et de la Vistule aux Alpes.

Il traçait, longtemps avant que la guerre fût déclarée entre Mahomet IV et Léopold, une large voie de flamme et de sang aux armées du grand vizir ; toutefois, il était loin d'encourager, par ses agents de Constantinople, Kara-Mustafa à marcher sur Vienne. Il était, sinon trop chrétien, au moins trop politique pour convertir une guerre civile des réformés contre les catholiques en une croisade de l'Europe occidentale contre les musulmans ; il voulait seulement arracher par le fer des Turcs la Hongrie et la Transylvanie aux serres de l'Autriche, pour en faire sous sa propre souveraineté un royaume annexé à l'empire ottoman. Ses crimes dans cette entreprise égalèrent ses exploits. Aussi intrépide, aussi cruel, mais moins patriote que Scanderbeg, l'aventurier hongrois eut le sort de tous les Coriolans que le désespoir pousse jusqu'à la trahison de leur race : il reçut un empire précaire des mains des étrangers, il le perdit par leur retraite. Il finit ses jours dans l'exil, à Nicomédie, et ses cendres mêmes après lui ne trouvèrent d'hospitalité que sur la terre des ennemis de son Dieu et de sa patrie.

IX

Mais, au moment où il rêvait l'accomplissement des plans des deux Kiuperli sur Vienne, Tékéli, déjà proclamé roi des Hongrois et maître de la Transylvanie, flanquait avec une armée de soixante mille cavaliers les troupes du pacha d'Ofen, prêt à se joindre aux Turcs et aux Tartares, à qui la Porte avait déjà assigné le rendez-vous du Danube dans les plaines de Pesth. Le nouveau roi des Hongrois, Tékéli, sous le nom de roi des Kruczes, les pachas de Roumélie, de Temeswar, d'Erlau, le prince actuel de Transylvanie, Apafy, dix-huit régiments de janissaires, des nuées de cavaliers spahis s'emparaient ensemble de la forteresse de Fulek, et entassaient des milliers de prisonniers dans des puits creusés d'avance pour servir de cachots ou de tombeaux aux partisans de Léopold.

Le comte Kohary, noble hongrois, condamné à ce supplice par Tékéli, l'apostropha en y descendant avec la constance d'un patriote et d'un croyant qui ne veut à aucun prix, même pour la liberté civile, trahir sa religion et son peuple.

« J'aime mieux descendre dans ces ténèbres, dit-il en passant enchaîné devant Tékéli, que de voir la couronne de Hongrie placée par la main des infidèles sur le front d'un traître qui s'est fait esclave pour être roi. »

X

De tels actes d'hostilité avant la déclaration de guerre étaient habituels, en Hongrie, entre les Ottomans et les sujets de l'empire d'Allemagne. On négociait encore à Constantinople, on combattait déjà sur le Danube. Le comte Caprara, ambassadeur de Léopold, suivi d'un cortége nombreux et porteur de riches présents, conférait pour la forme avec le reïs-effendi, ministre des affaires étrangères. Ces conférences, envenimées d'un côté par l'exigence de Kara-Mustafa, qui réclamait des tributs antiques et des cessions de provinces et de forteresses inadmissibles, d'un autre côté par les agents de Tékéli, d'Apafy et des envoyés transylvains, intéressés à une guerre irréconciliable qui protégeait leur indépendance, consumèrent vainement les jours. Les préparatifs immenses de cette campagne s'achevaient à Constantinople, sous les yeux de Caprara et de ses gentilshommes. L'ambassadeur, congédié par le grand vizir, ne tarda plus à reprendre le chemin de Vienne.

L'armée, forte de deux cent vingt mille hommes aguerris dans les campagnes de Candie, de Bagdad et de Perse, sous les Kiuperli, campait déjà sous ses tentes dans la plaine de Daoud-Pacha, ce champ de Mars des Ottomans aux portes de Constantinople, du côté de l'Europe (1682). Le sultan devait l'accompagner jusqu'à sa résidence d'Andrinople. Le grand Soliman n'avait pas déployé plus de pompe royale et militaire à l'ouverture de ses mémorables expéditions contre la Germanie ou contre la Perse.

Les récits du comte Caprara, conservés dans les archives de Vienne, et recueillis par Hammer, sont des pages d'histoire qui ressemblent à des poëmes d'Orient.

« C'était d'abord la salle du divan, soutenue par huit colonnes, disposée en forme de baldaquin, tendue en velours, et ornée de vases de fleurs d'où retombaient des franges d'or et d'argent ; partout brillaient en lettres d'or des inscriptions arabes, persanes et turques. La salle d'audience reposait sur trois piliers ; dans le milieu, on voyait une estrade couverte de riches tapis de Perse, où s'élevait le trône, avec ses colonnettes et ses coussins de soie. Enfin, la chambre à coucher, qui avait la forme d'une bombe, était tendue à l'intérieur de damas écarlate, et extérieurement de drap rouge ; le lit, fait avec des fourrures de zibeline, était surmonté d'une coupole en damassé d'or ; la couverture et les matelas étaient de velours bleu orné de broderies somptueuses ; le sol était couvert de tapis en poil de chameau. C'était devant cette chambre que veillait le silihdar. Ces trois appartements et le kœschk de la justice étaient fermés par une cloison de forte toile, assez semblable à un vieux mur de forteresse, et dont les échancrures imitaient assez bien des créneaux. Dans un rayon d'un quart de mille, s'élevaient les trente tentes destinées aux pages, ainsi qu'au personnel des cuisines et des écuries.

» Au lever du soleil, le pacha, quartier-maître, ouvrit la marche avec deux queues de cheval, et précédant huit mille janissaires, qui marchaient sur deux de front. Les officiers (porteurs d'eau) de cette milice étaient à cheval, et derrière chaque compagnie venait le capitaine (maître cuisinier), dont l'approche était annoncée par un cliquetis de chaînes et de cuillers d'argent. Les colonels à cheval, couverts d'une éclatante armure, portaient sur leur turban un panache de plumes de héron en forme de croissant; ils étaient armés d'un arc et d'un carquois; chacun d'eux avait derrière lui son sommelier et son porte-fusil, deux aides bien nécessaires dans une campagne. Venait ensuite l'aga des janissaires avec deux queues de cheval et trois drapeaux de soie; il était suivi de cinquante volontaires sur les épaules desquels étaient rejetées des peaux de léopard; ils précédaient vingt pages âgés de vingt à vingt-quatre ans, armés de cottes de mailles, de casques étincelants, et vêtus d'étoffes en soie rouge, portant sur leurs épaules des carquois ornés de riches broderies; dans leurs mains étaient des lances de bambous; cinquante autres étaient armés de fusils; quatre porte-étendards tenaient des drapeaux blancs, verts, rouges et jaunes. Les musiciens, parmi lesquels on remarquait six joueurs de flûte, six tambours et quatre timbaliers, et qui étaient au nombre de trente, s'avançaient tous à cheval. Venaient ensuite les gens de l'arsenal, les rameurs du capitan-pacha, et vingt-quatre porteurs d'eau, mille canonniers, divisés en quatre détachements, dont chacun conduisait trente canons en bois peint. Ils étaient suivis du *topdji-baschi* (général de l'artillerie), entouré de cinquante *kouloukschis* (aides), avec trois drapeaux, deux rouges et un vert; des agas et des pages du caïmakam Ibrahim-Pacha, armés de lances, de flèches, de carquois et de casques; de quarante mouteferrikas, ou fourriers feudataires, accompagnés chacun de vingt lanciers à pied, huit cavaliers couverts de riches armes, et ses chevaux de main; quarante chambellans en turbans de cérémonie, vêtus de cafetans blancs, suivis chacun de quarante pages avec boucliers, lances, flèches et arcs, montés sur des chevaux dont les flancs disparaissaient sous les plus riches armures.

» On voyait ensuite apparaître la cour du vizir favori, quarante agas, portant des fourrures de zibeline, et montés sur des chevaux couverts de somptueuses chabraques; leurs pieds reposaient sur des étriers d'argent, et ils tenaient en main des rênes de même métal; ils étaient suivis de chevaux de main et de trente pages richement équipés. Le kiaya du favori s'avançait avec deux queues de cheval portées à l'extrémité de bâtons bleus et rouges, et sept chevaux de main, le bouclier fixé sur la selle, la masse d'armes et le sabre pendant de chaque côté, tous plus richement harnachés les uns que les autres, et conduits par des palefreniers. On vit défiler ensuite les membres de la chancellerie d'État, les deux maîtres des requêtes, le chancelier d'État, le secrétaire de la trésorerie, avec une troupe de vingt-sept musiciens; cinquante *delis*, ou volontaires, coiffés de bonnets rouges que surmontaient des ailes de différents oiseaux; leur aspect était fort bizarre : ils portaient des fourrures de zibeline et des lances, auxquelles étaient appendus des glands de soie verte, jaune et blanche; d'autres, désignés sous le nom de *gonüllü*, c'est-à-dire courageux, étaient vêtus de taffetas rouge carmin, et de peaux de léopard, du reste semblables aux précédents, à cette différence près que leurs bonnets étaient verts. Après eux venaient encore cinquante delis en kalpaks semblables à ceux que portent les Hongrois; seulement ils étaient ornés d'une plus large fourrure de zibeline.

» Venait ensuite la maison du grand vizir, la plus brillante et la plus nombreuse qu'on eût vue jusqu'à ce jour. On y voyait figurer : cent soixante-dix seghbans à cheval (arquebusiers), armés de fusils, de boucliers et de sabres; vingt-quatre pages, deux cents fourriers, deux cents agas bien méritants, titre qui leur était commun avec les orozanges, dignitaires qui appartenaient à la cour des anciens rois de Perse; quarante agas du grand vizir, accompagnés chacun de trente pages qui portaient des lances de bambous; quarante pages du grand vizir en habits couleur de citron, des carquois pareils brodés d'or, des rênes et des étriers d'argent; deux cents autres pages répartis entre six détachements, dont chacun se distinguait par une couleur particulière, et suivis de cent vingt-cinq palefreniers; le neveu du grand vizir et le vizir-gouverneur de Mossoul avec leurs sommeliers et leurs porte-fusils, le premier suivi de cent cinquante pages, de cinquante agas du trésor de Kara-Mustafa, portant des carquois brodés d'or, et de trois étendards; le *kiaya* (ministre de l'intérieur), entouré de douze tschaouschs; enfin les musiciens du grand vizir.

» A ce dernier succédèrent le capitaine du guet et le prévôt, faisant faire place pour le sultan. Soixante-dix candidats des fermages, soixante-dix-sept tschaouschs avec leurs grands turbans et leurs bâtons argentés, et vingt-deux fourriers précédaient les jurisconsultes, les mollas et les mouderris; ces derniers étaient suivis des quatre maîtres des chasses, du grand veneur pour les chasses au faucon, au vautour, à l'épervier et au milan. Le porte-étendard, prince du drapeau, portait le grand étendard vert du Prophète, au milieu de derviches, de khalwatis, de djelwetis, de mewlewis et de roufayis, qui remplissaient l'air de leurs acclamations. Après eux s'avançaient cent cinquante émirs, descendants du Prophète, en turbans verts, guidés par leur chef, élu de la noblesse; douze cheiks, prédicateurs dont les vêtements étaient tissés en poil de chameau; cent cinquante tschaouschs, devant les quatre drapeaux qui précédaient les deux magistrats les plus élevés en dignité, le juge de Constantinople et le grand juge d'Europe et d'Asie, que distinguaient leurs énormes turbans roulés en forme de bourrelet. Puis venaient à droite et à gauche le vizir favori et le vizir caïmakam, escortés de quarante suivants à pied, couverts de peaux de léopard et armés de cannes à épée (*prandistocco*); les deux vizirs portaient des turbans d'apparat (*kalewis*), autour desquels un large galon d'or serpentait comme un fleuve doré dans une mer d'argent; ils avaient auprès d'eux leurs sommeliers et leurs porte-fusils. Le grand vizir, vêtu d'une fourrure écarlate doublée de zibeline, s'avançait ensuite sur un cheval richement harnaché et couvert d'une éclatante armure; ses rênes et ses éperons étaient d'argent doré; vingt-quatre serviteurs le suivaient à pied, en habits de velours rouge et portant des ceintures à écailles d'or; à peu de distance derrière lui marchait son odabaschi (président des chambres), le mouhziraga, colonel des janissaires et capitaine de la garde personnelle du grand vizir; à gauche de ce dernier, on voyait le mufti, vêtu de fourrures blanches et coiffé d'un énorme turban; derrière lui venaient les lieutenants généraux des janissaires, dont l'un était en même temps gardien des dogues du sultan, ce qu'attestaient trente-trois couvertures de damas brodé d'or appartenant à ces animaux, que l'on portait derrière lui. Quatre cavaliers avaient en croupe un pareil nombre de chats-léopards dressés pour la chasse (*gatti pardi*); soixante-quatre lanciers de la garde les suivaient deux à deux, coiffés de bonnets à plumes dorés et argentés, la taille ceinte de précieuses écharpes, vêtus de pourpoints dorés, dont le bas atteignait à peine les genoux, et chaussés de brodequins rouges. Venaient ensuite, deux à deux, quatre cents archers de la garde, dont la coiffure était surmontée d'une touffe de plumes en forme de croissant, comme celle des colonels de janissaires; les palefreniers du sérail en turbans d'apparat, conduisant également vingt-quatre chevaux de main couverts de chabraques dorées, de selles, de boucliers et d'armes également dorées, et de plus ornées d'émeraudes, de rubis, de turquoises et de perles; les étriers et les rênes étaient dorés comme tout le reste; deux chameaux consacrés, dont l'un portait le Coran et l'autre un fragment de la couverture de la Kaaba.

» Enfin parut le sultan, vêtu d'une pelisse en damas blanc fixée sur sa poitrine par douze agrafes en diamants, et par derrière garnie jusqu'au bas de zibeline noire; sur son turban, de petite dimension, qui descendait fort avant sur son visage, s'élevaient trois panaches enrichis de diamants. D'un côté, le khasséki-aga (celui qui vient après le bostandjibaschi), et, de l'autre, le solakbaschi, tenaient le bord de son vêtement. Cinquante lanciers et cinquante archers des gardes du corps étaient rangés autour de lui; en sorte qu'au milieu de ces casques reflétant les rayons du soleil et de ces plumes flottantes, sa figure tantôt apparaissait et tantôt disparaissait dans l'auréole de lumière dont elle semblait environnée. Immédiatement après le sultan s'avançait le prince héritier, alors âgé de dix-huit ans, vêtu d'une simple pelisse verte ou peau de lynx, et suivi seulement de deux domestiques à pied. La modestie de ce cortége avait pour objet de prévenir toute jalousie de la part du sultan. Le prince était suivi de quarante pages de la chambre intérieure, revêtus des insignes de leur charge, du silihdar, du dülbenddar et du tschokadar, qui portaient le sabre, le turban et le manteau du sultan; après eux venaient les pages des trois autres chambres, avec les eunuques blancs, leurs maîtres d'hôtel et les baltadjis du sérail. La marche était fermée par six voitures à six chevaux, une grande voiture d'apparat et quatorze autres traînées par des buffles; enfin quinze cents spahis et silihdars armés de lances de bambous et de guidons flottants, semblables à ceux des uhlans.

» Le sultan organisa, dans le courant de ce mois, à Tschataldjé et à Yapagdji, une grande partie de chasse, semblable à celle qui avait eu lieu avant son départ de Constantinople. A cet effet, trente mille individus, amenés de toutes parts comme un vil bétail, furent chargés de battre la campagne et de lancer le gibier; on pourvut à leur subsistance au moyen d'une contribution de cent cinquante mille écus, frappée sur les juridictions comprises entre Gallipoli et Philippopoli. On ne réussit à tuer dans cette chasse qu'un verrat, sept chevreuils et trente lièvres; mais elle coûta la vie à un bien plus grand nombre de chasseurs qui succombèrent à la fatigue. Cette chasse fut d'autant plus meurtrière, que, pour y prendre part, on avait mis en réquisition les pauvres rayas de Belgrade. Le sultan, en voyant les cadavres de ceux qui avaient péri, dit à sa suite : « Sans doute, ils auraient médit de moi, et » ils en ont reçu le châtiment d'avance. »

» Au milieu de janvier (15 janvier 1683), les tentes du sultan furent dressées à une demi-lieue de la ville, dans la prairie de Tschoukourtschaïri; elles étaient neuves, elles surpassaient en magnificence celles que nous avons décrites, et coûtaient plus de cent mille écus. Mais ce fut surtout le luxe des préparatifs de guerre qui effaça tout ce qu'on avait vu jusqu'alors dans l'empire ottoman, grâce à l'ostentation et à la vanité du grand vizir et à la partialité du sultan pour le harem, qui ne fut jamais si brillant ni si nombreux que pendant cette campagne. Les soldats dirent même, en murmurant, que l'armée des femmes était aussi nombreuse que celle des hommes; que le sultan Amurat IV n'emmenait avec lui dans ses campagnes qu'une seule femme et deux pages, tandis que maintenant les carrosses du harem étaient au nombre de cent. Celui de la sultane Khasséki était monté en argent et avait des roues garnies du même métal; les selles et les harnais des chevaux attelés à chacune de ces voitures étaient doublés de velours. Les chars et les chevaux du grand vizir n'étaient pas moins luxueux et rappelaient la somptuosité que les anciens rois de Perse, comme Darius et Xerxès, étalaient dans leurs guerres. On vit ensuite défiler successivement les corps de métiers et les ouvriers de Constantinople, qui avaient reçu l'ordre de se rendre à Andrinople et de suivre l'armée, afin qu'on n'y manquât de rien : des tours de bouffons et de bateleurs égayèrent la marche de ces corporations. Le lendemain, dix mille janissaires furent passés en revue, puis le sultan sortit du sérail pour entrer sous la tente (18 mars 1683). Il s'éleva à ce moment un si violent orage que le turban de Mahomet IV faillit tomber ou tomba réellement, ce qui fut considéré comme un mauvais présage.

» Le 31 mars, jour auquel avait été conclu l'alliance offensive et défensive de l'empereur Léopold et du roi de

Pologne, le camp des janissaires fut levé, et le jour d'après le sultan quitta Andrinople. L'internonce impérial Caprara suivit l'armée avec toute sa suite, dont la garde était confiée aux janissaires; du reste, on continua à le traiter honorablement.

» La queue de cheval, remise aux mains du quartier-maître, précédait l'armée ottomane. Les villages que l'on traversait étaient tenus de fournir du foin, de la paille, de l'orge, et des pieux pour supporter les tentes. Des gardes empêchaient leurs habitants de prendre la fuite avant le passage du sultan; mais ensuite ils demeuraient libres d'incendier leurs maisons, et de se retirer dans les montagnes pour échapper aux vexations des troupes asiatiques qui suivaient Mahomet IV. En avant de l'armée marchait un troupeau de moutons dont on abattait chaque soir un certain nombre, pour être distribués le lendemain matin. L'itinéraire de l'armée était indiqué par de petites buttes en terre, élevées de distance en distance; deux situées en face l'une de l'autre signalaient le passage du sultan; une seulement, celui du grand vizir. Devant les bêtes de somme qui portaient les bagages de chaque régiment, un bruit de grelots et de sonnettes annonçait l'approche du cheval qui portait les chaudrons et les puisoirs. Dans les bourgs et les villages, la musique se faisait entendre; les poëtes des janissaires (un certain nombre de ces chanteurs forains étaient attachés à chaque régiment) chantaient des vers plaisants ou obscènes, tandis qu'on bernait les maraudeurs. Chaque soir, de bruyantes acclamations appelaient tout le monde à la prière commune, que terminaient des vœux adressés au ciel pour le bonheur du padischah, et les cris de *hou!* et de *Allah!*

XI

Mahomet IV s'arrêta à Belgrade; il y reçut les hommages et les tributs des envoyés de Tékéli et de la république alliée de Raguse, il remit au grand vizir l'étendard vert du Prophète, un cheval de guerre, un sabre, une fourrure, un panache de héron, signe de sa toute-puissance pendant la campagne. Tékéli lui-même, suivi de cent vingt gentilshommes hongrois à cheval, de cent cinquante hussards aux vestes brodées d'une épée d'or, vint rendre hommage de sa couronne au sultan. Il était vêtu avec ce luxe guerrier que les Hongrois empruntaient des Tartares et des Asiatiques. Six heiduques à pied, vêtus de peaux de tigre, le précédaient; l'étendard vert de Hongrie flottait au-dessus de sa tête; cet étendard était déchiré en deux lambeaux, image du déchirement de la patrie en deux nations adverses. Une nuée d'heiduques et de cavaliers, dont les bonnets étaient surmontés de plumes blanches, caracolaient autour de leur nouveau roi; lui-même, couvert d'une pelisse courte de zibeline, et revêtu d'armes éclatantes, portait les insignes de sa royauté conquise avec son épée. Kara-Mustafa le reçut en roi, et, laissant le sultan à Belgrade, s'avança sur les pas de Tékéli, à travers la Hongrie, dont ce transfuge ambitieux lui traçait la route. Moitié par patriotisme, moitié par terreur, tout plia sous ce déluge d'Ottomans. La présence de Tékéli et des magnats de son parti faisait taire la nationalité outragée.

L'armée autrichienne, bientôt heurtée par l'avant-garde des Turcs, fut refoulée par cette masse jusqu'à Raab. Cette forteresse à investir et à emporter irritait Kara-Mustafa, impatient d'atteindre l'empire au cœur, en marchant sur Vienne. Il tint un conseil de guerre en vue de Raab, pour décider de la direction de la campagne. Le vieux guerrier Ibrahim, vainqueur des Polonais et des Russes, lui représenta vainement le danger de s'avancer dans un pays ennemi et inconnu, en laissant derrière lui des places et des garnisons qui lui fermeraient le retour en cas de revers.

« Un roi de Perse, lui dit Ibrahim pour appuyer son avis par un symbole, fit déposer un trésor contenu dans une bourse sur un large tapis, et appelant ses courtisans, il donna le trésor à celui qui trouverait le moyen de prendre la bourse sans marcher sur le tapis. La munificence du roi paraissait illusoire, quand un des assistants, repliant et roulant le tapis par ses bords, atteignit ainsi la bourse de la main sans avoir foulé la natte. Suis cet exemple, ô vizir! ajoute Ibrahim, et replie l'Autriche pièce à pièce, avant de toucher à la capitale, qui n'aura plus de nation pour la défendre.

» — Vieux radoteur, dit brutalement Mustafa au vieillard, tu raisonnes comme une tête affaiblie par tes quatre-vingts ans! Tu resteras ici comme un homme incapable de combattre, et tu te chargeras d'approvisionner de loin mes troupes.

» — Vizir, lui répondit avec hardiesse le sage Housseïn, gouverneur de Syrie, et que les mœurs arabes avaient accoutumé au respect de la sagesse du vieillard, n'outrage pas ainsi notre père le pacha, qui te donne le meilleur conseil. »

XII

Les seuls conseillers de Mustafa étaient sa témérité et son ignorance. Il laissa Ibrahim en réserve avec une poignée de Tartares pour assurer les convois, franchit la Leitha, emporta les forteresses, dispersa une seconde fois la faible armée de Léopold au delà de Pesth, lui tua cinq cents de ses plus braves chevaliers, et blessa à mort le prince Louis de Savoie, volontaire dans l'armée des impériaux. Les deux meilleurs généraux de Léopold, Caprara et Montecuculli, inégaux par le nombre aux Ottomans, s'abritèrent derrière les murs de Vienne, semant par leurs récits la terreur des Turcs, dont les immenses colonnes ressemblaient à une migration de peuple plus qu'à une armée. Le timide Léopold ajouta lui-même à cette terreur en s'éloignant précipitamment de sa capitale, précédant la nuit avec sa famille, sa cour, ses trésors, et en cherchant pour sa sûreté l'asile des Alpes de Styrie. La flamme des villes et des villages, la multitude de peuple, de femmes, d'enfants, de troupeaux, fuyant leurs demeures incendiées et couvrant les routes des gémissements d'une nation entière, précédaient les Turcs.

Au lever du soleil, le 14 juillet 1683, les Tartares, avant-garde de Kara-Mustafa, apparurent aux habitants consternés de la capitale. L'égorgement en masse, par les Tartares, de trois mille cinq cents suppliants enfermés dans une tour, sortis sur la foi d'une capitulation et précédés d'une belle jeune fille couronnée de fleurs qui présentait les clefs de la tour, fit retentir jusqu'à Vienne le cri des victimes et la joie féroce des bourreaux. On vit, du haut des murs, des convois de quarante mille esclaves, chassés comme des troupeaux devant les chevaux des Tartares, sillonner de leurs files lugubres les routes de Styrie. Le comte de Stahremberg, gouverneur de Vienne, résolu de s'ensevelir avec sa garnison de dix mille hommes sous les débris de la capitale, ne répondit à la première sommation de Kara-Mustafa qu'en brûlant lui-même les vastes faubourgs de Vienne. Les Turcs, étonnés, comprirent qu'une capitale qui s'enveloppait ainsi elle-même d'une ceinture de feu et de fumée était décidée à s'immoler pour la religion et pour la patrie.

XIII

Pendant que cette fumée dérobait Vienne aux yeux des Turcs, le duc de Lorraine, généralissime des troupes allemandes, sortait de la ville à la tête de trente mille hommes de cavalerie autrichienne, croate, polonaise, et, traversant le Danube, marchait à la rencontre des renforts que l'Allemagne et la Pologne lui promettaient pour revenir au secours de Vienne. Le Danube, dans lequel le duc de Lorraine jeta ses ponts derrière lui, sauva ce noyau d'armée. Vienne, à défaut de régiments, se leva et s'arma tout entière; ouvriers, étudiants, bourgeois, vieillards, tout fut soldat. On enleva le battant de l'énorme cloche de la tour de Saint-Étienne, cathédrale et tombeau de l'empire, pour que la sonnerie de ce beffroi n'avertît pas les Turcs des mouvements de la ville. De petites clochettes, portées dans les rues par la main des enfants, devinrent le seul tocsin à voix basse de la ville muette. Aux tintements de ce tocsin confidentiel, les soldats, les bourgeois, les étudiants devaient courir chacun au poste qui leur avait été assigné d'avance.

Pendant ces préparatifs de détresse, les trois cent mille Turcs, Tartares, Hongrois, complétant l'investissement de la ville, et rétablissant les ponts de bateaux sur le Danube, dressaient leurs tentes et creusaient leurs tranchées en une vaste circonvallation qui enserrait le fleuve lui-même dans ses lignes. Le Grec Cantacuzène, prince de Valachie, surnommé par les Turcs eux-mêmes Scheïtanoghli, *fils de Satan*, avait formé ses lignes et dressé ses batteries sur une éminence boisée, séparée des Turcs ses alliés près d'Hetzendorf, au bord d'une forêt, dont il coupa les arbres pour construire les ponts du Danube. Cet ennemi implacable des chrétiens avait élevé une croix en pierre de dix toises de hauteur, au-dessus d'un autel où il faisait célébrer la messe par ses prêtres en vue du croissant de ses maîtres; séducteur perfide de l'épouse de son prédécesseur sur le trône de Valachie, parvenu à la souveraineté par la ruse, l'adulation, la versatilité, les armes de ce Grec étaient l'effroi de la population de Vienne. Sa piété, contrastant avec la cause qu'il servait et avec ses crimes, faisait du nom de Scheïtanoghli, descendant des empereurs byzantins, Cantacuzènes, le symbole de l'apostasie.

XIV

Le siége, aussi acharné que celui de Candie, durait depuis soixante et dix jours, avec ses alternatives de dix-huit assauts donnés et repoussés, et ses extrémités de détresse et de disette, sans que les Viennois, abandonnés à eux-mêmes, eussent reçu aucun indice de secours apporté par la chrétienté à ses derniers défenseurs. L'Europe, indifférente aux dangers d'un empire dont l'ambition avait dépopularisé la cause par sa prétention à la monarchie universelle, n'armait pour l'Autriche que quelques rares volontaires. L'incohérence et la distension des éléments mal reliés entre eux, dont se composait et dont se compose encore aujourd'hui la nationalité allemande, donnaient à la confédération germanique la lenteur et l'égoïsme des membres sans tête, plus inhabiles à se défendre qu'à attaquer. Le fanatisme chrétien des croisades était aussi éteint que le fanatisme musulman des conquêtes; tout était politique dans cette guerre, où l'on voyait des Hongrois calvinistes, des Moldaves, des Valaques, des Transylvains, des Serbes, des Grecs chrétiens, célébrer leurs mystères au milieu des mahométans sur les collines de Vienne.

Un Polonais intrépide, ancien interprète des ambassadeurs de sa nation à Constantinople, fut le premier qui trompa la vigilance des Turcs pour rapporter aux défenseurs de Vienne l'espérance qui commençait à les abandonner. Cet aventurier, nommé Koltschitzky, traversa le camp de Mustafa en chantant, sous le costume d'un musicien de rue, des chansons turques qui attroupaient le soldat; parvenu au bord du Danube en face des remparts, il se précipite dans le fleuve, et il échappe, en nageant entre deux eaux, aux balles des Turcs. Il apportait à Stahremberg des nouvelles de l'approche du duc de Lorraine et du roi de Pologne Sobieski, à la tête de soixante et dix mille combattants. Des fusées lancées pendant la nuit suivante, du haut de la tour de Saint-Étienne, apprirent aux généraux de l'armée impériale que Vienne respirait encore sous les décombres de ses bastions et que leur message avait réjoui le cœur de ses patriotes.

XV

La Pologne était la seule nation que le catholicisme de ses peuples et l'héroïsme de son roi Jean Sobieski avaient suscitée au secours de l'Autriche. Les longs ressentiments de ses vieilles humiliations devant les Turcs et la gloire récente de la victoire de Choczim, qui lui avait appris à mépriser son ennemi, avaient popularisé la guerre sainte contre les Ottomans dans la Pologne. L'entraînement de son roi avait fait le reste.

Nous l'avons dit plus haut, l'héroïque Pologne avait été de tout temps une faction plus qu'une nation. Elle avait fini, en 1382, par se donner une constitution aussi anarchique que son caractère. Louis d'Anjou, de la maison royale de France, le dernier des rois héréditaires en Pologne, n'avait laissé en mourant que des filles.

La seconde et la plus belle de ces filles, nommée

Edwidge, n'avait que quatorze ans à la mort de son père. Les Polonais, séduits par sa beauté précoce et par ses vertus en espérance, la proclamèrent reine de Pologne, sous condition que la nation conserverait sur sa jeune souveraine l'autorité paternelle et lui ferait épouser un prince de son choix. Mais le cœur d'Edwidge avait choisi avant la diète de Pologne. Un de ses cousins, Guillaume d'Hapsbourg, duc d'Autriche, élevé avec elle dans le palais de son père, était l'époux et le roi qu'elle se destinait. Ce jeune prince, par ses grâces, son éducation, sa valeur, aurait attiré les regards de toutes les princesses de son temps; mais une affection, pour ainsi dire natale, lui assurait le cœur d'Edwidge. « Il lui semblait, disait-elle aux Polonais, qu'ils avaient été élevés dans le même berceau. »

Guillaume d'Hapsbourg, appelé secrètement par elle à Cracovie pour solliciter sa main devant la diète, ne put fléchir la noblesse polonaise, qui craignit dans un prince de la maison d'Autriche un dominateur plus qu'un roi. Ni les angoisses ni les larmes d'Edwidge ne purent attendrir son peuple. Un barbare idolâtre, vêtu de peaux de bêtes, de mœurs aussi féroces que l'aspect, Jagellon, duc de Lithuanie, fut imposé pour époux à la petite-fille de saint Louis, et pour roi aux Sarmates policés, ces Italiens du Nord (1386).

L'ambition de fortifier la Pologne contre les Russes, les Tartares et les Cosaques par l'adjonction de la Lithuanie, décida la diète à sacrifier à ce barbare la fille de ses rois. Résignée à son sort et fervente de zèle pour la conversion des Lithuaniens à la foi catholique, Edwidge commença par convertir son époux, et poursuivit avec lui en Lithuanie, tantôt par la persuasion de ses charmes et de son éloquence, tantôt par la force, la conversion de son nouveau peuple au Dieu de son enfance. L'histoire retrace, et avec admiration et avec horreur, le récit de cette étrange mission d'Edwige et de Jagellon en Lithuanie pour y substituer le christianisme à l'idolâtrie.

Tandis que la belle et éloquente reine de Pologne prêchait les foules pressées par l'étonnement et l'attrait sur ses pas, le barbare Jagellon, suivi de prêtres aussi implacables que lui, contraignait et martyrisait les obstinés au vieux culte. Afin d'épargner le temps des missionnaires dans les cérémonies d'un baptême individuel, le roi poussait sous le glaive de ses soldats des multitudes entières dans le courant du fleuve et les faisait baptiser ainsi en masse, ne donnant souvent qu'un seul nom de saint à toute une horde.

XVI

Depuis l'extinction des Jagellons (1648), la Pologne, de plus en plus républicaine, avait élu dans ses diètes, sénat aristocratique et militaire, des rois plus semblables à des consuls qu'à des monarques. Sa constitution tribunitienne et prétorienne semblait avoir combiné dans ses institutions tous les vices du gouvernement monarchique, du gouvernement soldatesque, du gouvernement féodal et du gouvernement républicain. Son existence n'était qu'une perpétuelle candidature de ses nobles turbulents au trône, et une perpétuelle faction contre le roi qu'ils s'étaient choisi.

La politique des Polonais au dehors se ressentait de ces

compétitions éternelles du pouvoir au dedans; chaque parti, tour à tour ébranlant sa patrie pour rester fidèle à ses préférences ou à ses antipathies, cherchait ses appuis et ses alliés à l'étranger. Au milieu de tant d'agitations intestines, une seule vertu restait à la noblesse polonaise, l'héroïsme. C'étaient les premiers soldats du monde. On a vu leur oscillation perpétuelle entre la Hongrie, l'Autriche, la Suède, la Russie, la Turquie, la Tartarie même : peuple jusque-là plus oriental qu'européen, ils avaient accepté longtemps la vassalité des Ottomans; mais leur mobilité les rendait aussi incapables de servitude que de liberté. L'excès en tout était leur nature; ils avaient de beaux jours sur le champ de bataille, point de sécurité dans leur patrie.

XVII

Telle était la Pologne au moment où il lui naissait un de ces hommes qui sauvent et illustrent les nations, quand les nations peuvent être sauvées. Cet homme était Sobieski, prédestiné à couvrir un jour l'Europe.

Jean Sobieski, selon son historien moderne, M. de Salvandy, auteur d'une étude justement estimée sur ce héros, était né en 1624, dans les monts Carpathes, au château d'Olesko, pendant un orage mémorable où la foudre, en menaçant son berceau, sembla annoncer à la Pologne un homme d'éclat et de bruit venant au monde. Il était du sang de ces héros sarmates appelés les nobles du *bouclier*, qui confondaient leurs noms avec les origines fabuleuses de la patrie. Il a raconté lui-même, dans une notice historique, les exploits de son père, Jacques Sobieski, le vainqueur des Turcs aux combats de Choczim.

« Le souvenir de Jacques Sobieski, fils de Marc, dit-il, reste profondément gravé dans mon cœur; c'était mon père. Il fit ses premières armes sous le grand Zolkiewski, dans cette ancienne guerre de Moscovie qui livra au jeune Wladislas le trône des czars; dans l'expédition suivante, il fut au nombre des chefs chargés, sur le refus de Zolkiewski, de commander l'armée et de présenter le prince au peuple qui l'avait choisi pour maître. Blessé au bras à l'assaut de Moscou, mon père assista cependant depuis lors à toutes les campagnes de ces temps orageux, toujours suivi de ses hussards d'ordonnance qu'il entretenait à ses frais, et que leur valeur éclatante, comme leur riche tenue, faisait nommer *la troupe d'or*. Ce fut lui qui, dans la campagne glorieuse de Choczim, membre d'une commission investie des pleins pouvoirs de la diète pour conduire les hostilités, réussit à conclure la paix avec l'empereur Othman II. Depuis ce succès, il fut chargé de toutes les négociations de la république avec les Suédois, les Cosaques, les Tartares, les Moscovites, les Turcs. Quatre fois les nonces le mirent à leur tête dans les diètes, en l'élisant maréchal, et il finit par arriver, de charge en charge, au poste de premier sénateur séculier de la Pologne, sous le titre de castellan de Cracovie. »

Sa mère, Théophile Danilowiczowna-Sobieska, était la petite-fille de l'illustre grand hetman Zolkiewski, conquérant de Moscou. Au début de ce même été, où elle mit au monde son glorieux fils, une bande de Tartares avait envahi son manoir d'Olesko; elle s'y trouvait avec sa mère,

Danilowiczowna, et sa grand'mère, la veuve de Zolkiewski. Ces trois femmes, à la tête de leur domesticité, défendirent vaillamment leur château, leur liberté, leur honneur, le héros qui allait naître et que le bruit des armes venait trouver avant le berceau.

Jean avait un frère aîné, dont il dit dans la même note manuscrite : « Mon frère aîné, nommé Marc, comme mon bisaïeul, ne devait parvenir à l'âge d'homme que pour être égorgé par les Tartares. Tous les miens ont ainsi trouvé la mort sous les coups des infidèles pour la défense de notre religion sainte; moi seul étais réservé à d'autres destins par la volonté divine. » Il semble que Jean Sobieski se soit expliqué tout entier dans cette parole modeste et pieuse.

Son père, Jacques, vainqueur d'Othman II°, avait donné à sa patrie la paix qu'apporte la victoire. Son enfance s'écoula pendant les années prospères que cette paix valut à la Pologne, et sous l'influence du courant de civilisation qui parvenait enfin jusqu'à ces contrées, toujours foulées et dévastées par le pied des soldats. Son éducation en profita. Il parlait sept ou huit langues, connaissait les littératures étrangères, jouait de plusieurs instruments, peignait avec facilité, de même qu'il montait supérieurement à cheval et maniait toutes les armes avec une admirable dextérité. Son père, dont l'éloquence avait souvent dominé la diète et qui connaissait l'empire de la parole dans les républiques, l'exerça à manier aussi cette arme de l'âme; il le rendit plus éloquent que lui-même. Il le fit aussi voyager, d'abord à Paris, pour compléter son éducation; puis en Turquie, pour lui faire mesurer les proportions et sonder les forces de cette puissance formidable, qu'il désignait à sa pensée à sa foi comme l'ennemi qu'il fallait combattre et vaincre.

Sa mère avait réuni à Jolkiew, centre des vastes possessions de la famille, tous les restes de ses parents tombés sous les coups des Ottomans et des Tartares. Jacques avait même racheté d'Othman II la tête du grand Zolkiewski, longtemps attachée aux portes du sérail après la fatale journée du Kobilta, pour l'apporter à ce rendez-vous de la mort et de l'héroïsme. Un monastère de dominicains, élevé par Théophile, en avait reçu le dépôt, et l'on raconte qu'elle conduisait, presque tous les jours, ses enfants à ces reliques vénérées. Là, elle les faisait prier, et enflammait leur imagination et leur cœur à tous les combats, à tous les martyres de sa famille. Souvent la catastrophe du Kobilta revenait dans ces récits renouvelés entre des tombes et un autel. L'enfant en était toujours profondément ému. On lui relisait alors une lettre d'adieu adressée au roi Sigismond par son aïeul le grand hetman, et datée de ce dernier champ de bataille comme un testament de politique et de guerre.

XVIII

Pendant que son père commandait les troupes polonaises sur le Boug et s'illustrait dans les diètes, le jeune Sobieski, accueilli et admiré en France pour sa beauté martiale et son génie précoce, s'éblouissait de l'éclat naissant de la cour de Louis XIV, s'enrôlait, pour apprendre le métier des armes, dans les mousquetaires de la garde du roi, et se formait, dans la familiarité du grand Condé, à l'école de l'héroïsme. Poursuivant ses voyages de Paris à Constantinople, il avait été rappelé dans sa patrie par la guerre civile entre deux factions armées, celle du roi Wladislas et celle de Chmielnicki, ce Coriolan polonais, amenant les Cosaques dans sa patrie.

L'interrègne, après la mort de Wladislas, en ouvrant l'ère des anarchies, avait uni la Pologne aux Barbares. La noblesse, rassemblée à Varsovie, pour s'entre-déchirer en se disputant l'élection du trône, allait être cernée dans sa capitale. Zamosc, déjà investi par les Cosaques et par les Polonais, leurs alliés, était prêt à livrer aux Barbares la dernière citadelle de la liberté. Sobieski s'y jeta à travers les ennemis, releva les courages, soutint le siége, écarta les barbares. Le nouveau roi élu, Jean-Casimir, obtenait une paix précaire, bientôt suivie d'une nouvelle confédération contre lui. Sobieski en triompha dans la victoire, à Beredesco, qui laissa respirer la patrie. Mais les dissensions prévalaient toujours chez un peuple qui ne reconnaissait de la patrie que les camps. Les Russes de Pierre le Grand inondaient les provinces du Nord; les partisans du roi de Suède, Charles-Gustave, lui livraient à son tour le trône de Pologne; le mot final de partage de la Pologne était hautement prononcé par les Suédois et les Russes.

Mais l'heure de ce crime européen, malheureusement provoqué par la turbulence de cette aristocratie, n'avait pas encore sonné. Il restait à la Pologne un grand citoyen dans son héros. L'inspiration du danger suprême le fit élire généralissime. Inondés de Cosaques, de Tartares, de Russes, de Hongrois, de Transylvains, appelés par les Polonais dans leurs provinces, il fallait aux Sarmates un soldat étranger à tous ces partis et les dominant tous par son impartialité supérieure. Sobieski accepta le comman-

dement comme le poste périlleux, la brèche de la patrie.
Il prend en main l'épée de la Pologne.

XIX

Mais l'extrémité du danger ne suffisait pas à remplir le grand cœur de Sobieski; la noble passion qui s'allie le mieux dans les hommes à larges proportions de nature, l'amour, dévorait le héros. Il adorait la belle comtesse Zamoyski, que la mort de son mari venait de rendre libre au moment du couronnement de Sobieski. La comtesse Zamoyski était une jeune Française, amenée en Pologne, comme dame de la cour, par la dernière reine des Polonais, princesse de Nevers. Son nom était Marie-Casimire d'Arquien; sa beauté et son esprit l'avaient signalée à l'admiration de Varsovie.

Sobieski, moins roi qu'amant, oublia pour elle la politique qui lui conseillait de chercher une alliance avec les grandes maisons de sa patrie; il oublia même la décence qui interdit à une veuve de huit jours de passer du deuil aux noces; son impatience de bonheur la lui fit épouser avant que la semaine eût séché les larmes qu'elle devait à un premier époux. Prêt à rentrer en campagne contre des ennemis nombreux et acharnés, il ne voulait pas mourir sans avoir possédé l'épouse qu'il préférait à un empire. Nous verrons bientôt cette femme, devenue reine, faire les délices et le supplice de celui qui lui avait donné un trône avec son cœur.

XX

Uné bataille de dix-sept jours à Podhaïc (1667), contre les Polonais, les Cosaques, les Tartares, les Turcs confédérés, lui rend le sol polonais; une seconde bataille (1672) contre deux cent mille Turcs d'Ibrahim-Pacha lui donne une renommée européenne. La chrétienté fait retentir son nom dans tous ses temples; il reçoit le nom de *Bouclier du Christ*, ce premier surnom de ses pères. Il revient assister de près avec sa poignée de patriotes à la diète turbulente, où la noblesse, partagée entre les différentes puissances de l'Europe, déchirait la patrie et préparait une proie aux étrangers. La nation entière est enfin convoquée pour arracher la Pologne aux nobles. La reconnaissance prononce le nom de Sobieski. La Pologne entière y répond par une acclamation qui le nomme roi. Il refuse en vain, le salut public le contraint d'accepter la couronne. Tous les partis se taisent un moment devant ce nom. Il confirme cette nomination par la victoire de Choczim contre les Turcs, première supériorité des Sarmates sur les Ottomans. Les Turcs le nommèrent le *Lion du Nord*.

On a vu que, loin d'abuser de son triomphe, Sobieski avait envoyé des ambassadeurs et des présents à Constantinople pour confirmer la paix après la victoire. La témérité et l'ignorance de Kara-Mustafa avaient aigri ces négociations. Sobieski, averti des préparatifs du grand vizir, avait en vain convié l'Europe à une croisade défensive contre les Ottomans. L'empereur Léopold lui-même, plus menacé que toute autre puissance, avait décliné ses offres. La noblesse polonaise, toujours du parti opposé à ses rois, avait refusé à Sobieski son consentement à la guerre. La France, alliée à la Turquie et ennemie de l'Autriche, fomentait à Varsovie l'esprit de résistance aux plans de Sobieski. Mais les trois cent mille hommes de Kara-Mustafa franchissant le Danube pour inonder l'Allemagne, l'obstination de Sobieski, l'enthousiasme désintéressé et religieux du peuple polonais pour sa foi, contraignent enfin la diète de ratifier à contre-cœur l'alliance de la Pologne et de l'Allemagne.

La voix de Sobieski avait réveillé la Savoie, l'Italie, l'Espagne, le Portugal : Turin envoyait à l'empereur des subsides et des volontaires ; le roi d'Espagne vendait sa vaisselle d'or et d'argent pour solder les défenseurs de sa maison et de sa foi ; les couvents d'Espagne et d'Italie se cotisaient pour subvenir aux frais de cette guerre de salut universel ; les cardinaux de Rome, à l'exemple du pape Clément XI, aliénaient les biens ecclésiastiques pour défendre l'Église menacée si près des Alpes ; les provinces catholiques du Midi étaient sillonnées de pèlerinages et de processions à tous les autels, pour implorer l'assistance des miracles en faveur de Sobieski. Mais Sobieski était le vrai miracle.

Les Turcs s'avançaient sur Pesth ; le duc Charles de Lorraine, généralissime de Léopold, mais généralissime presque sans armée, appelait impatiemment les Polonais à une jonction qui pouvait seule suppléer à sa faiblesse ; Léopold, exilé de sa capitale, offrait la Hongrie tout entière au roi de Pologne pour prix de son assistance. Sobieski, plus chevaleresque et plus chrétien qu'ambitieux, ne voulait d'autre prix que la victoire; il aurait rougi de combattre comme mercenaire pour la chrétienté. La gloire et le ciel étaient les seules soldes de son héroïsme. Après avoir visité à pied et en pèlerin toutes les églises de Cracovie, le jour de la fête de l'Assomption, il s'élança, avec l'élite des armées polonaises, au secours de Vienne (1683). L'Allemagne le salua d'un cri d'espérance. Des arcs de triomphe, dressés partout sur son passage, portaient pour inscription ces mots latins, allusion à sa destinée future : *Salvatorem expectamus!* (Nous attendons un sauveur...)

C'était en effet le salut de Vienne qui s'approchait avec lui. Trois jours plus tard, le boulevard de l'Empire, de l'Autriche, de l'Italie, de la chrétienté, allait s'écrouler. Les deux armées de Charles de Lorraine et de Sobieski, en se réunissant à une marche de Vienne, ne s'élevaient ensemble qu'à soixante mille combattants. C'est là tout ce que la chrétienté, refroidie par l'inanité de ses anciennes croisades et désaffectionnée de la maison d'Autriche par son ambition universelle, avait pu rallier contre les trois cent mille Asiatiques de Kara-Mustafa.

XXI

L'heure pressait. Vienne, écrasée sous les mortiers de l'artillerie ottomane, n'était plus qu'un champ labouré par l'explosion continue des bombes; les églises, les monastères, le palais de l'empereur, les quartiers entiers de la capitale fumaient d'un continuel incendie; les pans de muraille obstruaient les rues; la tranchée n'était qu'à trente pas de la contrescarpe; des batteries armées des mêmes canons monstrueux qui avaient ouvert les brèches de Constantinople, de Rhodes, de Candie, préparaient de larges voies aux derniers assauts. Le comte de Stahremberg, blessé d'un éclat de bombe, ne commandait plus que de son lit de douleur; les soldats et les habitants, en mesurant chaque matin de l'œil les pertes faites la veille et la réduction rapide de leurs bataillons, commençaient à s'entretenir d'une inévitable et prochaine capitulation.

Deux mois s'étaient écoulés dans la plus terrible perplexité, dans des combats de tous les jours. L'épidémie se joignait au bombardement, aux chocs sur la brèche ou dans la nuit des mines pratiquées par les Turcs. Les munitions s'épuisaient, un morne désespoir s'emparait de toutes les âmes. En septembre, une demi-lune était tombée au pouvoir des assiégeants, une partie de la muraille même s'était écroulée. Il fallut improviser des retranchements à l'entrée des rues : c'était le dernier effort. Stahremberg n'espérait plus tenir que trois jours, et chaque nuit des signaux de détresse annonçaient à Charles de Lorraine que la chute devenait inévitable. Au milieu de la nuit qui précédait ce troisième et dernier jour des prévisions de Stahremberg, un cri de joie retentit tout à coup du haut de la tour Saint-Étienne. C'était la sentinelle qui venait d'apercevoir une flamme brillante sur les sommets du Calenberg, et qui signalait à l'horizon l'armée polonaise. Le soleil levant éclata sur une forêt de lances et de banderoles qui se déroulaient sur la montagne.

On vit alors les Turcs se diviser en trois parts : l'une se tourner vers le nouveau combattant qui se présentait, l'autre se préparer à l'assaut; la troisième, symptôme de délivrance, n'était qu'une multitude désordonnée qui fuyait vers la Hongrie toute chargée de butin. L'évêque de Neustadt, Collonitz, qui avait combattu en soldat à Candie, et qui maintenant s'était enfermé dans Vienne, où sa foi, son courage, sa parole, animaient la défense, où son exemple et sa charité aidaient à supporter tant de maux, appela aussitôt les femmes et les enfants aux églises, tandis que Stahremberg entraînait les hommes aux remparts.

XXII.

Depuis quelques jours déjà Charles de Lorraine avait couru se joindre à Sobieski, pour apprendre, disait-il, le métier de la guerre sous un si grand maître. Les impériaux pleurèrent de joie en voyant l'illustre chef dont le nom seul était une première victoire. La discorde, qui s'attache toujours aux revers, paralysait leurs dernières forces; elle s'éteignit aux pieds du héros de Choczim, qui rencontra dans ses nouveaux soldats une obéissance qu'il n'avait jamais trouvée dans ses propres sujets.

Cependant Charles de Lorraine avait pu jeter un triple pont sur le Danube, à six lieues en deçà de Vienne, sans que le grand vizir eût rien fait pour l'en empêcher. « Vous voyez bien que le général qui, à la tête de trois cent mille hommes, a laissé construire ce pont à sa barbe, ne peut manquer d'être battu! » s'écria Sobieski, pour entraîner au delà du Danube les impériaux, qui hésitaient à le suivre.

Le lendemain, le Danube fut franchi. Les Polonais marchaient les premiers; leur magnificence, la beauté de leurs armes et de leurs chevaux étonnaient leurs alliés. Un seul régiment d'infanterie faisait tache par le délabrement de ses vêtements. Comme il défilait : « Celui-là, dit Sobieski, c'est une troupe invincible, qui a fait serment de ne jamais être vêtue que des dépouilles de l'ennemi. » « Si ces paroles ne les habillaient pas, dit l'abbé Coyer, un des historiens de Sobieski, elles les cuirassaient. »

Sobieski ne s'était jamais vu à la tête de forces aussi considérables. La chaîne escarpée du Calenberg, couverte de forêts sur ses pentes, sillonnée de gorges étroites, faciles à garder, le séparait encore de Kara-Mustafa, qui ne songeait même pas à profiter d'une barrière si difficile à franchir. Rien ne pouvait émouvoir la confiance du vizir. La marche laborieuse des alliés à travers la montagne dura trois jours; ils furent obligés d'y abandonner leur artillerie de gros calibre. Les premiers éclaireurs qui, du haut des dernières crêtes, aperçurent le camp formidable des Ottomans, prirent aussitôt la fuite, et répandirent dans les rangs la terreur dont ils étaient frappés; les impériaux surtout étaient profondément inquiets. Sobieski raffermit les courages par sa gaieté martiale et son assurance. Il avait enrôlé dans sa garde une troupe de janissaires qu'il avait faits prisonniers autrefois. A la veille de combattre les Turcs, il leur proposa de retourner aux bagages, ou même de rejoindre le camp de Kara-Mustafa. Tous répondirent, les yeux mouillés de larmes, qu'ils ne voulaient vivre et mourir que pour lui.

XXIII

Ses lettres à sa femme, Casimire d'Arquien, révèlent mieux que l'histoire le travail d'esprit, l'angoisse de cœur et le refuge de ses pensées, cherché dans le sein de l'amour par Sobieski, la veille du jour où il allait livrer la bataille du christianisme contre les trois cent mille Ottomans déjà sous ses yeux. Les héros qui écrivent, tels que César, Frédéric et Sobieski, la veille et le lendemain des batailles, sont les confidents de la postérité.

« Si parfois je manque à vous écrire longuement, ma chère épouse, n'est-il donc pas facile de s'expliquer ma précipitation sans le secours de suppositions injurieuses? Les combattants des deux parties du monde ne sont plus qu'à quelques milles les uns des autres : il faut penser à tout, il faut pourvoir au moindre détail.

» Je vous conjure, mon cœur, pour l'amour de moi, de ne pas vous lever aussi matin; quelle est la santé qui pourrait y tenir, surtout en se couchant aussi tard que vous en avez l'habitude? Vous m'affligerez sensiblement si vous n'avez pas égard à ma prière; vous m'ôterez le repos, vous m'ôterez la santé, et, ce qui est bien pis, vous nuirez à la vôtre, qui est ma seule consolation en ce monde. Quant à notre affection mutuelle, voyons lequel des deux se refroidit davantage. Si mon âge n'est pas celui de l'ardeur, mon cœur et mon âme sont toujours aussi jeunes qu'autrefois. N'étions-nous pas convenus, mon amour, que ce devait être votre tour maintenant, et que c'était à vous à faire les avances? M'avez-vous tenu parole, mon cœur? Ainsi donc, n'allez pas rejeter votre propre tort sur un autre. »

XXIV

A peine cette lettre de tendresse à sa femme était-elle écrite, la nuit du 12 septembre 1683, que Sobieski, sortant à l'aurore de sa tente au bruit du canon de l'armée ottomane, vit d'un côté les colonnes des janissaires se masser pour le dernier assaut devant les brèches des remparts de Vienne, et vit de l'autre le vieil Ibrahim-Pacha, le héros octogénaire des Turcs, fondre avec l'impétuosité du fatalisme sur les avant-gardes de l'armée polonaise aux flancs des montagnes. Ibrahim, traversant au galop ces avant-postes, descendit de cheval avec ses spahis au pied des retranchements élevés par le duc de Lorraine. Sobieski, sans se hâter d'accourir, mais cherchant son appui et son inspiration dans la prière, entendait en ce moment la messe en plein air, d'un pauvre ermite, près d'une chapelle ruinée, d'où le regard embrassait toute l'étendue du champ de bataille. L'ermite, la croix dans la main, ayant béni l'armée chrétienne, Sobieski, pour graver dans la mémoire de son fils enfant l'héroïsme par la solennité de la scène, l'arma chevalier de sa propre main, et, remontant à cheval, s'élança sur l'ennemi suivi de sa cavalerie polonaise.

Les chrétiens, marchant sur cinq colonnes, enlevèrent une à une, de ravin en ravin, de précipice en précipice, de défilé en défilé, de bois en bois, les positions sur lesquelles se repliaient pas à pas les escadrons chargés de les arrêter. De la brèche, la garnison de Vienne assistait à ce cours irrésistible de ses libérateurs; elle-même faisait d'héroïques prodiges pour n'être pas écrasée avant l'heure du salut. Jusqu'alors Kara-Mustafa restait immobile entre ces deux batailles.

A onze heures, les alliés étaient en plaine. C'était déjà une victoire. Leurs adversaires culbutés leur laissèrent le temps de prendre haleine. A midi, les musulmans s'étaient ralliés et grossis de puissants renforts; ils soutinrent une seconde lutte plus terrible encore. Mais les savantes dispositions de Sobieski, ses manœuvres impétueuses et sûres l'emportèrent, et l'armée chrétienne parut sur le glacis du camp. Là recommença une troisième et suprême bataille. Toute l'armée ottomane se pressait autour de l'étendard du vizir; Kara-Mustafa la commandait en personne. Un ravin profond, des retranchements, une artillerie formidable, la couvraient de tous côtés; elle était immense encore et semblait n'avoir pas été entamée. Il était cinq heures du soir; le roi mesura l'obstacle et n'espéra pas finir la lutte ce même jour. Il songeait donc à passer la nuit dans ces nouvelles positions, lorsqu'en courant les lignes de ses troupes, il les trouva plus exaltées qu'abattues de leur course victorieuse à travers tant de combats et sous le poids d'une chaleur étouffante. L'attitude des Ottomans, au contraire, lui parut morne et découragée. Il aperçut au loin, à travers des flots de poussière, les longues files de chameaux qui se pressaient sur les routes de la Hongrie. L'attaque fut décidée.

Cependant l'assurance du grand vizir n'était pas ébranlée; il était assuré que les chrétiens viendraient se briser au pied de ses retranchements. On le voyait, abrité par une tente en soie cramoisie contre les rayons du soleil, prendre le café tranquillement entre ses deux fils. Sobieski, furieux de cette inepte et dédaigneuse sécurité, ordonne à l'officier français qui commande son infanterie de s'emparer d'une redoute qui domine les quartiers de Kara-Mustafa. Cet ordre est exécuté avec vigueur. L'ennemi en est ébranlé. Au même instant, Kara-Mustafa, qui s'émeut enfin, appelle à sa défense l'infanterie de son aile droite; ce mouvement découvre son armée et trouble la ligne entière. C'était le pivot de la victoire. Sobieski le saisit en maître : il pousse aussitôt le duc de Lorraine sur le centre entr'ouvert, tandis qu'il court lui-même au plus épais des masses qui couvrent la tente du grand vizir. Les Tartares et les spahis le reconnaissent. Son nom vole sur tout le front de l'armée ottomane. On y croit enfin à sa présence. « Par Allah ! s'écrie le khan des Tartares éperdu, le roi est avec eux. »

Les hussards de Sobieski ont franchi, bride abattue, un ravin où l'infanterie eût hésité; ils se précipitent dans les rangs ennemis et coupent en deux leur corps de bataille, tandis que le prince de Waldeck tourne le camp. La journée est décidée; le grand vizir, tombé du haut de son arrogance, pleure comme une femme. Cependant il essaye de rallier ses troupes, qui lâchent pied. Tout fuit; il s'enfuit lui-même au milieu de cette armée en désordre, qui n'est plus qu'une multitude épouvantée. C'était le flot de la puissance ottomane qui reculait pour toujours. L'Europe entière vit un miracle dans la terreur panique des Turcs. Ce dernier combat n'avait duré qu'une heure; il fut donc plus décisif que meurtrier. Il ne paraît pas que l'armée du grand vizir ait perdu plus de huit ou dix mille hommes. Dans sa terreur cependant, elle ne s'arrêta que sous les murs de Raab, tandis que le roi, craignant un retour offensif, prenait toutes les précautions d'une prudence inquiète et désormais inutile.

Le lendemain, Sobieski entra dans la ville délivrée, par cette brèche que l'ennemi allait franchir.

XXV

Vienne sortit tout entière de ses murs en ruine pour faire cortége à l'armée de son libérateur. Le contraste de Léopold absent et du roi de Pologne sacrifiant son sang et celui de son peuple pour la délivrer aurait pu faire en ce moment de Sobieski l'empereur d'acclamation de l'Autriche et de la Hongrie. *Il y eut un homme envoyé de Dieu qui s'appelait Jean*, lui dit le clergé de Vienne en lui appliquant les paroles de l'Évangile. Mais Sobieski ne voulait de sa victoire que l'honneur d'avoir sauvé l'Occident. Il ne se vengea de l'abandon où l'avaient laissé les puissances de l'Europe qu'en annonçant, de sa main, au roi très-chrétien de France, la victoire des chrétiens remportée sans lui et contre lui! Ce furent ses seules représailles.

Sa lettre à sa femme, écrite le soir de la bataille sous la tente de Kara-Mustafa, devenue sa dépouille, fait pénétrer la postérité dans l'âme tendre et pure du héros : le seul orgueil est dans la date :

« Dans la tente du grand vizir, le lundi 13 septembre, la nuit.

» Seule joie de mon âme, charmante et bien-aimée Mariette,

» Dieu soit béni à jamais ! Il a donné la victoire à notre nation ; il lui a donné un triomphe tel que les siècles passés n'en virent jamais de semblable. Toute l'artillerie, tout le camp des musulmans, des richesses infinies, nous sont tombés dans les mains. Les approches de la ville, les champs d'alentour sont couverts des morts de l'armée infidèle, et le reste fuit dans la consternation. Nos gens nous amènent à tous moments des chameaux, des mulets, des bœufs, des brebis que l'ennemi avait avec lui, et en outre une multitude innombrable de prisonniers. De plus, il nous arrive un grand nombre de transfuges, la plupart renégats, bien habillés et bien montés. La victoire a été si subite et si extraordinaire, que dans la ville comme dans notre camp on était toujours en alarmes ; on croyait voir l'ennemi revenir à tout moment. Il a laissé, en poudres et munitions, pour la valeur d'un million de florins.

» J'ai été témoin cette nuit d'un spectacle que j'avais désiré depuis longtemps. Nos gens du train ont mis le feu aux poudres en plusieurs endroits ; l'explosion a été comme celle du jugement dernier, cependant sans blesser personne. J'ai pu voir en cette occasion de quelle manière les nuages se forment dans l'atmosphère ; mais c'est une mésaventure. Il y a là certainement pour plus d'un demi-million de perte.

» Le vizir a tout abandonné dans sa fuite ; il n'a gardé que son habit et son cheval. C'est moi qui me suis établi son héritier ; car la plus grande partie de ses richesses me sont tombées dans les mains.

» Avançant avec la première ligne, et poussant le vizir

devant moi, j'ai rencontré un de ses domestiques qui m'a conduit dans les tentes de sa cour privée ; ces tentes occupent à elles seules un espace grand comme la ville de Varsovie ou de Léopold. Je me suis emparé de toutes les décorations et drapeaux qu'on a coutume de porter devant le vizir. Quant au grand étendard de Mahomet, que son souverain lui a confié pour cette guerre, je l'ai envoyé au saint-père par Talenti. De plus, nous avons de riches tentes, de superbes équipages, et mille autres hochets fort beaux et fort riches. Je n'ai pas encore tout vu ; mais il n'y a pas de comparaison avec ce que nous avons vu à Choczim. Rien que quatre ou cinq carquois, montés de rubis et de saphirs, équivalent seuls à quelques milliers de ducats. Vous ne me direz donc pas, mon cœur, comme les femmes tartares à leurs maris, lorsqu'ils reviennent sans butin : Tu n'es pas un guerrier, puisque tu ne m'as rien rapporté ; car il n'y a que l'homme qui se met en avant qui peut attraper quelque chose.

» J'ai aussi un cheval du vizir avec tout le harnais. Lui-même a été poursuivi de fort près ; mais il a échappé. Son *kihag* ou premier lieutenant a été tué, ainsi que nombre d'autres des principaux officiers. Nos soldats se sont emparés de beaucoup de sabres montés en or. La nuit a mis fin à la poursuite ; et d'ailleurs, tout en fuyant, les Turcs se défendent avec acharnement. A cet égard, *ils ont fait la plus belle retirade du monde.* Cependant les janissaires ont été oubliés dans les tranchées, et la nuit on les a tous taillés en pièces.

Tels étaient l'orgueil et la présomption des Turcs, que tandis qu'une partie de l'armée nous présentait la bataille, une autre donnait l'assaut à la ville. Aussi avaient-ils de quoi fournir à tout cela. Je les estime, sans les Tartares, à trois cent mille combattants; d'autres ont compté trois cent mille tentes, ce qui composerait un nombre d'hommes au delà de toute proportion connue. Pour moi, je compte à peu près cent mille tentes, car ils occupaient trois camps immenses. Depuis deux nuits et un jour, s'en empare qui veut; ceux mêmes de la ville sont venus prendre part au butin; je suis sûr qu'ils en ont pour huit jours. Les Turcs ont laissé en fuyant beaucoup de captifs du pays, surtout des femmes, mais après en avoir massacré tout ce qu'ils ont pu. Il y a donc, par conséquent, beaucoup de femmes tuées; mais aussi beaucoup ne sont que blessées, et elles peuvent encore se rétablir. J'ai rencontré hier un enfant de trois ans, un charmant petit garçon, à qui un de ces lâches a hideusement fendu la tête par la bouche. Le vizir s'était emparé, dans un des châteaux de l'empereur, d'une très-belle autruche vivante; mais il lui a aussi fait couper la tête pour qu'elle ne retombât point au pouvoir des chrétiens.

» Il est impossible de détailler tous les raffinements de luxe que le vizir réunissait dans ses tentes. Il y avait là des bains, des petits jardins avec des jets d'eau, des garennes à lapins, enfin jusqu'à un perroquet, à qui nos soldats ont fait la chasse, mais qu'ils n'ont pu saisir.

» Aujourd'hui, je suis allé voir la ville; elle n'aurait pu tenir au delà de cinq jours. Le palais impérial est criblé de boulets; ces immenses bastions, crevassés et à moitié croulés, ont un aspect épouvantable; on dirait de grands quartiers de roc.

» Toutes les troupes ont bien fait leur devoir; elles attribuent à Dieu et à nous la victoire. Au moment où l'ennemi a commencé de plier (et le plus grand choc a eu lieu là où je me trouvais, vis-à-vis le vizir), toute la cavalerie du reste de l'armée s'est portée vers moi à l'aile droite, le centre et l'aile gauche ayant déjà fort peu à faire; j'ai vu alors accourir M. de Bavière, le prince Waldeck et autres; ils m'embrassaient, ils me baisaient le visage; les généraux me baisaient les mains et les pieds; les soldats, les officiers, à pied et à cheval, s'écriaient : « Ah! *unser brave König!* » (Ah! notre vaillant roi!) Tous m'obéissaient encore mieux que les miens.

» Le commandant de la ville, Stahremberg, est aussi venu me voir aujourd'hui. Tout cela m'a embrassé en me donnant le nom de sauveur. J'ai été dans deux églises où le peuple m'a baisé les mains, les pieds, les habits; d'autres qui n'y pouvaient toucher que de loin, s'écriaient : « Ah! donnez-nous à baiser vos mains victorieuses! » Ils avaient l'air de vouloir crier *vivat!* mais ils étaient retenus par la crainte des officiers et autres supérieurs. Cependant un gros du peuple fit entendre une espèce de *vivat*. Je remarquai que les supérieurs le voyaient de mauvais œil; aussi après avoir dîné chez le commandant, me hâtai-je de quitter la ville et de revenir au camp. La foule m'a reconduit jusqu'aux portes. Je vois que Stahremberg est en mauvaise intelligence avec les magistrats de la ville. En me recevant, il ne m'a présenté aucun des employés civils. L'empereur m'a fait savoir qu'il était à un mille d'ici... Mais voilà le jour qui commence à poindre; il faut que je finisse cette lettre. On ne me laisse plus la faculté d'écrire et jouir plus longtemps de votre aimable tête-à-tête.

» Nous avons perdu beaucoup des nôtres dans la bataille; nous regrettons surtout deux personnes dont Dupont vous parlera. Parmi les étrangers, le prince de Croy a été tué ; son père est blessé, et ils ont encore perdu quelques autres personnages de marque.

» Il Padre d'Aviano m'a embrassé un million de fois dans l'effusion de sa joie ; il prétend avoir vu, pendant la bataille, une colombe blanche planer sur nos armées.

» Nous nous mettons en marche dès aujourd'hui, pour poursuivre l'ennemi en Hongrie. Les électeurs m'ont dit qu'ils m'accompagneraient.

» C'est vraiment une grande bénédiction de Dieu. Honneur et gloire lui en soient rendus à présent et à jamais !

» Dès que le vizir se fut aperçu qu'il ne pouvait plus tenir, il fit appeler ses fils auprès de lui, et se mit à pleurer comme un enfant. Il dit ensuite au khan des Tartares : « *Sauve-moi si tu peux.* » Le khan lui répondit : « *Nous le connaissons bien, le roi de Pologne ; il est impossible de lui résister ; songeons plutôt à nous tirer de là...* »

» Je suis au moment de monter à cheval pour marcher en Hongrie, et j'espère, comme je vous l'ai dit en vous quittant, vous revoir à Itryi. Que Wyszynoki y fasse réparer les cheminées et préparer les appartements.

» Cette lettre est la meilleure gazette, et vous pouvez vous en servir à cette fin, en prévenant que c'est la lettre du roi à la reine.

» Les princes de Bavière et de Saxe sont décidés à me suivre jusqu'au bout du monde. Il nous faudra doubler le pas pendant les deux premiers milles, à cause de l'insupportable infection des cadavres, tant d'hommes que de chevaux et de chameaux.

» J'ai écrit au roi de France, je lui ai dit que c'était à lui particulièrement, comme roi très-chrétien, qu'il me convenait de faire mon rapport de la bataille gagnée et du salut de la chrétienté.

» L'empereur est à un mille et demi. Il descend le Danube en chaloupe; mais je m'aperçois qu'il n'a pas grande envie de me voir, peut-être à cause de l'étiquette. Il se presse d'arriver à Vienne pour faire chanter le *Te Deum.* Voilà pourquoi je lui cède la place. Je suis fort aise d'éviter toutes ces cérémonies; on ne nous a régalés que de cela jusqu'à ce jour. Notre fils est brave jusqu'à l'excès. »

Ce bulletin domestique, qui fait lire le bonheur de l'amant et du père dans le cœur du héros, est le plus vivant récit de la bataille qui sauva l'Europe. La gloire ordinairement féroce ou superbe y devient pathétique comme l'amour; l'accent de tristesse qui transpire sous le bonheur, dans le bulletin de Sobieski, était le pressentiment de l'indifférence de l'Allemagne pour un si grand service, et des persécutions qui l'attendaient chez ses ingrats et factieux compatriotes.

XXVI

Ce pressentiment ne le trompait pas.

Léopold, qui ne savait ni vaincre ni même combattre, jaloux, offensé de la gloire de Sobieski, ne lui pardonnant pas les services qu'il venait d'en recevoir, étonna le monde par son ingratitude.

Tandis que tous les peuples de l'Europe poussaient des cris d'enthousiasme comme celui de Vienne, et se sentaient délivrés avec lui; tandis que les protestants comme les catholiques célébraient la victoire de Sobieski, que toutes les chaires retentissaient de ce nom glorieux, qu'Innocent XI tombait au pied du crucifix et fondait en larmes de joie, en recevant l'étendard du Prophète que lui envoyait le vainqueur, Léopold, préoccupé des prérogatives de son rang, humilié lui-même, irrité contre les transports de ses sujets, offusqué par son libérateur, inquiet des promesses qu'il lui avait faites pour décider son alliance, au lieu de courir à sa rencontre, ne rentrait dans Vienne qu'en l'évitant et ne tenait conseil que pour discuter la question des préséances à son égard.

Sobieski trancha cette puérile difficulté, ainsi qu'il le raconte lui-même. L'entrevue eut lieu à cheval. Léopold resta glacé et fut à peine convenable : il n'eut pas même l'hypocrisie de la reconnaissance! Le roi, étonné d'une si sordide ingratitude, ne put s'empêcher de lui dire : « Je suis bien aise, Sire, de vous avoir rendu ce petit service. » Ce fut toute sa vengeance, mais celle de Léopold ne s'arrêta pas là. Les tracasseries, les difficultés entourèrent Sobieski et son armée. On leur disputait, on leur dérobait leurs trophées. On refusait des secours à leurs blessés, une sépulture chrétienne à leurs morts. On les laissait exposés à mourir de faim sous les murs de Vienne!

« Aujourd'hui, écrivait le roi, nous avons l'air de pestiférés que tout le monde évite; tandis qu'avant la bataille, mes tentes, qui, Dieu merci, sont assez spacieuses, pouvaient à peine contenir la foule des arrivants. » Il voulait marcher en avant, profiter de la victoire, on lui créait mille obstacles.

Au reste, cette ingratitude de l'empereur s'étendait à

presque tous ceux qui avaient contribué à le sauver; elle fut proportionnée aux services. Les alliés, indignés, abandonnaient en foule le camp impérial. Sobieski, presque seul, malgré ses officiers et toute l'armée, qui le pressaient de se dérober enfin à l'outrage, resta fidèle à la cause qu'il avait embrassée.

« Ma destinée, disait-il, est d'obliger tout le monde et de n'avoir rien à attendre que de Dieu. » Il se mit donc en mouvement; il voulait *porter un second coup décisif*, comme il l'écrivait à la reine. Il s'avançait déjà dans les plaines de Hongrie, toujours poussant les bandes turques devant lui, que les impériaux étaient encore à délibérer sous les murs de Vienne.

XXVII

Cette lenteur des Allemands dans la poursuite du grand vizir sauvait les débris de l'armée ottomane et leur permettait de se rallier derrière Gran. L'empereur Léopold, comme nous l'avons dit, s'était décidé enfin à éluder cette puérile difficulté en rencontrant Sobieski à cheval; cette froide entrevue entre le héros et le fugitif restauré dans sa capitale est naïvement retracée dans cette lettre de Sobieski à sa femme :

« L'empereur, dit-il, avait à sa suite une cinquantaine de courtisans et de ministres. Des trompettes le devançaient; des gardes du corps et une dizaine de valets de pied le suivaient. Je ne vous ferai pas le portrait de l'empereur, car il est connu. Il était monté sur un cheval bai de race espagnole ; il avait un justaucorps richement brodé, un chapeau à la française, avec une agrafe et des plumes blanches et rouges, une ceinture montée en saphirs et en diamants, l'épée de même. Nous nous sommes salués assez poliment ; je lui ai fait mon compliment en latin et en peu de mots ; il m'a répondu dans la même langue en termes choisis. Étant ainsi vis-à-vis l'un de l'autre, je lui ai présenté mon fils, qui s'est approché et l'a salué. L'empereur n'a pas seulement mis la main au chapeau ; j'en ai été comme terrifié. Il en a usé de même avec les sénateurs et les hetmans, et même avec son allié, le prince palatin de Belz. Pour éviter le scandale et les gloses du public, j'ai encore adressé quelques mots à l'empereur, après quoi j'ai tourné mon cheval : nous nous sommes salués mutuellement et j'ai repris la route de mon camp. Le palatin de Russie a fait voir notre armée à l'empereur, ainsi qu'il l'avait désiré ; mais nos gens ont été très-piqués et se plaignaient hautement de ce que l'empereur n'avait pas daigné les remercier, ne serait-ce que du chapeau, pour tant de peines et de privations. Après cette séparation, tout a changé subitement ; c'est comme si on ne nous connnaissait plus.

» On ne nous donne plus ni vivres ni fourrages ; on refuse d'enterrer nos morts dans les cimetières de la ville ! Moi-même j'ai eu toute la peine du monde à obtenir l'hospitalité dans un couvent pour reposer ma tête. Après une si grande bataille, où nous avons perdu tant de monde et tant de fils de nos familles les plus illustres, nous perdons encore nos chevaux et nos bagages, et nous sommes exposés à la pitié et à la risée de ceux que nous avons délivrés ! Sur mon Dieu ! il y a de quoi mourir dix fois par jour de voir échapper, par leur lenteur, tant de belles occasions d'anéantir les Turcs et tant de glorieuses journées ! Je me remets en marche aujourd'hui pour m'éloigner de cette ville de Vienne où l'on fait feu sur mes soldats ! »

XXVIII

Pendant ces tergiversations et ces délais des troupes de l'empereur, qui semblait craindre de donner une seconde victoire à Sobieski, Kara-Mustafa, à l'abri derrière Raab, rejetait sur ses lieutenants la honte de son désastre. Reprochant au vieux et brave Ibrahim-Pacha, gouverneur d'Ofen, ses trois cents canons laissés dans les batteries de Vienne, ses tentes et ses trésors devenus les dépouilles des infidèles : « Toi, vieux vizir, lui dit-il en plein divan, toi, dont les cheveux ont blanchi au service de la Porte, tu t'es laissé vaincre, et tu as tourné bride pour satisfaire ta jalousie contre moi ; mais tu vas porter la peine de notre défaite. »

Il ordonna au chef des tschaouschs de trancher la tête du vieillard devant sa tente. La tête du plus brave des Ottomans roula pour expier la déroute d'un vizir incapable. Cette exécution souleva les murmures de l'armée, mais retrempa par la terreur la discipline des troupes ralliées autour de Mustafa.

Sobieski, impatient d'attendre les auxiliaires allemands, suivait trop témérairement les deux cent mille Ottomans, en recueillant sur sa route les débris du grand vizir. Son humanité épargnait les vaincus.

« Ma chère âme, j'avais quitté Vienne, et je marchais

avec l'avant-garde : j'aperçois dans une vallée un grand château non ruiné. Je demande ce que ce peut-être ; sur la réponse que c'est l'endroit où l'on entretient les lions, je m'en approche, et j'entends des coups de feu (c'est ce qu'il me faut aussi mentionner dans la gazette). Je fais prendre des informations sur ce que cela veut dire, et j'apprends que c'est une cinquantaine de janissaires, échappés pendant la nuit des tranchées de Vienne, et qui étaient venus s'enfermer dans une tour, espérant que le vizir se raviserait et reviendrait à la charge. Ils se refusaient à toute capitulation avec les Allemands. En effet, ils avaient déjà tué beaucoup de monde, et on ne pouvait guère les déloger que par une explosion de mine. Je leur ai fait dire que j'y étais en personne ; alors ils se sont rendus, et on les a conduits sains et saufs dans mon camp. J'ai trouvé dans le château une lionne très-affamée, à qui j'ai fait donner à manger ; mais ce qui valait bien mieux, nous y avons trouvé du biscuit pour en charger cinquante mille chariots ; car c'est d'ici qu'on approvisionnait chaque jour l'armée du vizir.

» La Hongrie que je parcours, écrivait-il à sa chère Marie, est une motte de terre qui, si on la pressait dans la main, ne rendrait que du sang. L'empereur est reparti de Vienne pour Linz. Je lui ai envoyé quelques beaux chevaux de selle, qu'il a paru désirer, équipés de harnais, couverts de diamants, de rubis et d'émeraudes ; j'ai envoyé aussi au prince d'Anhalt, mon ami, un beau cheval caparaçonné. Quant à moi, je serai peut-être réduit à revenir en Pologne avec des buffles et des chameaux. La tente du grand vizir était pleine de parfums, de baumes et de bijoux qu'on ne peut se lasser d'admirer ; il nous a laissé de bien belles choses, particulièrement tout ce qui touchait à son corps étaient les choses les plus rares et les plus merveilleuses du monde. »

XXIX

Une maladie semblable à la peste décima ses troupes et l'atteignit lui-même sur les bords marécageux du Danube, près de Presbourg. Ce fléau même ne parvint pas à le détacher de la poursuite des Turcs. Sa femme, plus ambitieuse que lui, ne cessait de lui reprocher, avec amertume, de ne pas s'attribuer, pour prix de la victoire, le royaume de Hongrie. Sa loyauté répugnait à dépouiller l'empereur qu'il était venu assister. La reine, objet d'une si constante tendresse, s'unissait à ses ennemis de Varsovie pour le gourmander durement de ce qu'il ne faisait pas la paix avec les Ottomans, à ce prix de la Hongrie arrachée à l'Autriche et abandonnée par eux à la Pologne.

« Non, non, lui répondit-il, sachez, mon cœur, qu'il faut d'abord conquérir ses quartiers d'hiver avant de retourner près de vous ; autrement les Turcs reviendraient à la charge et ne nous laisseraient pas en repos. Mais vous faites la guerre, mon amour, selon vos fantaisies. Je vous suis bien reconnaissant de cette preuve de tendresse, et je ne demande pour toute grâce que d'être aimé présent comme je le suis maintenant dans l'absence ; bien que l'amour soit charmant en souvenir, il ne vaut cependant pas autant qu'en réalité. Puisque je ne puis jouir de votre présence, je laisse au moins un libre cours à mon imagination, et j'embrasse un million de fois mon adorable Mariette ! »

XXX

Cependant, les factions intérieures de la Pologne auxquelles sa femme elle-même s'associait contre la politique héroïque de son mari, retentissant jusque dans son camp, semaient l'insubordination dans son armée et le faisaient abandonner tour à tour par les nobles des partis contraires, volontaires presque indépendants dont la défection lui enlevait leurs vassaux ; il restait seul avec une poignée d'hommes devant l'armée recomposée par le grand vizir. Rejoint, enfin, sur les bords du Danube, près de Comorn, par le duc de Lorraine, il fit résoudre, dans un conseil de guerre, le passage du fleuve par l'armée combinée.

Pendant qu'il suivait la rive, presque en face de l'armée ottomane, cherchant un site favorable à ce dessein, les Turcs, fortifiés par Tékéli, débouchant au nombre de cent vingt mille hommes par la tête du pont de Parkan, l'enveloppent entre le Danube et leur armée ; tout fuit devant ce déluge de Tartares, d'Ottomans, de Hongrois résolus de venger la honte de Vienne. Sobieski persiste seul à combattre avec un noyau de six mille hussards polonais ; débordé par ses flancs, séparé de son infanterie, emprisonné dans un tourbillon de fer et de feu, foudroyé par l'artillerie du grand vizir, assailli par les charges répétées de Tékéli et de ses uhlans, un cavalier turc lève sur sa tête sa hache d'armes. Un de ses gentilshommes, donnant sa vie pour la sienne, détourne l'âme du spahi et reçoit le coup mortel. Ses escadrons jonchaient de leurs chevaux et de leurs cadavres la plaine marécageuse et coupée de fossés, par laquelle ils cherchaient leur seul refuge contre les Turcs. La vigueur du cheval de Sobieski semblait redoubler par l'intelligence du danger de son maître ; il sauvait le roi presque à son insu. Sobieski, à peine rétabli de la maladie qui avait épuisé sa vigueur, énervé par de longs combats, couvert de sang, écrasé de douleur, n'avait plus la force de guider son cheval ; soutenu en selle par deux de ses pages, qui le tenaient de la main sous l'aisselle, le buste courbé en avant, la tête chancelante sous le casque, comme un homme ivre de vin ou de sang, il ne savait où l'emportait le galop de sa faible escorte, et ne se réveillait de sa léthargie que pour demander avec terreur où était son cher enfant séparé de lui par la mêlée.

Parvenu au pied d'une colline d'où le feu de son artillerie écartait les spahis, on le coucha inanimé sur une botte de roseaux ; son fils, sauvé par un gentilhomme français qui l'avait abrité dans une chapelle en ruine, écartée du champ de carnage, tomba dans ses bras ; le père et l'enfant confondaient leurs pleurs. Le duc de Lorraine arriva enfin avec le corps d'armée, et releva généreusement Sobieski de son abattement. Le héros ne chercha pas à pallier sa défaite. « J'ai été bien battu aujourd'hui, dit-il au duc de Lorraine, songeons à vaincre demain ! »

Trois jours après il remportait la dernière de ses victoires sur la plaine même témoin de son désastre, et forçait les Turcs à repasser le fleuve sur le pont de Gran, rompu et submergé par son artillerie ; le Danube engloutit trente mille Ottomans, Tartares et Hongrois qui se précipitèrent dans ses ondes pour fuir le sabre des hussards de Sobieski. Lui-même dirigeant l'assaut de son infanterie contre la forteresse de Gran, dont les créneaux et les palissades étaient couronnés des têtes coupées de ses soldats récemment tués au pied de ses murs, cinq pachas et des milliers de Turcs y furent égorgés par les Polonais et les volontaires français de l'armée du roi. Un jeune page de la reine, son parent, nommé la Mouilly, se couvrit de gloire et de sang en fermant presque à lui seul le pont-levis de la forteresse par où les Turcs voulaient se précipiter hors du château.

Tékély, à cheval, avec sa femme, la belle Hélène de Serin, qui le suivait jusque dans la mêlée, parut trop tard avec son corps d'armée sur les hauteurs pour participer au combat. Les Turcs l'accusèrent, non sans apparence, de s'être égaré à dessein pour laisser triompher Sobieski. Son importance en Hongrie tenait à la balance qu'il maintenait entre les Turcs et les Polonais; il voulait grandir de la ruine des uns et des autres. Dans cette pensée, il envoya complimenter Sobieski sur son héroïsme, et s'offrit *comme un intermédiaire de paix* aux Turcs et aux Polonais.

XXXI

La lettre de Sobieski à la reine, datée du champ de bataille de Gran, respire la reconnaissance envers Dieu et ses soldats.

« Quand on a annoncé avant-hier à mon infanterie que j'avais succombé dans la fuite, ils se sont écriés : « Que nous » importe à présent de vivre, puisque nous avons perdu » notre père? menez-nous au feu et mourons avec lui!... »

» A présent que je suis rétabli, je veux vous avouer, mon cher cœur, que j'ai été tellement foulé et meurtri par les fuyards, que dans beaucoup d'endroits mon corps était noir comme du charbon. Le pauvre palatin de Pomérélie a été retrouvé sans tête; presque tous nos pages ont péri dans l'action; notre petit nègre Joseph est tombé dans les mains des Turcs, qui lui ont coupé la tête. J'avais aussi un jeune Hongrois, qui parlait plusieurs langues, il a péri. Mais apprenez, mon amie, le sort de mon petit calmouck : vous savez son habileté à la chasse du lièvre à la course; eh bien, toute son adresse à cheval n'a pu le sauver; je ne sais par quel heureux hasard les Turcs, qui l'avaient pris, l'ont épargné. Hier, après la déroute des infidèles, on l'a retrouvé sous une de leurs tentes; les nôtres l'avaient aussitôt reconnu, ainsi que son cheval, attaché au pilier de la tente, lorsqu'un Allemand accourut et lui lança un coup d'espadon dans la figure; malgré les promesses des chirurgiens, je ne sais s'il en réchappera.

» C'est une chose étrange, ajouta le héros, superstitieux comme tous les hommes qui jouent les grands enjeux contre le destin, c'est une chose bizarre, jeudi, lorsque nous marchions à l'ennemi, un chien noir, sans oreilles, était constamment devant nous sans qu'il fût possible de le chasser; ajoutez qu'un aigle noir a plané, pendant quelque temps, presque au niveau de nos têtes, et puis s'est envolé derrière nous. Hier, au contraire, un pigeon blanc s'est placé plusieurs fois devant nos escadrons; un très-bel aigle, tout blanc aussi, s'est abattu devant nos lignes, et, rasant presque la terre, il a semblé nous conduire sur l'ennemi!... Kara-Mustafa s'est enfui jusqu'à Belgrade pour prévenir la colère et fléchir la justice de son maître; comme il proposait une escorte au juif chargé de ses diamants, de peur qu'il ne fût dévalisé par ses propres soldats en fuite : « Non, lui a répondu son trésorier, je me coifferai de mon » bonnet allemand, et toute votre armée prendra la fuite » devant moi ! — Hélas ! hélas ! s'est écrié le vizir, cela est » trop vrai, et le proverbe ottoman a bien raison de dire : » *Ceux que Dieu a mis en fuite auraient peur même d'un* » *Hébreu !* »

» Fanfan, notre jeune fils, s'est bien aguerri au feu dans la journée d'hier, car l'artillerie du château de l'autre côté du Danube nous a canonnés sans cesse ; on ne peut nier que le sang de la noblesse polonaise n'ait abondamment coulé pour la cause de l'Allemagne et de la chrétienté.

» Seule joie de mon âme, charmante et bien-aimée Mariette, lui écrivit-il quelques jours après, j'ai fait capituler cinq mille Turcs et le pacha d'Alep dans la forteresse de Strigonie, possédée depuis cent cinquante ans par les Turcs. A quel changement de fortune ce monde est sujet ! Dieu et la gloire, voilà notre seule récompense. »

XXXII

Au milieu de ces triomphes, il ressentait le cruel abandon de sa patrie et la jalouse opposition de sa noblesse et de son propre sang contre lui.

« Si la Pologne, écrivait-il à Mariette, complice de cette conjuration contre la continuation de sa gloire, si la Pologne était une île au milieu de l'Océan, elle serait pour moi à présent comme celles dont nous parlent les historiens, qu'on voyait flottantes au-dessus des mers, tantôt visibles et tantôt submergées. Depuis cinq semaines je ne sais plus s'il y a une Pologne au monde ; ce n'est pas tant de ce silence sur les choses politiques dont je souffre, que de la privation des nouvelles de votre santé, d'où dépendent mon bonheur et ma vie. »

Avant de revenir aux Ottomans, on se complaît à suivre ce héros sur son champ de victoire jusqu'à sa tombe. Resté forcément en Pologne par la contrainte de ses nobles, de sa diète et de sa propre femme, ligués contre sa gloire, il entre en triomphe à Varsovie, le jour où Kara-Mustafa, rentré lui-même à Belgrade, recevait de son maître l'ordre de mourir.

Mahomet IV ne le croyait pas coupable, mais la nation le croyait fatal ; son supplice était un sacrifice à la fatalité. L'aga des janissaires, envoyé d'Andrinople à Belgrade pour rapporter sa tête, lui laissa par faveur le privilége de se faire étrangler par ses propres serviteurs. Avant de mourir, Kara-Mustafa, qui prévoyait sa destinée, avait fait un voyage secret à Constantinople pour assurer à ses héritiers ses immenses richesses. Les ouvriers albanais qu'il avait employés à enfouir son trésor dans un souterrain connu de lui seul et de ses enfants, avaient été égorgés, par son ordre, sur leur ouvrage.

Revenu à Belgrade, un jour qu'il explorait du regard la campagne du haut de son palais, il aperçut un groupe de cavaliers qui descendaient la colline. Il pâlit en pressentant le glaive ou le cordon apporté d'Andrinople par ces messagers. Il envoya un de ses pages au-devant d'eux, les introduisit avec honneur, les fit asseoir, et tirant lui-même le sceau de l'empire de son sein, il le baisa en signe de reconnaissance pour le maître de qui il l'avait reçu, fit sa prière et ses ablutions suprêmes, puis, s'étant agenouillé, il reçut le cordon des mains de ses serviteurs, le noua lui-même autour de son cou et expira en bénissant, non la justice, mais la volonté du maître qui lui faisait expier les revers de l'islamisme (décembre 1683).

XXXIII

Le supplice de Sobieski fut plus long et peut-être plus cruel. La jalousie des grands, la popularité des tribuns, la turbulence des diètes, les dissensions de la république, l'ingratitude de la nation, qu'il avait élevée au sommet de la gloire et de la puissance, sans pouvoir l'y maintenir, les refus de subsides des Polonais, les intrigues de sa femme, la vieillesse enfin qui rouille tout, même le génie, la compétition anticipée au trône, qu'il occupait encore, et les trames impatientes contre sa vie dans sa propre cour, empoisonnèrent sa longue vie. Jamais nation n'apprécia moins le grand homme que la Providence lui avait signalé pour régénérateur de sa liberté.

Cette Mariette, qu'il avait tant aimée, ne fit qu'aggraver ses chagrins qui allaient flétrir et abréger les restes de cette grande vie.

« Marie-Casimire, dit son historien, M. de Salvandy, fut le fléau du héros qui l'avait couronnée. La montrerons-nous remplissant le palais, comme la république, de ses complots et de ses intrigues; mettant la main à toutes les affaires d'État ou de famille, et l'y mettant pour porter

partout la discorde et la corruption; troublant par son inconsistance, par sa mobilité, par son inquiétude d'imagination et d'esprit, l'intérieur du roi, quand ce n'était pas par son ambition et son avarice; plus emportée dans ses caprices sans nombre à mesure que les ans, qui semblaient la respecter, lui faisaient craindre de plus près son déclin; jalouse de la confiance de son époux, comme une autre l'eût été de sa tendresse; disputant à ses vieux jours d'honorables et douces affections, après ne lui avoir pas contesté dans sa jeunesse les fantaisies de ses obscures amours; exilant du palais sa propre sœur, la grande chancelière Wielopolska, sa belle-sœur la princesse Sobieska-Radziwill, le savant Zaluski, tous les esprits capables de charmer la vie du roi, et livrant le pouvoir, qu'elle conservait ainsi, à deux femmes de chambre, la Letreu et la Féderba, ennemies acharnées, qui régnaient sur elle comme elle sur le roi, et remplissaient, à son exemple, la ville et la cour de menées, de discordes, de fureurs, de vénalité? Un trait fera juger de l'esclavage où l'amour de la paix domestique, le premier des biens, aux yeux de Jean, fit tomber l'infortuné monarque. Il avait promis les sceaux à Zaluski. Wielopolski mort, il les lui présente; car il était plus esclave encore de sa parole que de la volonté de Marie-Casimire. Mais, « mon ami, lui dit-il, si vous les acceptez,
» c'en est fait de moi. Je serai obligé de fuir ma maison,
» Je n'imagine pas où je pourrai aller mourir en paix! »

» La famille royale était, à l'image du palais, en proie aux haines et à l'anarchie. Là, comme dans l'État, Jean travaillait vainement à rétablir la concorde, partout troublée par les passions emportées et changeantes de la reine. Contenus comme les partis sous sa main royale, ses trois fils, ne pouvant se combattre hautement, se haïrent : ce fut une de ces haines fraternelles dont parle Tacite. Au sortir du berceau, ils n'étaient déjà plus des frères; c'étaient des compétiteurs.

» Le roi vivant, sa famille, la Pologne et l'Europe disputaient son héritage. Lui-même, l'œil fixé sur le vide qu'il laisserait au sein de sa malheureuse patrie, n'était occupé qu'à le remplir. Du milieu de ses chagrins domestiques, sa pensée planait sur l'avenir de la Pologne; et de toutes les sollicitudes qui assiégeaient son âme, il l'a dit mille fois, celles-là étaient encore les plus amères. »

Le gémissement public qu'il fit entendre en reproches au sénat de Pologne (1695), peu de temps avant sa fin, est l'acte d'accusation le plus éloquent et le plus pathétique du patriotisme de ce héros contre la turbulence de ses compatriotes.

« Hélas! dit Sobieski aux sénateurs sans cesse ameutés contre lui et contre la patrie, celui-là connaissait bien les peines de l'âme, qui a dit que les petites douleurs aiment à parler, que les grandes sont muettes. L'univers même restera muet en contemplant nous et nos conseils! Il semble que la nature doive être saisie d'étonnement; cette mère bienfaisante a doté tout ce qui a vie de l'instinct de la conservation, et donné aux plus chétives créatures des armes pour leur défense; nous seuls dans le monde tournons les nôtres contre nous. Cet instinct nous est ravi, non par quelque force supérieure, par un inévitable destin, mais par un délire volontaire, par nos passions, par le besoin de nous nuire à nous-même. Oh! quelle sera un jour la morne surprise de la postérité, de voir que, du faîte de tant de gloire, quand le nom Polonais remplissait l'univers, nous ayons laissé notre patrie tomber en ruine, y tomber, hélas! pour jamais! Car, quand à moi, j'ai su vous gagner çà et là des batailles; mais je me reconnais destitué de tout moyen de salut. Il ne me reste plus qu'à m'en remettre, non pas à la destinée, car je suis chrétien, mais au Dieu grand et fort, de l'avenir de ma patrie bien-aimée.

» Il est vrai que s'adressant à moi, on a dit qu'il y avait un remède aux maux de la république : ce serait que le roi ne fît point divorce avec la liberté, et la restituât... L'a-t-il donc ravie, sénateurs, cette liberté sainte dans laquelle je suis né, dans laquelle j'ai grandi, reposé sur la foi de mes serments? et je ne suis pas un parjure. Je lui ai dévoué ma vie dès mon jeune âge : le sang de tous les miens m'apprit à fonder ma gloire sur ce dévouement. Qu'il aille, celui qui en doute, visiter les tombeaux de mes ancêtres; qu'il suive la route qui m'a été frayée par eux vers l'immortalité. Il reconnaîtra, à la trace de leur sang, le chemin du pays des Tartares et des déserts de la Valachie. Il entendra sortir, du sein des entrailles de la terre et de dessous le marbre glacé, des voix criant : « *Qu'on apprenne* » *de moi qu'il est beau et doux de mourir pour la patrie!* » Je pourrais invoquer le souvenir de mon père, la gloire qu'il eut d'être appelé quatre fois à présider les comices dans ce sanctuaire de nos lois, et le nom de *Bouclier de la liberté* qu'il mérita... Croyez-moi, toute cette éloquence tribunitienne serait mieux employée contre ceux-là qui, par leurs désordres, appellent sur notre patrie le cri du prophète, que je crois, hélas! entendre déjà retentir au-dessus de nos têtes : « Encore quarante jours, et Ninive sera » détruite. »

« Vos dominations, illustrissimes, savent que je ne crois

point aux augures; je ne cherche point les oracles; je n'ajoute point foi aux songes. Ce ne sont point des oracles, c'est la foi qui m'enseigne que les décrets de la Providence ne peuvent manquer de s'accomplir. La puissance et la justice de Celui qui régit l'univers règlent le destin des États; et là où l'on peut impunément oser tout du vivant du prince, élever autel contre autel, chercher les dieux étrangers sous l'œil du véritable, là grondent déjà les vengeances du Très-Haut.

» Sénateurs, en présence de Dieu, du monde, de la république entière, je proteste de mon respect pour la liberté; je promets de la conserver telle que nous l'avons reçue. Rien ne pourra me détacher de ce saint dépôt, pas même l'ingratitude, ce monstre de la nature... Je continuerai d'immoler ma vie aux intérêts de la religion et de la république, espérant que Dieu ne refusera point ses miséricordes à celui qui ne refusa jamais de donner ses jours pour son peuple. »

La perte irrémédiable de la Pologne devait être la peine de son anarchie et de son ingratitude. Sobieski, qui ne croyait pas aux augures, était lui-même, à son insu, dans ces magnifiques reproches, l'oracle vivant de la ruine de sa patrie.

XXXIV

Pour comble de revers, ses deux fils, animés d'une ambition fratricide, se menaçaient, les armes à la main, sous ses yeux, et déchiraient d'avance la nation en deux factions contraires. Pendant que la faction du prince Sapiéha ensanglantait la diète et offusquait le trône même dans sa capitale, Sobieski voyait s'élever en Russie, sous la main de Pierre le Grand, la puissance qui devait dévorer un jour la Pologne. La maladie le dévorait lui-même, aigri par le chagrin domestique dans la cellule champêtre où il fuyait en vain le spectacle de l'anarchie des diètes ; la reine le torturait jusque sur son lit de mort, par la main de ses prêtres, pour lui arracher une désignation au trône pour un de ses fils.

« Ce grand homme, dit l'évêque qui lui portait les insinuations de la reine, me peignit avec sanglots les souffrances de son corps et de son âme ; puis, comme un homme vaincu par la douleur : « N'y aura-t-il donc, » s'écriait-il, personne qui veuille venger ma mort ! Voyez » dans cette nation le débordement des vices, la contagion » de la démence, et je croirais, moi qui ne suis pas écouté » vivant, que ce peuple exécuterait mes volontés post-» humes ? »

Enfin, revenu un moment d'un évanouissement qui avait suspendu ses peines avec sa vie : « Hélas ! dit-il en reprenant sa pensée et ses sens. *J'étais si bien dans cet anéantissement de moi-même ! Pourquoi renaître à la souffrance et à la vie ?* » Un second évanouissement fut mortel ; il expira comme il était né, au milieu d'une tempête, image de l'éternelle tempête de sa patrie vouée, comme son héros, aux convulsions de l'anarchie (1696).

Sa veuve se ligua avec la faction des nobles pour combattre l'élection au trône de ses fils, offrant sa main aux ambitieux de la noblesse contre ses propres enfants. Le trône échappa à la fois à la veuve et aux fils ; quatre-vingt mille électeurs à cheval, dans la plaine de Vola, nommèrent, le sabre à la main, deux rois à la fois, l'un protégé de l'Autriche, l'autre candidat de la France, aucun des deux patriote.

Le nombre des escadrons décida enfin (1697) l'élection en faveur d'un étranger, le prince Auguste de Saxe, candidat de l'Autriche et du pape. Pendant ces orages, le corps de Sobieski attendit trente-six ans un tombeau.

Revenons à Andrinople.

XXXV

Le sultan, rentré dans son sérail d'Andrinople (1683), nomma, après le supplice de Kara-Mustafa, Ibrahim-Pacha grand vizir. Le poste de caïmakam, qu'il occupait depuis le commencement de la guerre, l'avait préparé à cette dignité. C'était un homme intègre et fidèle, sans autre ambition que le service de l'État, et mûri dans l'administration et dans la guerre. Les traditions des deux Kiuperli revivaient en lui sans leur génie. La jalousie contre les ennemis favoris du sultan et du grand vizir Kara-Mustafa était son seul vice. Il les éloigna tous par l'exil ou par le cordon. Mahomet IV, qui redoutait avant tout l'anarchie, fléau des premières années de sa vie, laissait régner complétement ses grands vizirs, même sur ses affections. L'unité du pouvoir était sa maxime; la responsabilité de ce pouvoir était le supplice. Toutes les créatures de Kara-Mustafa tombèrent avec lui.

XXXVI

Cependant la Hongrie, livrée à elle-même, succombait ville à ville sous le canon du duc de Lorraine et des Polonais; Pesth, sa capitale, capitulait sans siége; Ofen soutenait de nombreux assauts sous le commandement de son intrépide gouverneur, Kara-Mohammed : la main mutilée par un boulet, à la tête de ses artilleurs, il ne cessa de commander les défenseurs d'Ofen. Couché sur un brancard à la porte de son sérail, il dirigeait la défense, quand une bombe, éclatant près de lui, déchira ses entrailles. Il convoqua autour de son lit de mort tous ses généraux, et légua devant eux d'une voix ferme, avant d'expirer, le commandement au plus digne, Ibrahim-Pacha.

« Ibrahim, selon l'historien Raschid, anima d'un tel fanatisme ses dix mille guerriers, qu'ils coupèrent les têtes de milliers de chrétiens, suspendirent leurs sabres effilés aux étoiles du ciel, et que les anges qui soutiennent le trône de l'Éternel applaudirent du haut du firmament aux exploits de la garnison d'Ofen. »

Cette forteresse fut l'écueil des impériaux. Ils levèrent le siége d'Ofen, pendant que Sobieski lui-même était contraint (1684), après soixante jours de tranchée, de lever le siége de Kaminieck devant l'armée de Souleïman-Pacha, vainqueur des Polonais à Babataghi.

XXXVII

Les Vénitiens, immobiles jusque-là pendant la campagne indécise de Vienne, profitèrent enfin des victoires de Sobieski pour déclarer la guerre à la Turquie. C'était la Turquie qui avait attaqué la république. Le temps des représailles parut propice au sénat de Venise. Leurs escadres s'emparèrent des sept îles de l'Adriatique, opérèrent des débarquements sur le continent de l'Albanie, et menacèrent l'Archipel.

Un favori du sultan, Mustafa, devenu capitan-pacha, se borna à tenir la mer devant la flotte vénitienne entre Rhodes et Chio, et à lui enlever deux galères. Quatre-vingt mille hommes se rassemblaient en même temps à Belgrade pour secourir les villes de Hongrie que Tékéli défendait encore contre les Allemands. Trois armées ottomanes se formaient ainsi à la fois sous l'impulsion énergique du nouveau vizir, l'une destinée à refouler les Vénitiens en Dalmatie, l'autre à reconquérir la Hongrie sur le duc de Lorraine, la troisième à combattre les Polonais, si les négociations ouvertes pour la paix avec la diètede Varsovie ne faisaient pas tomber les armes des mains du roi de Pologne.

XXXVIII

Pierre Valiero, général des troupes de la république, avait soulevé facilement contre les Turcs les descendants des anciens Spartiates, les populations héroïques de la Maina et des montagnes de la Chimère ; ces peuplades chrétiennes de la Morée, de l'Albanie, de la Dalmatie, étaient toujours condamnées à changer de maîtres. La guerre presque civile dans ces montagnes, entre les populations divisées de cause, se borna à des siéges de châteaux et à des surprises de places où nul ne put s'attribuer la victoire.

En Hongrie, les impériaux, tardivement rassemblés au nombre de soixante-quinze mille combattants, sous le duc de Lorraine, sous le comte de Leslie et sous le maréchal Schuelz, enveloppèrent, en se déployant, tout le territoire hongrois, comme pour en balayer d'une seule campagne les débris des armées turques.

« Je vois qu'il n'y a plus de bonheur à espérer ici-bas contre les chrétiens ! » s'écria en se consolant de mourir le féroce Hassan, beglerbeg et gouverneur de Neuhœusel.

Cette ville était assiégée par le duc de Lorraine pendant qu'Ibrahim-Pacha assiégeait avec ses quatre-vingt mille hommes la ville de Gran, ce pivot des Ottomans en Hongrie, conquis l'année précédente par Sobieski. Attaqué dans son camp, devant Gran, par les troupes du duc de Lorraine, Ibrahim abandonna le siége et se retira en laissant mille chariots de six bœufs chargés de ses munitions et de ses vivres (1685).

Le duc de Lorraine, revenu après ce triomphe sous les murs de Neuhœusel, emporta la place d'assaut le 19 août 1685. Sans apercevoir le drapeau blanc que les Turcs arboraient sur les tours de la ville en signe de reddition, les Allemands les égorgèrent au nombre de quatre mille, et plantèrent la tête du pacha sur la porte de Vienne. Les femmes et les enfants mahométans furent vendus comme esclaves aux officiers de l'armée chrétienne. Le comte de Leslie soumettait, incendiait et massacrait de même la Croatie.

Ces désastres, attribués par le grand vizir à l'infidélité ou à la mollesse de Tékéli, ce roi tributaire de la Hongrie supérieure, le décidèrent à punir sur cet aventurier les fautes des générax ottomans. Tékéli, invité à une conférence par le pacha de Wardein, fut enlevé dans l'entrevue aux regards de sept mille cavaliers dont il s'était fait accompagner, et conduit enchaîné à Constantinople. Le reste de sa vie ne fut qu'une alternative d'espérances et de déceptions, de liberté et de servitude. Il finit ses jours dans une ferme des environs de Nicomédie, où les Turcs ses alliés lui donnaient du pain au lieu d'un royaume.

XXXIX

Le changement de vizir n'avait pas changé la fortune. Bude, cette reine du Danube, rentra pour jamais, en 1686, sous la domination de l'Autriche; Siklos fut emporté d'assaut, Essek incendié avec son pont de cinq milles sur la Drave, qui avait si souvent versé l'Asie sur l'Europe. Szégédin fut la dernière ville de la Hongrie recouvrée par les Allemands. Une triple alliance de l'empire germanique, de la Pologne et de la Russie, éleva contre les Turcs, au nord et au couchant, une barrière qui devait bientôt se resserrer sur eux. Le prince russe, Basile Galitzin, envahit la Crimée pendant que Sobieski ravageait la Moldavie (1686). Pérécop seul, vaillamment défendu par les Tartares, sauva cette fois la Crimée de l'invasion des Russes.

Les murmures de l'empire qui se sentait mourir poursuivaient Mahomet IV jusqu'au fond des forêts d'Andrinople et de Macédoine, où sa passion croissante pour la chasse lui faisait oublier la Hongrie et la Crimée; la religion ne protestait pas moins que l'orgueil national contre des revers attribués par les oulémas à l'incurie du chef des croyants. Une révolution patriotique grondait dans les casernes, dans les cafés, et surtout dans les mosquées de Constantinople. Le mufti, provoqué par les oulémas, rendait de lui-même un *fetwa*, où la liberté religieuse des reproches couvrait mal la sédition des murmures.

Mahomet, attentif à ces premiers symptômes du retour des révoltes qui avaient agité son enfance, accourut enfin à Constantinople, déposa le mufti, et lui reprocha avec raison d'avoir été le premier fauteur de la campagne de Vienne, qu'il accusait maintenant pour complaire au peuple. Il nomma caïmakam le fils du dernier des Kiuperli, digne de son nom par ses talents et par sa vertu. La sagesse de ce troisième Kiuperli apaisa un moment, par des mesures énergiques et judicieuses, le mécontentement public.

La témérité du grand vizir, Souleïman-Pacha, qui venait de repasser le Danube avec ses soldats découragés, et de les conduire à une nouvelle défaite et à une nouvelle fuite, détruisit en un seul jour tout l'effet des mesures de Kiuperli. La Hongrie, renonçant à jamais à l'alliance turque, venait, dans les états de Presbourg, de déclarer le royaume héréditaire dans la maison d'Autriche. Ce vaste démembrement d'un État que les Turcs considéraient depuis deux siècles comme partie intégrante de leur propre monarchie frappa le peuple de consternation, l'armée de fureur. Le grand vizir, Souleïman, assailli par les janissaires dans ses tentes, fut obligé de s'évader la nuit de son camp pour éviter la mort. Siawousch-Pacha, jusque-là subalterne, fut proclamé, le lendemain, grand vizir par les soldats ameutés (1687). Ils marchèrent sous ce tribun militaire sur Constantinople.

XL

Mahomet IV, incapable de leur opposer et une autre armée et un peuple qui appelait en eux des vengeurs, se hâta d'envoyer à Siawousch le sceau de l'empire, empruntant ainsi à la sédition la seule ressource des faibles, le moyen de réprimer la sédition. Siawousch-Pacha reçut le titre de grand vizir à Andrinople; flatté de ce titre et satisfait de sa fortune, il voulut contenir à Andrinople le mouvement qu'il avait favorisé à Belgrade. L'insubordination le submergea lui-même, les clameurs de l'armée le contraignirent à marcher sur la capitale. Le sultan l'y attendait comme un sauveur. Siawousch tenta, en effet, de changer de rôle et de conserver le trône au souverain dont il avait sapé l'autorité.

Le peuple et les oulémas ne ratifièrent pas ce pacte ordinaire entre la révolte et l'ambition. Une assemblée spontanée du clergé, des chefs de l'armée, des oulémas, des cheiks et des magistrats les plus populaires, se convoqua d'elle-même dans la mosquée des janissaires, pour délibérer sur le salut de la monarchie. Le caïmakam Kiuperli osa y paraître, couvert par le respect que son patriotisme et sa popularité inspiraient pour son nom. Il y plaida, avec éloquence, pour la vie de l'infortuné Mahomet IV : « Il mérite de descendre du trône pour ses faiblesses et pour nos malheurs, dit-il, mais vous vous déshonoreriez à jamais en condamnant à mort le souverain que Dieu seul a droit de juger. »

Avant d'entrer dans la mosquée pour y protéger la vie de son maître, le prudent Kiuperli, prévoyant le meurtre des frères et des fils du sultan par ce prince si souvent tenté de l'accomplir, s'était rendu au sérail et avait enlevé ses frères et ses fils aux eunuques, pour les confier, dans son propre palais, à la protection des bons musulmans. Cette prudence du caïmakam préserva seule, en effet, ces princes de la mort. Mahomet IV les fit chercher en vain pour être les otages ou les victimes de sa sûreté.

Mahomet IV, en recevant l'arrêt de sa déposition de la bouche des envoyés du peuple, s'inclina sans murmurer devant la fatalité. « Que ma tête seule, leur dit-il, porte le poids de la colère divine si justement excitée par les infidélités des musulmans. Allez dire à Souleïman, mon frère, que Dieu déclare sa volonté par le cri du peuple, et que c'est à lui désormais de gouverner l'empire. »

Après ces paroles, il s'enfonça pour jamais dans les appartements reculés du sérail, pour y languir jusqu'à la mort ou pour y rêver dans l'ombre quelques-uns de ces retours soudains de la versatilité du peuple dont il avait été témoin dans son enfance, qui emportent du trône au cachot et qui rapportent du cachot au trône.

XLI

Les envoyés de la mosquée se rendirent, suivis de la multitude, dans la retraite où Kiuperli avait dérobé les princes à la mort.

« Que me voulez-vous et pourquoi venez-vous troubler mon repos? leur dit le frère de Mahomet IV, Souleïman, dont la prison avait tourné depuis tant d'années toutes les pensées vers le ciel. La nature a donné à mon frère le droit de vous gouverner, et moi elle ne m'a fait naître que pour méditer dans l'ombre et dans le silence les vérités éternelles.

» — Le cri du peuple est l'oracle du ciel, prince, lui répondit un des orateurs; ce serait un crime contre la volonté de Dieu que de ne pas vous soumettre à la volonté des Ottomans. »

Accoutumé aux pratiques ascétiques de la vie de derviche, Souleïman ou Soliman III monta en tremblant sur le trône qu'on lui avait préparé. Mais à peine s'y fut-il assis, qu'il en descendit aussitôt, comme s'il eût été souillé par le contact d'une chose prohibée, et qu'il se précipita à genoux pour faire les ablutions et les prières. Mal rassuré par la foule des dignitaires, des chefs et des soldats, prosternés avec le peuple au pied du trône où on l'avait forcé de se rasseoir, il regardait avec anxiété de tous les côtés de la salle pour voir si ce couronnement inattendu n'était pas un piége, et si son frère ne venait pas le punir d'avoir cédé à l'acclamation des séditieux.

XLII

L'armée présente à Constantinople lui commandait de donner aussitôt le sceau de l'empire au chef des révoltés, Siawousch-Pacha. Siawousch, pour se concilier les magistrats civils de la capitale, tenta de refuser aux janissaires et aux troupes les présents usités à l'avénement des nouveaux sultans, et d'éloigner successivement de la capitale les complices de la sédition militaire ; mais celui qui devait le pouvoir suprême à l'indiscipline n'avait pas le droit de rien refuser à l'avidité des soldats. Assiégé dans son palais par les janissaires, il s'y défendit en vain en lion ; poursuivi de chambre en chambre par les hordes effrénées d'assassins, seize janissaires tombèrent morts à ses pieds avant qu'il tombât lui-même sur ce monceau de cadavres (1687).

Pour la première fois depuis les grandes émeutes des prétoriens de Constantinople, les soldats, violant le seuil sacré du harem du grand vizir, outragèrent l'épouse de leur victime ; ils la dépouillèrent de ses vêtements et l'exposèrent nue aux regards sacriléges de leurs compagnons ;

ils coupèrent les oreilles de l'aînée de ses deux filles pour en arracher les anneaux de diamants, et vendirent la plus jeune au marché des esclaves, au prix de six piastres. Se répandant de là, les bras teints de sang et les mains chargées de pillage, dans la ville, ils saccagèrent les maisons et massacrèrent impunément les serviteurs de tous les fonctionnaires partisans de Siawousch.

Constantinople ressembla pendant quelques heures à une ville prise d'assaut par une horde de barbares. Les oulémas épouvantés se rallièrent en masse autour du caïmakam Kiuperli, devant la porte du sérail, où le nouveau sultan, sans vizir et sans armée, tremblait au bruit de ce tumulte, et, déployant l'étendard vert du Prophète, ils appelèrent du haut des minarets les bons musulmans au secours de la patrie, du trône et des lois. Les janissaires, intimidés par cette réprobation de leur crime, désavouèrent les assassins de Siawousch, et vinrent se ranger eux-mêmes devant le palais de ce nouveau maître. Leur aga, Ismaïl-Pacha, fut élevé, pendant quelques jours, au rang de grand vizir ; il se fit sans transition le bourreau de ses complices, et ses exécutions nocturnes couvrirent de cadavres noyés par ses ordres les grèves du Bosphore.

XLIII

Les désastres des frontières répondaient comme autant de contre-coups à ces convulsions de la capitale ; Belgrade elle-même capitulait après un long siége, et livrait au duc de Bavière ce boulevard de la Turquie occidentale. Les

Vénitiens, sous Morosini, conquéraient la Dalmatie et assiégeaient Négrepont (1689) ; la cour de Vienne s'emparait d'avance, en esprit, de tous les démembrements de l'empire turc ; elle ne demandait rien moins, pour prix de la paix, que la Hongrie tout entière, l'Esclavonie, la Croatie, la Bosnie, la Servie, la Transylvanie, la Valachie, la Moldavie, la moitié de la Tartarie, dévolue par la victoire aux Polonais, enfin, la Grèce avec ses dépendances pour les Vénitiens déjà maîtres du Péloponèse. Cet empire semblait s'écrouler aussi rapidement qu'il s'était fondé. La France seule restait pour alliée à la Porte et levait cent mille hommes pour combattre en Allemagne les ennemis de Soliman III.

XLIV

Le deuil et les larmes n'attristaient pas moins le harem que l'empire. Les fils et les favoris de Mahomet IV, détrôné, étaient ou exilés au fond de l'Égypte et de l'Arabie, ou relégués dans la *cage des Oiseaux*, kiosque sépulcral des jardins du sérail. La sultane favorite, Rebia Gülmisch, *Rosée du printemps*, dominatrice absolue du cœur et des sens de Mahomet, était pour jamais séparée de lui et ensevelie dans le vieux sérail, séjour des disgrâces et des pleurs. Cette fille grecque de l'île de Crète avait conservé toute la beauté, toute l'énergie et toutes les séductions qui avaient fait d'elle, dès son enfance, l'arbitre du règne. La délicatesse de ses traits, l'éclat de son teint, l'azur de mer de ses yeux, l'or bruni de sa chevelure, le timbre caressant de sa voix et le sortilége de son esprit la faisaient redouter encore pour compagne de prison d'un monarque déchu dont elle pouvait réveiller la langueur et renouer les intrigues du fond de sa captivité. Sa jalousie féroce avait surveillé avec une vigilance inquiète les moindres signes de préférence donnés par Mahomet aux femmes ou aux esclaves du harem.

On citait antérieurement avec terreur ses vengeances anticipées sur les rivales dont elle pouvait craindre la séduction sur les yeux du sultan. Un jour que Mahomet IV se délassait le soir, au village de Kandilli, sur le Bosphore, des soucis du trône, en contemplant des danses de femmes et d'eunuques dans un kiosque d'été, au bord de la mer, elle crut apercevoir dans les regards du sultan plus d'admiration qu'il n'en convenait à sa jalousie pour les charmes et pour les mouvements gracieux d'une jeune Circassienne qui figurait dans ce spectacle. La sultane fit signe à un eunuque du Caucase, renommé pour son adresse et sa vigueur dans ces danses nationales, et lui dit quelques mots à l'oreille. L'eunuque, entendant à demi-mot l'intention sinistre de sa maîtresse, provoqua la Circassienne à danser avec lui une de ces danses énergiques où le danseur, ivre de plaisir, semble enlever dans ses bras, par un bond sauvage, sa danseuse, de la terre qui se dérobe sous leurs pas. Aucune balustrade ne séparait de la mer le plancher du kiosque, avancé sur les flots, où la cour respirait la brise de la mer, et le flot rapide du Bosphore, sous les falaises de Kandilli, ne laissait pas l'espoir de regagner la rive à ceux qui tombaient dans le courant.

L'eunuque, après avoir dansé quelque temps au milieu de la salle, entraîna tout à coup la danseuse vers le bord, et, la soulevant dans ses bras, la précipita, comme involontairement, dans la mer. Le courant l'emporta morte à la côte d'Asie, et la sultane, rassurée par le cri qu'avait jeté en tombant sa victime, ne craignit plus cette rivale de beauté dans les yeux de son mari.

Tels étaient les crimes de l'amour, de la maternité et de l'ambition combinés avec la toute-puissance dans le cœur d'une esclave grecque, devenue reine des Ottomans. Rébia Gülmisch allait attendre, dans les langueurs du vieux sérail, ou la nouvelle du supplice de ses fils, ou l'heure de leur avénement à l'empire.

Le nouveau sultan, Soliman III, frère de Mahomet IV, dont elle avait contribué à sauver la vie pendant le règne précédent, n'avait aucune injure à venger sur elle ni sur ses fils. Pieux d'esprit, humble de cœur, clément de caractère, il gémissait le premier de son élévation et des rigueurs politiques que les janissaires lui imposaient. Parvenu à l'âge de quarante-cinq ans sans avoir entrevu le monde autrement que par les grilles de son kiosque, son extérieur sévère et recueilli, son teint basané, sa maigreur ascétique, ses mœurs simples et chastes, ses habitudes de méditations et de prières, son dévouement à la foi, annonçaient en lui un souverain réformateur et austère qui retremperait dans la religion le patriotisme corrompu de l'empire, et à qui il ne manquerait qu'un grand ministre pour renouveler un grand règne.

Porté au trône par une révolution militaire qu'il détestait en la subissant, il ressentait secrètement, comme son peuple, cette indignation généreuse contre la tyrannie de l'armée, punition ordinaire et fatale des nations conquérantes : elle expient par leur propre asservissement aux caprices de la soldatesque la servitude qu'elles imposent elles-mêmes par cette soldatesque aux peuples conquis. C'est le talion des peuples. L'armée, instrument de leur injustice, devient, avec justice, l'instrument de leur servitude. La logique est la vengeance de Dieu.

LIVRE VINGT-NEUVIÈME

I

La France venait de sauver la Turquie en pesant à propos du poids de quatre cent mille hommes sur le Rhin contre la maison d'Autriche (1688). Mais en la sauvant, elle ne l'avait pas régénérée encore.

Avant d'entrer dans le récit de ces règnes courts et précipités de décadence qui firent reculer les Turcs de toute la distance qui sépare Vienne d'Andrinople, et le fond du golfe Adriatique de l'embouchure des Dardanelles, l'esprit de l'historien cherche involontairement à se rendre compte des causes de cette infériorité militaire subite qui étonne et qui déconcerte tout à coup les Ottomans. Un coup d'œil suffit à les lui révéler, un mot suffit à les indiquer au philosophe politique : l'art militaire s'était perfectionné en Europe, il était resté stationnaire en Orient. Les puissances occidentales avaient des armées régulières et disciplinées, dans lesquelles cent mille bras étaient mus par une seule âme avec la rapidité, l'uniformité et l'intensité d'action de la tête sur les membres; la Turquie n'avait que des hordes héroïques, mais incohérentes et insubordonnées, qui formaient des masses et jamais un ensemble. L'Europe, de plus, avait des généraux élevés, dès leur enfance, dans le métier et dans l'art de la guerre, connus de leurs troupes, responsables de la victoire ou des revers devant leur gouvernement ou leur nation; les Turcs n'avaient que des grands vizirs choisis, souvent au hasard, par le caprice d'un sultan ou par la faveur d'une sultane, inconnus la veille de l'empire et des soldats, croyant recevoir avec le sceau de l'État le génie inné des batailles, et sentant derrière eux, pour toute responsabilité, le cordon, s'ils étaient malheureux; le paradis, s'ils mouraient bravement dans la mêlée. Un despote épié par un bourreau, tel était le grand vizir, général absolu des Ottomans.

Enfin, cet art de la guerre, né en Europe des guerres civiles de l'Italie, perfectionné en Espagne, accompli en France, importé en Allemagne, propagé en Hongrie, en Pologne, en Suède, en Russie, avait formé dans Montcuculli, dans Vétérani, dans Condé, dans Turenne, dans le duc de Lorraine, dans l'électeur Auguste de Saxe, dans Sobieski, dans Charles XII de Suède, dans Pierre le Grand de Russie, enfin, dans le prince Eugène de Savoie, les généraux les plus consommés qui eussent jamais paru à la fois dans le même siècle sur la scène du monde. Le génie conservateur de l'Europe, en les faisant naître presque simultanément, à l'époque de la dernière invasion ottomane à Vienne, semblait avoir proportionné les défenseurs de l'Occident à ses dangers. La providence de l'Allemagne venait de lui susciter le plus redoutable de tous ces hommes de guerre dans le prince Eugène de Savoie, ce second Sobieski de l'Occident.

II

Le prince Eugène de Savoie était un de ces hommes prédestinés de l'histoire, à qui une vocation invincible trace de bonne heure la route qu'ils doivent parcourir malgré la nature et la société. Petit-fils du duc régnant de Savoie, fils du comte de Soissons, prince de cette maison nationalisée en France, la belle Olympe Mancini, nièce du cardinal Mazarin, était sa mère. La comtesse de Soissons, impliquée par légèreté plus que par crime dans les procès pour empoisonnements qui avaient flétri la cour de Louis XIV, s'était réfugiée à Bruxelles contre les poursuites juridiques, dont son rang et sa beauté ne la garantissaient pas.

Son fils, disgracié par la nature, difforme d'épaules, grêle de taille, maladif de tempérament, mais éblouissant de physionomie et précoce d'intelligence, était destiné à l'église comme incapable ou indigne des armes; son caractère martial et sa passion pour la gloire protestaient contre cette vie retirée du sacerdoce. Tous ses rêves et toutes ses études tendaient à l'imitation des héros dont Plutarque lui retraçait les exploits. Quoiqu'on lui donnât déjà à la cour le titre d'abbé de Savoie, présage de sa destination ecclésiastique, il sollicita avec ardeur de Louis XIV la faveur de commander un régiment dans ses armées. Soit dédain du roi pour un extérieur qui jurait avec les armes, soit ombrage de Louvois, ministre de la guerre, contre un prince de la maison de Savoie, dangereux à trop grandir en France, le prince Eugène fut durement méconnu et repoussé du service du roi. Il conçut de ce refus un ressentiment amer qui ne s'effaça jamais de son âme, et jura, comme Coriolan, d'être pour Louis XIV un ennemi aussi implacable qu'il avait été un serviteur dédaigné. La haine et la vengeance furent, après l'amour de la gloire, les deux mobiles de son ambition. Il y a des hommes sur lesquels on ne doit pas impunément se tromper : tel était le jeune abbé de Savoie.

Il partit pour Vienne, où l'empereur Léopold, son parent aussi, l'accueillit dans sa cour et dans son armée. Volontaire intrépide et remarqué dans la campagne contre les Turcs, sous le duc de Lorraine et Sobieski, son ardeur et son coup d'œil lui valurent pour récompense, après la délivrance de Vienne, le commandement d'un régiment de dragons. Son nom, grandissant dans les campagnes suivantes en Hongrie, l'éleva au rang de général des armées de l'empire. Louvois, pour le punir de sa gloire, l'humilia du titre de transfuge, et fit prononcer par Louis XIV la peine d'un éternel exil contre les généraux, nés Français, qui commandaient les armées étrangères.

« Il aura beau faire, s'écria le prince Eugène, je rentrerai en France malgré lui, et j'y rentrerai redoutable à ceux qui m'ont méconnu. »

Les événements et l'invasion du Dauphiné (1691) par les Piémontais alliés de Léopold, et commandés par leur jeune compatriote, devaient justifier bientôt ce présage de son orgueil. Il devint, pour le malheur de Louis XIV, généralissime de l'empire, égala Condé en ardeur, Turenne en prudence, Montecuculli en tactique, Sobieski en constance, résumant en lui, en Hongrie, sur le Rhin, en France, en Espagne, sur le Danube, pendant une vie qui ne fut qu'une succession de campagnes et un catalogue de victoires, Annibal, César et Frédéric II. Sobieski avait été le bouclier de la chrétienté; le prince Eugène de Savoie allait être le fléau des Ottomans. On ne sait pas assez ce qu'un homme de plus ou de moins, né ou mort à propos, pèse dans la destinée des empires. Le prince Eugène allait l'apprendre à la fois aux Français, aux Espagnols et aux Ottomans.

III

Les premiers jours du règne de Soliman III (1687) ne furent que le règne impérieux et versatile des janissaires qui l'avaient couronné. Ils nommèrent et massacrèrent tour à tour plusieurs agas et plusieurs vizirs, instruments et victimes de leur férocité. Ils forcèrent le sultan à exiler le seul homme capable de dominer, par la pensée et l'énergie, ces convulsions, le caïmakam Kiuperli. L'exil le conserva ainsi à son maître et à sa patrie. Aussitôt que l'indignation du peuple et des oulémas contre les attentats des troupes eut laissé respirer le sérail, un vieillard, Ismaïl-Pacha, reçut les sceaux de grand vizir. Mohammed, fils d'un corroyeur, fut élevé au poste de mufti. Le dernier aga des janissaires fut décapité devant ses soldats terrifiés par les bourreaux soutenus du peuple; les meurtriers de Siawousch-Pacha, les janissaires qui avaient violé et mutilé sa femme et sa fille furent pendus sur l'Atmeïdan; la terreur rentra un moment dans les casernes d'où la révolution venait de sortir.

Pendant ces renversements, ces couronnements, ces exécutions alternatives, les Vénitiens achevaient presque sans obstacle la conquête et l'occupation de la Grèce et de l'Archipel (1689). La Hongrie, la Bosnie, la Dalmatie, la Thessalie, échappaient par lambeaux à l'empire; l'Anatolie elle-même se révoltait; le grand vizir, incapable par son âge de soutenir le trône d'une main, de relever les frontières de l'autre, céda la place, après soixante jours de pouvoir, à Mustafa, pacha de Rodosto, autrefois favori, puis bourreau volontaire, à Belgrade, de Kara-Mustafa, son bienfaiteur. Ce nouveau vizir rappela de l'exil Kiuperli, et l'envoya à Candie rétablir la subordination dans l'armée qui venait de massacrer Soulfikar-Pacha, son serdar, et ses principaux généraux.

A Témeswar, l'armée ottomane venait également de massacrer son pacha pour un retard de solde. Yegen-Pacha, un des chefs de la révolte de l'armée du Danube, marchait avec ses régiments sur Belgrade même pour y renverser le séraskier (généralissime) nommé par le divan, et le destituait insolemment par l'omnipotence de ses janissaires. Ces anarchies de l'armée du Danube firent tomber Belgrade sous l'assaut des impériaux (1688); le prince

Eugène de Savoie reçut à cet assaut sa première blessure. Au même moment, les Russes, sous le commandement du prince Galitzin, refoulaient jusqu'à Pérécop quarante mille Tartares qui infestaient la Volhynie.

Le sultan, consterné de la chute de Belgrade, se rendit à Andrinople pour surveiller les frontières d'Europe de plus près. L'armée, composée de nouvelles levées, le suivit. Le khan de Crimée, le plus constant et le plus puissant allié de l'empire, fut appelé à Andrinople; Soliman III lui confia la répression de Keduk Mohammed-Pacha, qui prolongeait, en Asie Mineure, la rébellion des janissaires, et la vengeance contre Yegen-Pacha, qui entretenait, des bords du Danube, une alliance séditieuse avec Keduk.

IV

La paix avec l'Autriche devenait une nécessité dans une telle conflagration de l'empire en Europe et en Asie. Soliman III en confia la négociation à deux hommes éminents, que leurs longues relations avec les ambassadeurs de France et d'Angleterre avaient initiés à la politique de l'Europe, Soulfikar-Effendi et le grec Maurocordato, drogman ou interprète de la Porte. Arrivés à Vienne, ces deux plénipotentiaires ne s'étonnèrent point des exigences démesurées de la cour d'Autriche. L'ambassadeur de France, M. de Guilleragues, les avait avertis que Louis XIV allait faire passer le Rhin à deux cent mille hommes pour abaisser la maison d'Autriche. Ils savaient que cette puissance allait avoir à porter ses principales armées loin du Danube.

Les demandes de l'Autriche consistaient dans la renonciation absolue, par la Porte, de la Hongrie, de l'Esclavonie, de la Bosnie, de la Servie, de la Transylvanie, de la Valachie, de la Moldavie, de la petite Tartarie, enfin de la Grèce et de la Dalmatie au profit de Venise, depuis Corfou jusqu'à Corinthe.

Ces restitutions imposées à la Porte semblèrent, par leur exagération, rendre son antique énergie au peuple ottoman. Constantinople retentit d'un cri de honte, les provinces coururent aux armes, le sultan déclara qu'il allait, à l'exemple de ses ancêtres, marcher lui-même pour être ou le vengeur ou le martyr de sa foi. Louis XIV fomenta ce mouvement de patriotisme, en promettant au divan, pour prix de la guerre soutenue avec constance, la possession de toute la Hongrie. Le sultan, décidé à la lutte par cette alliance, s'avança d'Andrinople à Sophia, et, donnant là le commandement général de son armée à Redjeb-Pacha, le lança témérairement en Hongrie, sur la foi des astrologues qui lui promettaient la victoire. Pour raviver dans le cœur des Hongrois le souvenir et l'image de l'indépendance nationale, Soliman III avait arraché l'infirme Tékéli de son exil à Nicomédie, et le faisait suivre l'armée dans un chariot découvert, entouré d'une escorte de Hongrois qui rendaient à leur ancien prince les respects dus à la royauté. Tékéli, usé et podagre, se flattait de recouvrer un royaume pour ses enfants.

L'illusion fut courte. L'armée impériale, commandée par le prince de Bade, sortit de Belgrade et attendit sur la Morava, antique théâtre de tant de défaites pour les chrétiens, l'inhabile général ottoman. Nissa vit cette fois leur triomphe. Dix mille Turcs périrent en quelques heures sur les rives de la Morava, sous le canon des Autrichiens (1689). Les vainqueurs entrèrent sur les pas des fuyards à Nissa, boulevard fortifié de la Bulgarie. Soliman, à leur approche, sortit de Sophia, déjà insulté par leur cavalerie, et sacrifiant Redjeb-Pacha à sa superstition pour la destinée, le punit de sa défaite par la mort.

V

L'urgence de faire face aux Français sur le Rhin et dans le Palatinat, empêcha la cour d'Autriche de poursuivre plus loin les débris des quatre-vingt mille Ottomans vaincus à Nissa. Cette cour avait besoin de la paix autant que la Porte elle-même. Les Tartares contenaient héroïquement deux cent mille Russes sur la ligne étroite et insurmontable de Pérécop; les Polonais, plus capables de vaincre que de profiter jamais de la victoire, consumaient leur héroïsme contre eux-mêmes dans des factions intérieures; l'Autriche n'avait plus rien à espérer de ses alliés du Nord. Soliman III, inspiré par l'extrémité du péril, fit revenir de Candie le seul ministre capable de rappeler aux Ottomans leurs jours de fortune.

Le troisième Kiuperli était enfin nommé grand vizir. Le nom, ce pressentiment des hommes dignes de leur race, la vertu, le talent, la politique, le courage, l'expérience acquise dans les convulsions de sa patrie, l'éloquence, enfin le génie inné de la guerre, signalaient Kiuperli au patriotisme des Ottomans. Sa première harangue au divan fut le tocsin de la foi et de la patrie. Toute la politique des hommes d'État appelés dans des circonstances aussi extrêmes, est de ne pas désespérer du salut public; le plus confiant est le plus habile. Il promit le salut, et le salut naquit de sa promesse. Cinquante mille hommes, élite des vieilles troupes de l'empire, appelés par lui en peu de jours à Constantinople, partirent avec lui pour reconquérir Nissa et la Bulgarie. Vingt jours de siége (1690) arrachèrent cette porte de l'empire au comte de Stahremberg, le défenseur de Vienne.

Kiuperli parut huit jours après devant Belgrade. Une bombe, en allumant le magasin de poudre, ébranla la ville entière et fit écrouler un pan du rempart. Kiuperli s'y élança à la tête de ses colonnes; il trouva la ville ensevelie à moitié sous ses propres décombres, et les impériaux, épouvantés, cherchant dans les flots de la Save le salut contre le sabre des Turcs. Huit mille morts jonchaient la place. Kiuperli profita de l'effroi des Autrichiens pour passer le fleuve et conduire des renforts et des munitions dans Témeswar. Cinq cents janissaires, conduisant chacun un cheval chargé de sacs de farine, allèrent rendre la vie aux trois mille soldats affamés dans cette forteresse. La faim était si dévorante, que les assiégés se jetaient sur le convoi, déchiraient les sacs et collaient leurs lèvres sur la farine avant qu'elle fût pétrie et cuite dans les fours de l'armée.

Toutes les îles du Danube, Essek elle-même, rentrèrent sous la domination du vizir. Tékéli, de son côté, suivi de son ancien peuple et fortifié de seize mille janissaires, écrasait, dans les défilés de Témeswar, le général autrichien Heusler, le faisait prisonnier et reprenait un moment la supériorité en Transylvanie. Kiuperli, proclamé le vengeur de l'empire, rentrait à Andrinople pour se préparer à une seconde invasion de Hongrie, quand la mort de Soliman III (1691) suspendit dans l'empire toute action à l'extérieur.

Il mourut en saint comme il avait vécu, prince plus fait pour conquérir le ciel que pour relever le trône. Le seul mérite de son règne fut d'avoir discerné le grand ministre qu'il laissait après lui à la monarchie. Achmet II lui succéda sans crise dans le sérail.

Achmet, frère du sultan décédé, était un de ces princes que la Providence, dans les empires héréditaires, semble donner en dérision aux monarchies. Incapable de pensée, de volonté, de parole, instrument passif dans les mains de ses favoris, de ses femmes, de ses ministres, il se bornait, dans le divan ou dans les solennités publiques, à répondre à tout par une sorte de balbutiement banal accompagné d'un hochement de tête où l'on croyait distinguer les mots de *kosch! kosch!* (c'est bon! c'est bon!) réponse invariable dans sa bouche, qui approuvait, sans les comprendre, le bien et le mal dont il avait à peine le discernement.

VI

Quelques jours avant le départ de Kiuperli pour le Danube, les favoris obscurs du sultan et son kislar-aga, jaloux de l'ascendant du grand vizir sur l'armée qui attendait de lui de nouvelles gloires, insinuèrent à leur maître que Kiuperli méditait de le détrôner et de couronner à sa place Mustafa, fils de Mahomet IV. Le crédule sultan donna son assentiment ordinaire aux calomniateurs de son vizir ; il ordonna au kislar-aga de l'appeler au sérail sous prétexte d'affaires urgentes et de l'immoler au moment où il franchirait le seuil du palais. Un muet de l'appartement intérieur, caché derrière les rideaux de la porte, étonné du long entretien du kislar-aga et de son maître, entr'ouvrit les rideaux et comprit, aux gestes et aux paroles, qu'il s'agissait de l'exécution du grand vizir. Dévoué secrètement à Kiuperli, le muet courut au palais du vizir et l'avertit par signes de l'attentat concerté contre sa vie.

Kiuperli, déjà à cheval pour se rendre au sérail, en descendit aux signes du muet, répondit au sultan que les affaires de l'armée le retenaient dans son divan, et convoquant à l'instant chez lui l'aga des janissaires et les généraux, leur révéla la conspiration de cour contre sa vie et leur demanda avec résignation « s'il devait livrer sa tête à la jalousie d'un favori sans mérite, ou la conserver au salut du trône, à l'armée et à l'empire. »

Un cri d'indignation générale contre le kislar-aga lui répondit ; sa vie était la victoire et le gouvernement dans un seul homme. L'armée, instruite de ce crime prémédité contre son généralissime, se contint à peine sous la main de son grand vizir. Kiuperli s'excusa plusieurs jours encore de paraître au sérail, sous prétexte d'apaiser ces mouvements périlleux pour le sultan. Le kislar-aga, trahi par le muet, sentit que les troupes n'hésiteraient pas entre lui et Kiuperli, et que sa propre tête, sacrifiée par Achmet II à la nécessité, tomberait aux pieds du vizir qu'il avait voulu assassiner par la main de son maître ; il s'enfuit, pendant la nuit, du sérail, emportant ses trésors au fond de l'Égypte, sa patrie.

VII

Cent mille hommes animés de la certitude de vaincre suivirent le grand vizir à Belgrade. Le prince de Bade, appuyé par soixante et dix mille hommes sur la forteresse de Peterwardein, dans la plaine ouverte du Danube, s'avança en hésitant jusqu'à Semlin. Il trouva la ville déjà occupée par l'armée ottomane et se replia sur Salenkemen, château ruiné sur les rives du fleuve. Kiuperli l'y suivit et intercepta impunément sous ses yeux les renforts qui sortaient de Peterwardein pour le rejoindre. Cinq mille impériaux tombèrent sous le sabre des spahis. Mais au moment où l'intrépide vizir chargeait lui-même, le sabre à la main, à la tête des janissaires, des retranchements du prince de Bade, sur les étages du château de Salenkemen, une balle dans la tempe lui enleva à la fois la victoire et la vie (août 1691).

Sa chute de cheval, à la vue de ses soldats, répandit la consternation, le découragement et la fuite parmi les Ottomans déjà vainqueurs ; l'âme parut avoir abandonné ce grand corps d'armée. Les Turcs se replièrent en désordre d'eux-mêmes dans les prairies fangeuses qui bordaient le Danube, comme impatients de le repasser. Vingt mille janissaires, foudroyés d'en haut par l'artillerie autrichienne ou noyés dans le courant du Danube, expièrent, le soir, par leur mort la victoire du matin. Cent cinquante pièces de canon, dix mille tentes, le trésor de l'armée, des drapeaux et des étendards de toutes les provinces d'Asie et d'Europe, tombèrent aux mains des vainqueurs et décorèrent jusqu'à nos jours les voûtes triomphales de Carlsruhe, capitale du prince de Bade.

Mais dix mille Allemands jonchèrent aussi de leurs cadavres les retranchements de Salenkemen, et cette victoire ne coûta et ne rendit que du sang aux deux empires. La Turquie entière pleura Kiuperli comme le héros de la patrie et le martyr de la foi. Après lui, la confiance des Ottomans ne désignait aucun sauveur au trône et à l'armée. Le harem disposa de la place du grand vizir. Les favorites et les eunuques d'Achmet II imposèrent d'abord à son choix Arabadji-Pacha, fils d'un conducteur d'*arabas*, charrettes qui promenaient les femmes du harem. Il fut remplacé après quelques jours par Ali-Tarposchi, *brodeur de bonnets de femmes*, parvenu, on ignore comment, au rang de pacha de Damas.

VIII

La guerre mollissait sur le Danube, attirée tout entière sur le Rhin par les armées de Louis XIV. L'ambassadeur de France empêchait seul Ali-Tarposchi de conclure la paix avec l'Autriche. Le patriotisme, rallumé par le dernier des Kiuperli, s'indignait, dans les provinces d'Asie, de l'affaissement qui avait suivi sa mort. Un molla de Brousse, nommé Missri-Effendi, leva de lui-même des milliers de fanatiques de la foi et de la patrie, vêtus en derviches, et, traversant avec eux le canal des Dardanelles, marcha sur Andrinople en prêchant, comme Pierre l'Ermite, une croisade dans toute la Thrace. Campés sous les portiques de la magnifique mosquée de Sélim II, à Andrinople, bâtie sur les ruines du palais d'Adrien, ces derviches reprochaient au sultan et à ses ministres leur lâche immobilité devant les chrétiens ; ils demandaient des armes pour aller venger, au nom du Prophète, la Hongrie conquise et les Musulmans immolés.

Les prophéties menaçantes du molla agitant le peuple, le grand vizir parvint avec peine à l'éloigner d'Andrinople et à le faire reconduire à Brousse, où la crainte d'attenter aux jours d'un derviche protégea longtemps encore sa vie et ses prédications. Il prêchait la guerre, mais non l'intolérance, car, lié d'amitié avec l'archevêque chrétien de Brousse, il lui parlait avec vénération de l'Évangile, cette source du Coran. « Conserve ce livre, disait-il à l'archevêque, aussi précieusement que ta vie, car tu le tiens aussi de Dieu ; l'Évangile et Jésus viennent de Dieu. Je suis toujours en esprit avec Jésus ; Jésus et Missri s'accordent en secret dans leur doctrine ! »

Le grand vizir, ébranlée par cette sédition de fanatiques, avait fait place à Mustafa-Biikli. Après une courte et vaine incursion en Transylvanie, Biikli fut remplacé à son tour par Sourmeli-Ali-Tarabouli-Pacha. L'île délicieuse de Chio retomba, sous ce vizir, aux mains des Vénitiens appelés par les Latins de Chio contre les Grecs. La caravane des pèlerins qui se rend chaque année à la Mecque fut attaquée et rançonnée en Mésopotamie par les Arabes. Ce sacrilége, plus sensible aux Ottomans que la perte d'une île de l'Archipel, consterna l'empire. Achmet II expira dans la douleur et dans le mépris sans avoir régné (janvier 1695).

IX

La dissension pour le trône agita le divan. Le grand vizir, accoutumé à l'imbécillité du sultan qui laissait régner à sa place, voulait continuer à régner par l'imbécillité d'un enfant. Il convoqua le mufti, les pachas, les chefs des janissaires qui lui étaient affidés, et leur insinua que l'élévation au trône d'Ibrahim, fils encore au berceau d'Achmet II, consoliderait leur ascendant sur l'empire. « Cet enfant, leur dit-il, fils d'un sultan mort sur le trône, doit prévaloir sur le prince Mustafa, fils d'un sultan, il est vrai, mais d'un sultan déposé par la nation et ne pouvant transmettre des titres à l'empire qu'il n'avait plus. »

Ces arguments et ces insinuations intéressées allaient l'emporter sur les lois héréditaires de la monarchie, quand le prince Mustafa, averti par le chef des eunuques noirs de la mort d'Achmet II, sortit inopinément de sa prison dans les jardins, et, se présentant dans la cour du sérail devant les pages, les janissaires et le peuple, surprit le trône en paraissant le premier aux yeux de la cour. Une longue acclamation, s'élevant du palais et des jardins, apprit aux conspirateurs qu'ils étaient prévenus, et ne leur laissa que le choix entre le prosternement ou la mort. Ils affectèrent d'accourir d'eux-mêmes dans la salle du trône sur lequel Mustafa II était déjà assis, pour lui apporter publiquement l'empire qu'ils venaient de lui arracher en secret (1695). Le seul aspect de Mustafa suffisait pour lui conquérir les yeux, les cœurs et les bras des Ottomans.

X

Ce prince était dans la fleur et dans la force de ses années, sa beauté rappelait dans des traits virils la beauté grecque de l'esclave de Retimo, la sultane (dont les lèvres buvaient *la rosée du printemps*) sa mère; un feu, amorti par la douceur, jaillissait de ses regards. Sa taille était élancée, ses mouvements harmonieux et nobles, la bienveillance de son cœur parlait de loin dans ses gestes, il portait sa tête avec la majesté martiale d'un héros plus que d'un monarque; sa longue captivité dans les jardins du sérail depuis la déposition de Mahomet IV, son malheureux père, ajoutait à tant de séductions une ombre de pitié. Les vétérans, qui l'avaient vu, enfant, suivre dans les camps le cheval de son père, retrouvaient avec larmes ses traits mûris et accomplis par les années. La douceur de sa captivité, pendant les règnes successifs de ses oncles, lui avait permis de cultiver, jusque dans les jardins du sérail, le cheval, les armes, les études militaires pour lesquelles il était né. Il maniait son coursier et son sabre comme un fils libre d'Othman. Il respirait la gloire avec l'air de la liberté.

Son premier mot au divan, aux troupes, au peuple, fut un cri de guerre aux ennemis de l'empire. Il déposa, le lendemain de son couronnement à Andrinople, le grand vizir, le mufti et le kislar-aga de son prédécesseur, créatures de la sultane Fathmé, qui régnait et vendait l'empire sous le nom de ce prince. La sultane, dont l'opulence enfouie égalait les richesses du trésor impérial, reçut l'option entre la mort et la révélation de ses trésors. On y trouva vingt millions de piastres et des bijoux d'une valeur incalculable. Soixante jeunes vierges, esclaves inutiles de l'eunuque noir, mais luxe domestique de ces courtisans mutilés, furent arrachées de son harem et revendues aux officiers de la cour. L'eunuque affidé, qui avait donné l'empire à Mustafa II par le premier avis de la mort d'Achmet II, fut récompensé de son zèle périlleux par le poste de kislar-aga, ministre d'intérieur et de confiance qui l'emportait souvent sur le crédit des grands vizirs.

La dignité de mufti fut donnée à Feizoullah-effendi, favori et ancien précepteur du sultan, aussi cher que funeste bientôt à son maître. Le grand vizir Sourmeli, après quelques jours de dissimulation du sultan, fut étranglé pour une faute légère ; son vrai crime, passé sous silence, était d'avoir hésité entre les deux prétendants à l'empire. Elmas, pacha de Bosnie, ancien favori de Mahomet IV, père de Mustafa, le plus beau des Ottomans, et surnommé Elmas, ou le *Diamant du sérail*, fut rappelé de son gouvernement et nommé grand vizir. Ce jeune ministre, sans posséder le génie politique des Kiuperli, avait la fidélité d'un esclave, l'intrépidité d'un soldat, la justice d'un musulman. La mer et la terre demandaient également de pareils serviteurs à l'islamisme. Mustafa II les invoquait de tous ses vœux. Le hasard lui en présenta un dans un pirate de Tunis, Mezzomorto, surnommé ainsi des cicatrices qui couvraient ses membres mutilés dans vingt combats de mer.

Mezzomorto, déjà célèbre dans la flotte ottomane sous les ordres de capitans-pachas ignorants ou timides, sollicitait des ministres le commandement de quelques vaisseaux, et promettait de reconquérir sur les Vénitiens l'île de Chio. Un jour que le sultan, caché derrière la fenêtre grillée du divan, écoutait, invisible, les plans du pirate et les refus des ministres, il fut ému de l'accent d'énergie et de confiance qui vibrait dans la voix du Tunisien ; il ouvrit le rideau, et ordonna au divan de lui accorder l'épreuve téméraire qu'il proposait avec tant d'assurance. Chio, abordée pendant la nuit par les corsaires de Mezzomorto, d'intelligence avec les Grecs habitants de l'île, aida elle-même les Turcs à précipiter les Vénitiens et les Latins dans le canal (1695). Mezzomorto rentra à Constantinople avec des milliers d'esclaves catholiques latins enchaînés sur ses ponts. Le sultan nomma capitan-pacha l'heureux libérateur de Chio, et lui donna toute autorité sur la mer.

XI

Pendant que Mezzomorto réorganisait la marine, le sultan et le grand vizir Elmas traversaient déjà le Danube à la tête de cinquante mille hommes, prenaient d'assaut la forteresse de Lippa et offraient la bataille aux armées de l'Autriche, commandées par Vétérani et par l'électeur Frédéric-Auguste de Saxe, surnommé par les Turcs, à cause de sa force prodigieuse de corps, « celui qui brise dans sa main les fers de cheval. »

Les Allemands, formés, selon leur tactique dans leurs guerres avec les Turcs, en bataillons carrés, pour rompre par ce bloc solide l'impétuosité des spahis, repoussèrent en effet comme un écueil les premières charges des Ottomans. Le découragement et la fuite s'emparaient déjà de l'armée de Mustafa II, quand ce prince, le sabre à la main, s'élança lui-même au milieu de la mêlée, et frappant ses propres soldats au visage pour les faire retourner à l'assaut des Autrichiens, précipita ses janissaires dans les vides laissés entre les carrés, et bientôt, cerné lui-même par le fer et le feu, ne put s'ouvrir le retour que par la victoire.

Elle hésita pendant une longue confusion des deux armées acharnées l'une contre l'autre et enveloppées d'un nuage épais de fumée. Les plus intrépides pachas de Mustafa commençaient à se replier vers leur camp; Schahin-Pacha manœuvrait lui-même pour ramener ses troupes débandées hors du carnage; le sultan seul s'obstinait à mourir ou à vaincre. « Où fuis-tu, Schahin? criait-il avec une amère indignation à son général. On t'a nommé Schahin parce qu'on te croyait un intrépide faucon. Le fier faucon frappe son ennemi à la tête! Tu n'es qu'une grue qui donne l'exemple de la fuite à d'autres grues aussi timides que toi. »

Ces reproches ramenèrent au combat Schahin et les janissaires, honteux de vivre quand leur sultan voulait mourir. Vétérani, le Turenne de l'Allemagne, tomba frappé d'un coup de feu; ses soldats le couchèrent sur un chariot, d'où il commandait et combattait encore; sa retraite, forcée par sa blessure, fut une manœuvre plus qu'une déroute, mais elle laissa avec la gloire le champ de bataille à Mustafa II, et le malheureux Vétérani, tombé au pouvoir de l'ennemi, fut achevé d'un coup de sabre. Dix mille Ottomans restaient confondus sur la plaine avec les cadavres des Autrichiens; le sultan, heureux d'avoir éprouvé son bras et tenté la fortune, revint par la Valachie triompher à Andrinople et recruter des armées plus dignes de ses grands desseins.

XII

Au printemps de l'année suivante (1696), il rentra en Hongrie avec cent mille combattants. Le vieux Tékéli le suivait pour mendier un trône qui le fuyait sans cesse et pour lui conseiller la tactique des chrétiens. A l'exemple des Romains de César, les Turcs, fortifiés de position en position dans des camps retranchés et palissadés, attendaient l'heure opportune pour le combat et s'assuraient des retraites dans les revers.

Frédéric-Auguste de Saxe fut contraint de leur donner l'assaut dans leur camp sur les bruyères d'Olasch. Il avait franchi les fossés et les palissades, et galopait, à la tête de dix mille hussards, à travers les tentes, prêt à pénétrer dans celle de Mustafa II, quand le sultan, le grand vizir Elmas et l'aga des janissaires, fondant à leur tour sur les Allemands égarés dans ces avenues de tentes et de cordes, en égorgèrent huit mille sur leurs propres brèches, et refoulèrent le reste dans la bruyère couverte de leurs débris. Les canons du camp autrichien et des milliers de prisonniers furent les dépouilles de la victoire d'Olasch. Frédéric-Auguste, impatient d'aller briguer le trône de Pologne vacant par la mort de Sobieski, laissa Mustafa II sans armée en campagne devant lui. Le comte Caprara, qui lui succéda, reçut de son gouvernement l'ordre de s'enfermer dans les places fortes et de se borner à surveiller les frontières.

Constantinople, cette fois, reçut dans Mustafa II son sultan et son triomphateur. Son cortége rappelait ceux de Soliman le Grand. Les canons d'Olasch et les soldats prisonniers suivaient, enchaînés, le cheval de guerre du sultan. Vainqueur, à trente ans, des deux plus grands capitaines de l'Allemagne, vainqueur à Chio et dans les mers de la Morée par ses flottes, sans ennemi sur le Danube, délivré par la mort de Sobieski et par les orages d'une élection sanglante de toute préoccupation du côté de la Pologne, adoré des Ottomans comme une providence qui venait suspendre leur déclin, appuyé encore sur l'alliance efficace de la France à peine désarmée par le traité de Riswick, sollicité lui-même à la paix par l'Angleterre et la Hollande qui lui proposaient leur médiation avec l'Allemagne, il tenait dans sa main tous les gages d'un grand règne. Son ivresse l'éblouit; un homme que nous avons déjà nommé, mais dont il savait à peine le nom, le prince Eugène de Savoie, changea cette fortune en revers.

XIII

Mustafa II n'était venu à Constantinople que pour y ceindre le sabre d'Othman dans la mosquée d'Aïoub, et pour se montrer à sa capitale. Il en sortit bientôt à la tête de cent cinquante mille hommes, et traversa le Danube avec le vieux Tékéli, traîné dans un chariot à sa suite.

Le prince Eugène, successeur de Vétérani dans le commandement de l'armée, l'attendait vers Segzedin. Ce général consommé avant le temps se replia avec une apparente timidité sur la Theiss à l'approche de Mustafa II, comme inégal en nombre. Mais son génie l'égalait à cette multitude. L'armée ottomane campait à Zenta, sur les bords de la Theiss. Ses avant-postes, trop exposés au delà du fleuve, furent si complétement enveloppés par les hussards du prince Eugène, que de seize mille Turcs de cette avantgarde, il n'en échappa qu'un seul pour accourir au camp annoncer le désastre au grand vizir (1697). Elmas-Pacha, tremblant d'avoir encouru la disgrâce ou la mort, imposa par la mort silence au messager, et cacha sa faute et son revers à son maître.

Cependant le sultan, dans l'ignorance de l'anéantissement de son corps d'armée avancé, pressait la construction d'un pont sur la Theiss, pour porter ses cent mille hommes sur l'autre bord. Elmas retardait ce passage par mille lenteurs et par mille obstacles d'exécution inintelligibles à Mustafa. A la fin un pont insuffisant et qui ne livrait passage qu'à quatre hommes de front fut ouvert à l'armée; le sultan voulut y passer le premier, et quand Elmas s'approcha de lui pour lui tenir l'étrier, il le repoussa avec reproche et lui ordonna, sur sa tête, de faire suivre immédiatement toute l'armée.

Il fallait deux jours et deux nuits pour qu'une telle multitude pût atteindre par ce seul pont la rive où Mustafa II l'avait devancée. A peine le sultan avait-il dressé ses tentes hors de vue de son corps d'armée principal, qu'Elmas-Pacha, prévoyant trop sciemment une déroute, et résolu de mourir, en désobéissant, pour sauver au moins une moitié de l'armée en la fortifiant dans son camp derrière la Theiss, défendit aux généraux et aux janissaires de suivre le sultan sur l'autre bord. Mustafa, voyant de loin ce passage du pont interrompu, et étonné de l'immobilité de son vizir, envoyait message sur message à Elmas, pour le presser d'obéir. « J'aime mieux, répondit Elmas, mourir ici en soldat, les armes à la main, que de mourir sur l'autre rive, sous le cordon, comme un vil esclave! »

Le prince Eugène, qui observait du sommet d'une colline cette inexplicable hésitation de l'armée ottomane, coupée en deux par un fleuve, attendit que le pont, écrasé à demi par les canons de Mustafa II, ne fût plus qu'un sentier étroit et chancelant d'un bord à l'autre; il se déploya sur les derrières du camp fortifié d'Elmas, et, dressant une batterie de canon contre le pont pour en écraser sous ses boulets les débris, il s'élança à l'assaut des retranchements, et y précipita avec une irrésistible impétuosité ses colonnes. Le camp forcé ne fut bientôt plus qu'une boucherie d'hommes parqués pour la mort dans leur propre enceinte; les janissaires, désespérés et reconnaissant enfin la trahison dans leur chef, immolèrent le grand vizir à leur vengeance avant de périr. En trois heures, ils tombèrent jusqu'au dernier sous le feu des batteries du prince Eugène, ne laissant que leurs cadavres en dépouille aux vainqueurs.

Le seul pacha des Albanais, monté sur un cheval accoutumé à fendre les vagues de la mer, se précipita tout armé dans la Theiss débordée et parvint à l'autre bord. Le sultan, témoin désespéré de l'anéantissement de son armée, disparut à la chute du jour dans les marais qui bordent la route de Témeswar. Égaré par ses guides dans des champs de roseaux que recouvrait l'inondation, il abandonna ses chariots, ses tentes, ses bagages, et il erra toute la nuit presque seul dans les marais. Au lever du soleil, il reconnut tristement le champ de bataille où il avait poursuivi, l'année précédente, le prince Auguste de Saxe, vaincu et fugitif comme lui; il se dépouilla de ses habits impériaux, qu'il échangea contre les vêtements d'un pasteur hongrois, et, défendant à ses serviteurs de le suivre, il s'éloigna seul, à pied, pour gagner les portes de Témeswar, seul abri où il pût échapper aux hussards qui le poursuivaient dans la campagne.

Humilié de son désastre, il défendit au pacha de Témeswar d'ouvrir la ville à ceux de ses soldats qui se réfugiaient sous le canon de la place, et demeura trois jours enfermé dans l'ombre d'une salle obscure, sans prendre de nourriture et sans oser se montrer à la lumière du jour.

Pendant ce deuil de son armée, les troupes qui avaient passé le pont avec lui et que la Theiss débordée avait protégées contre le canon du prince Eugène, se ralliaient sous les murs de Témeswar, pleurant leur sultan disparu, et cherchant son cadavre dans les joncs du fleuve, où l'on supposait qu'il avait trouvé la mort; d'autres le disaient prisonnier dans le camp du vainqueur. Quand, le troisième jour, il se décida enfin à se découvrir à ses troupes, les acclamations de joie des soldats compensèrent un peu pour lui tant de peines; il n'avait perdu qu'une armée, mais il avait conservé la source des armées et des trésors, le cœur de son peuple. Nul ne l'accusait d'un revers qu'il n'avait mérité ni par lâcheté, ni par imprudence, mais que le désespoir d'un grand vizir avait attiré sur les Ottomans. Il reprit sous cette escorte la route maintenant solitaire de Belgrade et d'Andrinople.

XIV

La bataille de Zenta vengea, par l'épée du prince Eugène de Savoie, deux siècles de défaites subies par les chrétiens en Occident. Son nom retentit du Danube à la Seine et au Tibre, comme celui d'un nouveau Godefroy de Bouillon. L'heureux et habile vainqueur de Zenta devint le nom populaire dans les chants des poëtes comme dans les entretiens des chaumières. Aux yeux des populations chrétiennes, Zenta fut plus qu'une victoire politique, c'était la victoire décisive du Christ sur Mahomet. Les hommes de guerre qui font triompher de telles causes ne sont plus des héros, ce sont des incarnations de la Providence aux yeux des cultes reconnaissants.

Les dépouilles furent fabuleuses comme valeur; deux cent soixante pièces de canon, des bagages et des provisions capables de nourrir un peuple entier pendant une longue campagne, dix mille chariots attelés de quatre chevaux, de bœufs et de buffles, soixante mille chameaux amenés du fond de l'Asie ou de la Tartarie, pour étonner l'Europe de la forme et des mugissements de ces animaux inconnus, un trésor monnayé contenant la solde de deux cent mille hommes, les voitures dorées du sultan et de son harem, portant dix de ses femmes favorites, enfin le sceau de l'empire ramassé, pour la première fois, sur le corps d'un grand vizir, trouvé mort sous des monceaux de janissaires, devinrent les trophées du prince Eugène et du trésor impérial de Vienne.

Ce fut à la fatalité plus qu'à l'inhabileté ou au défaut de courage que Mustafa II dut son revers. L'armée aurait été sauvée, et peut-être la campagne tout entière, si la désobéissance du grand vizir n'avait laissé son maître à moitié engagé de l'autre côté du fleuve, tandis que lui-même arrêtait le passage de la Theiss à l'insu de Mustafa, pour attendre dans ses retranchements le prince Eugène, dont les drapeaux apparaissaient sur son flanc gauche au sommet des collines. Le sultan et son vizir avaient un motif également plausible pour persister, l'un dans le passage de la Theiss, l'autre dans l'immobilité ; le malheur fut, pour l'un comme pour l'autre, de ne pas achever librement leur pensée. L'infaillible coup d'œil et la foudroyante promptitude du prince Eugène la coupèrent en deux, comme la Theiss coupa leur armée. Les attributions presque souveraines de l'autorité du grand vizir égalaient, en campagne, l'autorité du sultan lui-même. Elmas-Pacha opposa résolûment volonté à volonté; il acceptait, en agissant ainsi, le cordon, plutôt que d'accepter la responsabilité d'une manœuvre de l'armée qu'il jugeait fatale. Mais il était trop tard pour désobéir après que la moitié de l'armée avait suivi le sultan, trop tard aussi pour obéir après l'apparition de l'avant-garde du prince Eugène derrière lui. Il désobéit en patriote, il combattit en lion, il mourut en héros, et le nom d'Elmas (*le diamant*), quoique fatal aux Ottomans, ne leur rappela qu'un ministre malheureux, mais jamais un traître.

XV

Amoudjazadé-Pacha, c'est-à-dire *le Fils de l'oncle*, lui succéda dans le vizirat. C'était un neveu d'Ahmed Kiuperli, élevé par ce grand vizir comme son propre fils, et qui avait adopté ce surnom comme symbole de sa reconnaissance filiale. Les grands désastres de l'empire reportaient toujours la pensée des peuples et des sultans sur le nom de salut qui avait déjà trois fois relevé le déclin de leur race.

Le jeune Amoudjazadé, corrompu dans sa jeunesse par la prospérité et par la fortune de sa maison, ne s'était signalé, jusqu'à la dernière guerre, que par la passion du plaisir et l'élégance licencieuse de ses mœurs. Les périls de la patrie l'avaient mûri tout à coup après le siége de Vienne; il avait voulu racheter les égarements de sa jeunesse par les services de sa maturité; le nom des Kiuperli lui paraissait imposer la vertu. Successivement gouverneur de Schehrzor en Mésopotamie, pacha à Tchardak en Asie Mineure, commandant des forts des Dardanelles, enfin capitan-pacha pour reconquérir l'île de Chio, puis vizir de la coupole, deux fois caïmakam de Constantinople, enfin chargé de la défense de Belgrade, il avait reconquis, par la parole, par le sabre et par la faveur des sultans, la considération attachée au nom et aux services de sa famille.

En peu de semaines il retrouva une armée sur la surface d'un vaste empire où tout musulman était soldat. Sa main, heureuse dans le choix des généraux destinés à remplacer les dix-sept pachas morts dans les retranchements de Zenta, assigna à chacun son poste offensif sur les frontières de Bosnie, de Dalmatie et de Bulgarie.

XVI

Pendant qu'il préparait la guerre (1698), il continuait à négocier la paix à Vienne; sa sagacité politique lui faisait assez comprendre que la France, retirée désormais du champ de bataille occidental et abandonnant la Turquie à ses propres forces, les armées de l'Autriche, longtemps occupées sur le Rhin, reflueraient avec une irrésistible impétuosité sur le Danube. Amoudjazadé se confia, comme c'était l'habitude des Ottomans, dans ses rapports avec les puissances européennes, à ce génie supérieur des négociations dont la nature semble avoir doué la race grecque. Le Grec Maurocordato, interprète de la Porte, qui attendait déjà dans une honorable captivité à Vienne l'issue de la guerre, reçut ordre de renouer les conférences. La cour de Vienne accepta la médiation officieuse des ambassadeurs d'Angleterre et de Hollande. Les envoyés de la Pologne, de Venise et de Russie participèrent aux discussions et aux résolutions de la conférence. Maurocordato aplanit et trancha tout par son génie à la fois insinuant et obstiné sous l'apparence de la souplesse.

La ville de Carlowitz, voisine de Belgrade et du Danube, fut choisie pour ce nouveau traité de Riswick de l'Orient. Pour simplifier l'étiquette et pour désintéresser les prétentions de préséances entre la fierté des Ottomans et la susceptibilité de l'Allemagne, Maurocordato fit construire, à Carlowitz, une rotonde percée d'autant de portes qu'il y avait de représentants des puissances accréditées à la conférence, et par lesquelles ils entraient tous à la fois dans le congrès. Une table ronde aussi réunissait, sans possibilité d'assigner les rangs égaux autour du tapis, les négociateurs.

Deux mois de conférences, fastidieuses à retracer autrement que par les résultats, aboutirent enfin, le 26 janvier 1699, au traité de Carlowitz.

« Ce jour-là, disent les annalistes du congrès, à dix heures du matin, tous les plénipotentiaires, à l'exception de celui de Venise, se rendirent solennellement au lieu habituel des séances. Ceux de l'empereur étaient précédés de cent cuirassiers en grande tenue, et suivis de leurs voitures de gala et de leurs chevaux de main ; les plénipotentiaires turcs étaient escortés par un corps de janissaires et de spahis. Lorsqu'on fut arrivé à la salle des conférences, on donna lecture des traités conclus avec l'Autriche, la Pologne et Venise ; mais on attendit pour la signature jusqu'à onze heures trois quarts, par déférence pour le reïs-effendi Rami, auquel ses calculs avaient appris que depuis longtemps il n'y avait pas eu une conjonction d'astres aussi heureuse que celle qui devait avoir lieu à cette heure du jour, qui était un lundi. On signa, montre en main, les trois minutes des traités ; puis on ouvrit les quatre portes de la salle, afin que tout le monde pût se convaincre que la paix était définitivement conclue, et répandre au dehors cette heureuse nouvelle. Aussitôt, des courriers partirent pour Vienne, l'Angleterre, la Pologne et Venise, et les ambassadeurs se donnèrent mutuellement le baiser de paix. Une triple salve d'artillerie, répétée par les canons de

Peterwardein et de Belgrade, annonça aux peuples, fatigués d'une si longue guerre, que le moment était arrivé où ils allaient enfin jouir de quelque repos. »

XVII

Maurocordato avait valu plus que dix batailles pour la restauration des frontières de sa patrie adoptive. Il n'abandonnait aux Autrichiens, aux Polonais et aux Vénitiens que ce qu'ils possédaient déjà de fait avant la guerre ; mais ces puissances restituaient sans guerre à l'empire ottoman la plus grande partie des provinces, des îles et des cidadelles que le malheur des temps avait enlevées aux trois derniers règnes. La Hongrie, la Transylvanie et l'Esclavonie, depuis si longtemps disputées et indécises, étaient dévolues à l'Autriche, à l'exception de Témeswar et de son bannat. La Theiss, la Save, l'Unna, délimitaient par leur cours sinueux les deux terres ; Venise rendait toutes ses conquêtes insulaires ; elle conservait le littoral de la Morée et quelques châteaux en Dalmatie.

Les Polonais, consolidés de l'Ukraine et de la Podolie, signèrent une paix de vingt-cinq ans comme l'Autriche ; la Russie la signait de deux ans, en reconnaissant les limites actuelles entre le czar, les Tartares et le sultan. L'abandon de la cause de Tékéli, ce roi vassal de la Porte, si longtemps bercé par la fortune, et rejeté enfin comme un transfuge à la pitié de ses protecteurs, était la seule condition humiliante pour la Porte. Mais elle refusa avec énergie et loyauté de livrer l'infortuné prince à ses ennemis, et elle entoura de respect sa déchéance à Nicomédie.

« Hélas! s'écria quelque temps après le vieux guerrier en s'entretenant dans son jardin d'Asie avec une autre victime de la fortune comme lui, le prince tartare Cantimir, ennemi des Russes, à quels maîtres, mon frère, Dieu nous a-t-il assujettis? Que sont devenues leurs promesses? Le croissant qu'ils portent sur leurs drapeaux est l'emblème de leurs vicissitudes, sa puissance mobile a les phases alternatives de l'astre des nuits. »

Mais pendant que l'empire se pacifiait au dehors en recouvrant, par la politique, les provinces et les îles qu'il avait perdues par la guerre, il recommençait à s'agiter au dedans. Ce qu'il y a de plus difficile à faire pour un souverain, ce n'est pas la guerre, c'est la paix. Les peuples pardonnent moins à leur maître un traité qu'une défaite. Les plus lâches sur un champ de bataille sont les plus exigeants pour les conditions de la paix. Mustafa II ne tarda pas à éprouver le ressentiment de son peuple contre les nécessités et les humiliations du congrès de Carlowitz. Tout traité qui bornait l'empire paraissait injure à des conquérants.

XVIII

Ce ressentiment des Turcs, exploité par l'envie contre le grand vizir Kiuperli-Amoudjazadé, força le sultan de lui retirer les sceaux (1701) et de les remettre à Daltaban, pacha de Bosnie, créature de Feizoullah, ancien khodja du sultan et de plus en plus influent sur ce prince. On a vu qu'à son avénement au trône, Mustafa II avait élevé Feizoullah, son précepteur, aux fonctions de confiance de mufti. L'autorité religieuse du nouveau mufti avait consolidé son ascendant politique. Après le traité de Carlowitz, Feizoullah, qui flattait les préjugés populaires de la multitude contre les négociateurs de la paix, avait persuadé au sultan son élève de confier l'empire à Daltaban.

Ce surnom de Daltaban, qui signifie *l'homme qui marche pieds nus*, avait été donné à ce pacha zélé pour la police des rues à Constantinople, parce qu'étant jadis aga des janissaires, il parcourait la nuit les rues de la capitale sans chaussures, pour amortir le bruit de ses pas en épiant les malfaiteurs. Disgracié depuis longtemps et réfugié dans un village obscur de Bosnie, lieu de sa naissance, il y vivait, oublié, du travail de ses mains, quand la défaite de Zenta et les ravages des troupes vénitiennes en Dalmatie firent courir la Bosnie aux armes. Les soldats et les habitants, sans chef, se souvinrent de l'ancien aga des janissaires, le nommèrent eux-mêmes séraskier ou général de l'Anatolie. A la tête de ces levées confuses et de ces débris de Zenta, Daltaban avait soutenu vaillamment, dans les montagnes, les assauts impuissants des détachements du prince Eugène. Le sultan avait confirmé le choix du peuple, et l'avait envoyé pacifier l'Arabie.

Pendant qu'il amortissait la révolte en Arabie, un messager du divan était venu lui demander sa tête; Daltaban, sans la refuser, avait promené le porteur du cordon dans une avenue de trente-deux mille têtes de rebelles, coupées la veille par son armée. « Va maintenant, avait-il dit à son bourreau, et dis au sultan ce que tu as vu! » Ce bourreau était Battas-Ottoman, jadis serviteur de celui dont il venait provoquer le supplice. Il respecta son ancien maître, et revint à Constantinople, apportant, au lieu de la tête du pacha, un présent de cent mille ducats à Feizoullah. Feizoullah, se croyant sûr du dévouement d'un homme qu'il rachetait du supplice par la faveur suprême, lui avait fait envoyer les sceaux de l'empire à la place du cordon. Emblème frappant des vicissitudes du sort sous le despotisme !

XIX

A peine arrivé à Constantinople, la faveur des troupes pour Daltaban fit repentir le mufti du choix fait par son maître. On lui rapportait de toutes parts que le grand vizir, ingrat et perfide, déclamait plus haut que lui contre la paix de Carlowitz, et l'accusait d'y avoir trempé autant que Rami-Effendi et Maurocordato, jetant leurs noms ensemble à l'exécration des bons musulmans ; on ajoutait que le grand vizir devait le faire massacrer à sa table, dans un repas auquel il l'avait convié avec les deux négociateurs du congrès. Le crédule ou défiant mufti court au palais, et, révélant à Mustafa II les sinistres projets du grand vizir, il obtient de son ancien pupille l'arrêt de mort de Daltaban. Appelé au sérail, où les muets l'attendaient déjà pour l'étrangler, le grand vizir, à qui les chambellans redemandent le sceau de l'empire, refuse de le rendre à d'autres qu'au sultan. Mustafa II renouvelle, sans le voir, l'ordre de lui trancher la tête. On le charge de chaînes et on le conduit dans la cour du palais pour que son sang ne souille que la poussière.

« Qu'as-tu à dire au sultan ? lui demanda avant de le frapper le chef des bostandjis.

» — Je ne me souviens pas, dit le condamné, d'avoir jamais marché au combat sans avoir fait ma prière et sans avoir purifié mon âme et mon corps, et pas une seule heure de ma vie ne s'est écoulée sans que j'aie tourné mon cœur à Dieu avec un acte de repentir. Ce que j'ai à dire au sultan, je ne dois et ne veux le dire qu'à lui-même, quelque effort qu'il m'en coûte pour regarder sans horreur un prince assez faible pour se laisser fasciner les yeux par des fourbes, et assez lâche pour donner la mort à ceux qui l'ont toujours fidèlement servi. La justice divine apportera le remède au mal; le sultan apprendra, quand je ne serai plus, si c'est un crime de manquer à ses devoirs de prince et de musulman, et si c'est une erreur longtemps impunie que de croire de perfides conseils qui lui seront aussi funestes à lui-même qu'à l'empire. »

Ces paroles, qui suspendirent une seconde fois l'exécution, ne firent pas révoquer l'arrêt de mort. Le grand vizir expia de sa tête (1702) les injustes soupçons inspirés à son maître par l'envieux mufti. L'opinion publique, jusque-là favorable à Mustafa II, éclata en reproches contre le meurtrier du héros de Bosnie et d'Arabie.

« Fuyons, ma plume ! prenons l'essor loin de cette terre de crime, chantèrent les poëtes populaires dans les cafés de Constantinople et d'Andrinople : la paix, l'honneur, la gloire de Dieu, la sainteté du nom ottoman l'ont quittée pour jamais avec l'âme du dernier de ses héros. »

« Le vizir Rami, disaient les cheiks dans les mosquées, le mufti Feizoullah et tous les ministres sont des traîtres; ils sont les auteurs de la mort de Daltaban, le vainqueur des Arabes, notre bouclier contre les impériaux : c'est son mérite qui a armé contre lui leur basse jalousie. S'il était coupable de quelques fautes ou de quelques erreurs, il suffisait de le bannir, et, dans l'occasion, on l'aurait retrouvé pour l'opposer à nos ennemis. C'était pour commettre ce lâche attentat, ajoutaient les uns, qu'ils retenaient le sultan à Andrinople; il y passe les journées dans les forêts, et Constantinople est réduite à la misère. On nous laisse, disaient les autres, pour nous gouverner, un caïmakam de dix-huit ans; tout le mérite de ce jeune homme est de porter le nom de Kiuperli, et d'être gendre du mufti Feizoullah. Et cet homme lui-même, quel est-il? le premier ennemi de l'empire. Tous les postes de mollas sont remplis par ses enfants ou par ceux qui sont assez riches pour les acheter; sa maison est un gouffre où s'engloutissent les trésors de l'empire; c'est un marché public où la justice et les dignités sont vendues au plus offrant. »

Cette liberté des discours, plus communicative que celle des écrits, que la religion et les mœurs laissent comme le contre-poids du despotisme aux monarchies théocratiques et militaires, souleva, en peu de jours, les oulémas, les djebedjis, les janissaires de Constantinople, contre un gouvernement qui semblait s'enfouir à Andrinople, et qui ne se révélait à la véritable capitale que par le retentissement sinistre de ses exécutions. Le jeune caïmakam de la famille des Kiuperli, âgé de dix-huit ans, gouvernait seul la ville avec la rigueur, mais avec l'inexpérience de ses années. Assiégé dans son palais, menacé de mort, destitué par une assemblée de révoltés, remplacé tumultuairement par Hassan-Ferari-Pacha, homme agréable à la multitude, il était impuissant à réprimer un soulèvement qui changeait d'heure en heure le murmure unanime en révolution. Le peuple et les soldats proclamaient sous ses yeux un grand vizir, Ahmed-Pacha, et un mufti, Mohammed-Effendi, en défi au grand vizir et au mufti d'Andrinople. Les portes de la ville, fermées par ordre de ce gouvernement populaire, interdisaient toute communication avec Andrinople.

XX

Cependant Mustafa II, dont les négociateurs, repoussés des portes de sa capitale, se retiraient sans avoir pu se faire entendre, tremblait dans Andrinople. Une armée de cinquante mille rebelles, sortie en peu de jours de Constantinople, s'avançait menaçante sur Andrinople (1703). Parvenue à Hafssa, station voisine de cette ville, l'armée s'arrêta d'elle-même comme intimidée de l'attentat qu'elle allait commettre, et envoya des députés au sultan.

« Ce n'est point contre notre padischah que nous nous sommes levés, dirent les députés à Mustafa, c'est contre les ministres odieux qui abusent de son autorité qu'il leur prête, pour décimer les meilleurs serviteurs de la foi! Qu'on nous livre les têtes du vizir et du mufti, et nous rentrerons sous l'obéissance due aux successeurs des califes! »

Mustafa II, après avoir laissé si longtemps gronder la révolte, espérant qu'elle s'éteindrait d'elle-même, fit sortir trop tard l'armée d'Andrinople, déjà ébranlée, pour anéantir les rebelles d'Hafssa. Soit timidité, soit dédain pour cette populace ameutée, il ne sortit pas de son sérail avec ses défenseurs. Son absence abandonna son armée à la contagion de la révolte. Le mufti des factieux, s'avançant hardiment entre les deux lignes de musulmans prêts à s'entre-tuer, éleva le Coran au-dessus de sa tête et s'adressant aux soldats de Mustafa II :

« Où courez-vous, leur dit-il, et contre qui tirez-vous vos sabres? frères égarés, ne sommes-nous pas tous du même sang, de la même religion? soumis aux mêmes lois? Le peuple n'a pas pris les armes par un coupable esprit de révolte; nous ne voulons que la punition des parjures et des infidèles qui ont foulé aux pieds les préceptes sacrés de ce Coran que nous adorons comme vous; toute résistance est un crime; ne devenez pas leurs complices; Dieu et notre saint Prophète combattraient pour nous, et ce sont eux qui vous puniraient. »

A ces mots, les deux lignes se confondent, les armes tombent des mains des Ottomans, et les deux armées, réconciliées dans la même indignation contre la cour, entrent ensemble à Andrinople.

XXI

Le grand vizir Rami-Pacha et le mufti Feizoullah n'avaient pas attendu cette rentrée des troupes pour s'enfuir, l'un à Varna, l'autre par des sentiers détournés à Constantinople. Mais Mustafa II, prévoyant qu'il aurait à sauver sa propre tête en livrant les têtes de ses deux conseillers, avait fait suivre le mufti fugitif par quelques bostandjis affidés, chargés de lui révéler, au besoin, le lieu de sa retraite.

Ramené, en effet, à Andrinople par son escorte de bostandjis, aux premiers cris qui exigeaient sa tête, Feizoulah, livré au peuple et aux soldats acharnés, expiait dans des supplices atroces et prolongés la mort de Daltaban. Des clous enfoncés par le marteau dans ses genoux le torturaient sans lui arracher l'aveu de la cachette où l'on supposait qu'il avait enfoui ses richesses. Son cadavre fut jeté dans le courant de l'Hèbre, sous les murs de la ville. Ses femmes et ses enfants, innocents de ses crimes, en subirent la peine dans les outrages de la multitude.

XXII

Cependant Mustafa II espérait encore détourner de lui la mort ou la déposition qui le menaçait, en envoyant le sceau de grand vizir à Doroskan-Pacha, vizir et général des rebelles. Cette tardive complaisance d'un vaincu n'obtint que la pitié de son peuple; une assemblée pareille à celle de la mosquée des janissaires à Constantinople lui redemanda le trésor en lui laissant la vie. Mustafa II, encore respecté dans son palais par la superstition des Ottomans même révoltés contre le vicaire de Dieu, pouvait, par un crime facile et habituel dans sa maison, se rendre nécessaire à l'empire. Son frère, Ahmed, proclamé sultan à sa place, et tous les princes de son sang étaient sous sa main. En jetant quelques cadavres aux soldats, il devenait inviolable, car il restait le seul rejeton du sang d'Othman.

Il refusa à ses conseillers de sauver sa vie et sa couronne par un crime. Il se fit ouvrir les appartements reculés où languissait Ahmed, le serra avec larmes dans ses bras, lui apprit le vœu du peuple, le salua, le premier, empereur, et le conduisant par la main à la salle du trône, il l'y fit asseoir et se prosterna devant lui.

« Souvenez-vous, mon frère, lui dit-il en se séparant de lui, que tant que j'ai régné je vous ai laissé vivre et jouir d'une sorte de liberté; je vous prie d'en user de même avec moi. Fils et frère de sultans, vous êtes digne du trône; mais gardez-vous d'oublier que vous devez votre élévation prématurée à des traîtres, à des rebelles, et que, si vous laissez leur attentat impuni, ils ne tarderont pas à vous traiter comme ils m'ont traité moi-même. »

Ainsi le vaincu léguait au vainqueur la vengeance commune. Après ces paroles, Mustafa II se retira dans le vieux sérail, où il avait passé sa jeunesse et où les regrets du trône et les tristesses de la solitude le conduisirent en quelques mois au tombeau (1704). Prince précaire, proclamé par une surprise, déposé par une sédition, apparu comme une providence héroïque dans le déclin de l'empire, arrêté dans sa carrière de gloire par la désobéissance d'un grand vizir à la bataille de Zenta, et puni par l'ingratitude de son peuple de la paix heureuse et nécessaire qu'il avait rendue à l'empire par le traité de Carlowitz, son courage et ses vertus furent de lui, ses adversités furent de sa fortune. On lui doit une place parmi ces jouets du sort que la nature avait créés pour être des héros, et dont les circonstances ont fait des victimes.

LIVRE TRENTIÈME

Le 23 août 1703, le nouveau sultan Achmet III, reconquis par l'armée et le peuple, reprit plus en captif qu'en empereur la route de Constantinople. Il était plus jeune de douze ans que son frère Mustafa II. Ses traits, aussi beaux, étaient moins mâles; l'ombre du sérail y avait répandu sa pâleur, mais la liberté intérieure dont l'affection fraternelle de Mustafa l'avait laissé jouir dans ses kiosques le préparait mieux à l'empire qu'on ne pouvait l'espérer d'un prisonnier de vingt-neuf ans. Une profonde dissimulation, masque nécessaire de l'âme dans un prince qui doit punir ceux qui l'élèvent par la révolte au trône, était dès son enfance sa première politique. Entouré maintenant d'une sédition triomphante et obligé de sourire au crime qui le couronnait, il couvait déjà dans sa pensée la vengeance de son frère et l'expiation des attentats dont il se sentait à la fois grandi et menacé.

L'infortuné Mustafa II, sultan la veille, captif aujourd'hui, suivait son frère dans un *araba*, chariot grillé, avec ses femmes et ses enfants, formant un cortége de trente voitures. Ainsi Constantinople allait jouir des deux plus grands spectacles que les vicissitudes des révolutions donnent rarement ensemble à un peuple, l'entrée triomphale d'un souverain appelé au trône, et l'entrée lugubre d'un souverain conduit à l'éternelle captivité.

II

Pour mieux tromper l'opinion publique sur les vrais sentiments qui l'animaient envers les auteurs de la révolution, Achmet III répudia tous les serviteurs de son frère, s'entoura de tous les chefs de la révolte, leur abandonna toutes les hautes charges de la monarchie, et affecta même d'éloigner sa mère, la sultane Validé, à Rétimo, comme pour la punir d'avoir eu trop de complaisance pour l'odieux Feizoullah, le fatal conseiller de sa politique. A peine installé au palais, il ourdit la longue série de piéges et de supplices qu'il avait promis à son frère Mustafa II pour la vengeance du trône. Le nouveau grand vizir Ahmed-Pacha s'empressa de le seconder dans ses exécutions secrètes ou publiques pour racheter sa propre audace par le sang de ses complices.

L'aga des janissaires révoltés, Tchalik-Pacha, fut la première victime du ressentiment d'Achmet III et de la complaisance du grand vizir. Une fête dans les jardins du sérail servit d'embûche à Tchalik (1704). Le sultan, y ayant invité tous les vizirs et tous les pachas, ordonna secrètement aux bostandjis d'éloigner, sous un faux prétexte, leurs chevaux et leurs écuyers, qui ne franchissaient jamais le seuil de la porte des jardins. A la fin de la fête, le grand vizir s'approchant de l'aga des janissaires, un cafetan à la main, le décore de ce vêtement d'honneur et lui annonce que le sultan vient de le nommer gouverneur de Chypre. L'aga, étonné, voit dans cet honneur un exil.

« Quel est donc mon crime? » s'écrie-t-il avec insolence. Et, sans attendre la réponse, il s'élance vers la porte des jardins pour remonter à cheval, appeler ses soldats à une seconde révolte ou pour fuir la mort qu'il pressent derrière ses pas. Ne trouvant ni serviteur ni cheval à la porte où il les avait laissés, Tchalik-Pacha court à pied vers la porte *du Canon*, se jette dans une barque et commande à ses rameurs de ramer vers la côte d'Asie ; mais au moment où les mariniers détachaient le caïque du rivage, un chambellan et des bourreaux qui suivaient l'aga se présentent, le saisissent, lui lisent le fetwa du mufti qui autorise son exécution, et l'étranglent avec le cordon de son sabre. Son cadavre, jeté dans la barque, épouvante ses complices. L'aga des spahis, Salih, époux d'une petite-fille de l'émir des Druzes, héritière de ses trésors, périt de même par la main des bourreaux. Chaque nuit en se dissipant révélait de nouvelles victimes.

Le grand vizir, après avoir prêté la main à tant de meurtres, devenu également odieux aux deux partis, pesait au sultan. Le silihdar vint inopinément lui demander le sceau. Troublé par cet ordre, si souvent prélude de mort, le grand vizir ne pouvait dénouer de ses doigts tremblants le nœud du cordon qui suspendait le sceau sur sa poitrine.

« Pacha, mon frère, lui dit le silihdar, si tu ne cherches pas à cacher tes trésors, tu vivras. »

Le grand vizir destitué se pencha à l'oreille du silihdar et lui révéla à voix basse le lieu où étaient cachées ses richesses. Grâce à cette restitution, le grand vizir déposé conserva la vie et fut exilé à Lépante.

III

Damad-Hassan-Pacha, Grec de la Morée, protégé du mufti des rebelles encore influent, reçut le sceau de l'empire (1705); il poursuivit, sous l'inspiration du sultan, le cours des vengeances politiques, à peine suspendu de temps en temps pour laisser les coupables se rassurer et pour les endormir dans une fausse sécurité. Sa première victime fut le mufti qui l'avait élevé pour sa perte. Appelé au sérail sous un vain prétexte, ce factieux privilégié, qui se croyait certain de l'impunité, fut saisi par les tschaouschs du grand vizir et jeté dans une barque qui vogua vers Chypre, île assignée pour sa prison.

Destitué bientôt lui-même comme un instrument usé

de réaction, le grand vizir, quoique époux d'une sœur d'Achmet III, fut envoyé en exil à Nicomédie. On lui laissa, en considération de sa femme, un revenu proportionné à son ancien rang. Un baltadji du sérail, Kalaïlikoz-Ahmed-Pacha, devenu gouverneur de Candie, fut rappelé de cette île pour présider le divan. Fils d'un potier d'étain de Césarée de Cappadoce, Kalaïlikoz, du rang abject de baltadji, avait passé par tous les emplois domestiques du palais ; il y avait gagné ainsi la faveur de la sultane Validé, mère des deux premiers empereurs. La faveur de la belle Crétoise fut son seul titre au gouvernement. Surnommé par le mépris public *Kalaïlikoz*, c'est-à-dire *la noix de l'étameur*, par allusion à son premier métier, il ne se signala que par le luxe, l'ostentation de parure et la vanité d'un parvenu. Après avoir, pendant trois mois, changé trois fois le costume et le turban de grand vizir, et promulgué de ridicules règlements sur la forme et la couleur des pantoufles, il retomba dans l'obscurité.

Un autre ancien porteur de bois du sérail, Mohammed le baltadji, le remplaça. L'intrigue en lui suppléait au moins le génie. Il marqua son avénement par le massacre d'Hassan-Pacha, ancien fauteur de la révolte des janissaires, dont l'impunité pesait à la sultane mère et à son fils. Achmet III, satisfait de cet hommage à son ressentiment et n'attendant plus rien de lui que des fautes, l'expulsa comme son prédécesseur et l'exila dans l'île de Chio, d'où il passa comme gouverneur à Erzeroum.

Un barbier, fils d'un laboureur de Tchorlï, en Asie, devenu pacha sous le nom d'Ali de Tchorlï, hérita du sceau. Ayant quitté le rasoir pour le sabre, il s'était élevé, par son courage, de grade en grade, jusqu'au gouvernement de l'Arabie, vaincue et pacifiée par ses exploits. Son seul défaut était d'ignorer les mœurs de la cour. Une conspiration déjouée des janissaires lui mérita la confiance du sultan.

Étonnés et effrayés du grand nombre de leurs camarades, anciens fauteurs de la révolution, qui disparaissaient un à un pendant la nuit dans les vagues de la mer, ces soldats avaient juré la mort d'Achmet III. Ils devaient profiter des fréquentes absences du sultan, qui allait passer des journées entières avec ses femmes et ses enfants dans ses divers jardins des rives du Bosphore, pour se réunir dans le marché aux viandes, convoquer les oulémas dans la mosquée voisine, et délibérer sur la déposition du padischah. Déjà les conjurés étaient réunis sur la place du marché, quand Ali de Tchorlï, rappelant Achmet III de son loisir et rassemblant les gardes des jardins et les troupes fidèles, marcha sur les coupables et les anéantit dans leur crime (1707).

IV

Des dissensions religieuses entre les sectes chrétiennes rivales qui se disputaient la faveur du grand vizir ou qui provoquaient sa persécution contre leurs ennemis, agitèrent l'administration d'Ali de Tchorlï. L'ambassadeur français, M. de Ferréol, à l'instigation des jésuites de Constantinople ennemis du patriarche grec Avedick, protégé ingrat de cet ordre religieux qu'il persécutait après lui avoir dû son élévation, fit enlever audacieusement ce patriarche, l'embarqua dans un vaisseau français et l'envoya à Marseille. Le patriarche, retenu par les ministres du roi de France Louis XIV, d'abord dans les cachots du château d'If, puis dans d'autres prisons du royaume, ne reparut jamais. Son enlèvement furtif, sa détention anonyme et les précautions prises par le gouvernement français pour dérober ce grief au divan, nous paraissent avoir été le seul fondement réel de la fable énigmatique de l'*Homme au masque de fer*, énigme sans mot d'un fait sans authenticité et sans probabilité.

Le divan répondit à cet enlèvement injurieux du chef de la communion grecque par des représailles contre les jésuites favoris de l'ambassadeur français. Quelques Arméniens catholiques de Constantinople, ligués avec les jésuites par haine commune contre les schismatiques grecs, furent enchaînés et jetés au bagne par les tschaouschs du grand vizir. Leur patriarche catholique Sari fut conduit au champ du supplice avec six de ses coreligionnaires. Le patriarche des Arméniens schismatiques, Ther Joannès, assistait à l'exécution. Six des condamnés, en présence du grand vizir et des bourreaux, abjurèrent leur foi pour sauver leur tête; le septième, le prêtre arménien Comidas, accepta avec joie le martyre.

« Ignores-tu donc, lui demanda le patriarche Joannès, que ta désobéissance aux ordres du sultan fait de toi un rebelle et te voue à la mort?

» — Je le sais, répondit Comidas, mais je ne reconnais à aucun pouvoir temporel le droit de décider entre deux rites lequel est le plus agréable à Dieu. Et toi, vizir, ajouta-t-il en s'adressant à Ali, crois-tu donc qu'en te remettant le sceau et le glaive de l'État, le sultan t'a conféré l'infaillibilité de jugement entre deux cultes étrangers à celui que tu professes?

» — Je juge l'un et l'autre également mauvais, répondit Ali, et je te condamne à mort, non comme schismatique, mais comme rebelle; du reste, *Dieu sait le meilleur*, et ton sang retombera sur tes accusateurs s'ils se sont rendus coupables d'imposture.

» — *Amen! amen!* qu'il en soit ainsi! répond le patriarche Ther Joannès, que ton sang retombe sur les jésuites qui t'ont séduit, toi et beaucoup de membres de notre Église arménienne. »

Aussitôt le grand vizir donna ordre de faire trancher la tête au hardi défenseur de sa foi, et à deux autres qui, encouragés par son exemple, voulaient mourir avec lui de la mort du martyre. Ils furent conduits derrière le palais du grand vizir; là, Comidas exhorta ses deux compagnons à recevoir avec courage le coup fatal; puis, s'agenouillant, il fit une courte prière, et présenta sa tête au bourreau, qui, après l'avoir séparée du tronc d'un seul coup, la plaça entre les jambes du cadavre, qu'il étendit le ventre contre terre. Trois jours après, la fille de Comidas, âgée de seize ans, vint réclamer les restes de son père, qui lui furent abondonnés, et elle les fit déposer dans le cimetière de Balikli, sur l'emplacement duquel se trouvait jadis le célèbre palais *des Fontaines* des empereurs de Byzance. Depuis, son tombeau a toujours été très-fréquenté par les pèlerins arméniens du rite catholique.

« Ainsi, dit l'historien catholique Hammer, la première persécution qu'eurent à essuyer les Arméniens catholiques dans l'empire ottoman, et la suppression de la première presse arménienne à Constantinople, furent l'œuvre des jésuites, auxquels on doit également attribuer l'enlèvement du patriarche arménien non catholique, l'apostasie des Arméniens orthodoxes, leur conversion à l'islamisme, le martyre de Comidas et celui de ses deux compagnons d'infortune. Comme ces derniers, le patriarche Avedick mourut martyr de sa foi dans la prison où on l'avait enfermé à perpétuité. »

La cruauté et l'infamie de ces consciences suppliciées, si communes à cette époque aux Orientaux et aux Occidentaux, et dont le roi de France et le roi d'Espagne donnaient eux-mêmes l'exemple aux Ottomans, retombe, avec le sang de Comidas, sur le fanatisme de toutes les sectes.

V

La jeunesse et la vigueur d'esprit d'Ali de Tchorli inspiraient à son gouvernement une énergie inconnue depuis les Kiuperli dans le divan. Le sultan, pour le récompenser de son zèle, lui donna en mariage la sultane Emineh, fille de son frère, l'infortuné Mustafa II. Il donna la seconde de ses nièces, la sultane Kadidjé, au jeune fils de Kiuperli le brave, mort en Hongrie sur le champ de bataille.

« La corbeille de noces du barbier, fils du laboureur de Mésopotamie, contenait, dit l'annaliste turc contemporain Raschid, un bandeau, un collier, des bracelets, une bague, une ceinture, des boucles d'oreilles et des anneaux destinés à parer les articulations des bras et des pieds; ces sept objets, tous sphériques et ornés de diamants, sont considérés par les Orientaux comme la sphère septuple de la femme. Ces présents comprenaient encore un miroir garni de pierreries, un voile parsemé de diamants, des pantoufles et des socques ornés de perles, des échasses en or et garnies de joyaux pour le bain, deux mille ducats et quarante tasses pleines de sucreries.

» Après les noces de ses deux nièces, le sultan songea à fiancer aussi sa fille Fatima, âgée seulement de quatre ans. En vain Ali-Pacha essaya de dissuader le sultan d'accorder la main de la jeune princesse au silihdar-pacha, son favori avoué; elle fut fiancée à ce dernier, auquel elle apporta une dot de quarante mille ducats; de plus, le sultan ajouta aux biens de la couronne qu'il possédait déjà les revenus de l'île de Chypre. Les fiançailles furent célébrées avec un faste d'autant plus extraordinaire (16 mai 1709) que le sultan se plaisait à ces sortes de réjouissances. C'est ainsi que, quelques mois auparavant, il avait ordonné que la capitale fût illuminée pendant trois jours, pour célébrer la naissance du prince Mourad (15 janvier 1708), né d'une esclave croate; trois jours après, une esclave russe le rendit père de deux filles jumelles; mais la naissance de ces dernières passa inaperçue et ne donna lieu à aucune réjouissance publique.

» Outre les deux fêtes du beïram et celles de la naissance du prince, de l'exposition du manteau du Prophète et du départ de la caravane des pèlerins pour la Mecque, on célébra sous le règne d'Achmet III, pour la première fois, la fête du printemps; les parterres de tulipes, situés dans le jardin dit *des Buis* du sérail, furent illuminés en verres de couleur. »

Nous décrirons plus loin cette fête des fleurs où les parterres du Bosphore semblent, à travers les urnes transparentes des tulipes, s'illuminer d'eux-mêmes du phosphore de la végétation de l'Orient.

VI

Vers le même temps, les corsaires d'Alger apportèrent au sultan les clefs de la ville d'Oran, conquise par leurs armes. L'empereur du Maroc, Muleï-Hassan, voulant éloigner de son empire les escadres réunies de Constantinople et des puissances barbaresques, envoya des ambassadeurs à Achmed III.

« Ces ambassadeurs, disent les annales, amenaient avec eux, comme un hommage, un jeune fils de Mahomet IV, père d'Achmet, que sa mère, odalisque du harem, avait mis au monde pendant une traversée de mer en se rendant à la Mecque. Une tempête avait jeté sur la côte du Maroc l'odalisque et son enfant. La cour de Maroc l'avait fait élever en prince destiné peut-être un jour au trône des musulmans. Le jeune fils de l'odalisque ne reçut pour tout accueil, en débarquant de Chio, que la prison. L'ambassadeur fut renvoyé avec injure au Maroc. Il ne dut son salut qu'à ce principe de droit public ottoman, qui dit : *aucun outrage ne doit atteindre les ambassadeurs.*

» Muleï-Hassan, offensé de cette conduite, adressa au sultan une seconde lettre, conçue dans des termes moins soumis, et qu'il finissait en offrant à la Porte de lui prouver la légitimité du prince par titres authentiques. Cette lettre ne fit que hâter l'exécution de celui-ci, et dans sa

réponse au souverain de Fez, la Porte déclara : « Que les
» augustes descendants d'Othman étaient inaccessibles à de
» semblables insinuations ; que les fils des sultans ne cou-
» raient pas le monde comme ceux des autres princes, et
» que le bruit de l'existence d'un prince légitime n'avait
» d'autre fondement que les rêves d'une imagination fébrile
» ou de vains discours. »

La tête du fils de Mahomet IV fut jetée sur le seuil de la porte du sérail, avec un écriteau accusant la victime du crime de lèse-majesté, pour avoir prétendu à la parenté du sultan : « Comme si, disaient ces lignes, sa mère, esclave enceinte de Mahomet IV, avait été faite prisonnière pendant son pèlerinage à la Mecque. »

VII

Mais ces fêtes, ces supplices, ces vicissitudes de ministres furent interrompus, presque soudainement, par l'apparition, sur la scène de l'Europe, d'un peuple jusque-là obscur, mais sur lequel le génie d'un homme commençait à refléter une lueur sinistre au Nord pour les Ottomans. Ce peuple était le peuple russe, cet homme était le czar Pierre Ier.

Une lutte, en apparence inégale, entre un faible État du Nord, la Suède, et un empire colossal, mais non encore illustré, la Moscovie, fut l'occasion accidentelle de cette rencontre entre deux races dont l'une devait s'acharner pendant deux siècles sur l'autre, jusqu'à ce qu'elle eût reflué sur l'Orient, deux fois conquis par les Tartares, ou jusqu'à ce que l'Occident, alarmé enfin sur sa propre indépendance, vînt disputer à la Russie sa proie et rétablir l'équilibre des populations sur le globe.

Quittons un instant les bords de la Méditerranée pour les rivages de la mer du Nord.

VIII

Les Suédois, nation restreinte mais héroïque, avaient eu sous leur roi encore régnant, Charles XII, cette explosion disproportionnée de force et de gloire, que la Providence semble réserver à tous les peuples tour à tour, même aux plus petits, comme une époque de la virilité des races qui porte la nation, comme l'homme adolescent, à l'apogée de ses facultés.

Charles XII, un de ces caractères où la démence et l'héroïsme se tiennent de si près, qu'on hésite en les nommant entre l'admiration et la pitié, était un roi disproportionné par son ambition de gloire à la petitesse de son royaume; statue trop grande pour sa base, il écrasait la Suède en la faisant contempler de l'univers. Vainqueur avec huit mille soldats de quatre-vingt mille Russes (1700), terreur des Danois, dompteur des Polonais et prétendant porter un de ses clients sur le trône presque banal de leur république (1703), vaincu enfin à Pultawa par les Russes (1709), et forcé d'aller mendier un asile et des armes en Bessarabie, il importunait de là le divan pour lui faire déclarer la guerre aux Russes.

Les Russes, loin de provoquer les hostilités, les éludaient encore ; ils sollicitaient, par leurs envoyés à Constantinople, une prolongation de quelques années de la trêve de deux ans qu'ils avaient signée avec la Turquie, au congrès de Carlowitz. Mais les Cosaques du Don, leur avant-garde sur les bords de la mer Noire, et les Tartares de Crimée, fidèles alliés des Ottomans, ne cessaient pas, par leurs conflits réciproques, de créer, entre les deux grandes nations qu'ils séparaient, des griefs éternels d'où la guerre devait à chaque instant sortir.

Elle fut fomentée plus activement encore par le génie à la fois sauvage, perfide et aventureux d'un Polonais, que la vengeance avait fait proscrit, que la proscription avait fait roi, sous le titre d'hetman des Cosaques, et que l'ambition avait fait le grand agitateur du Nord. Nous voulons parler de Mazeppa. Sa destinée a ce caractère mystérieux, fatal et presque fabuleux des héros des peuples primitifs, qui reçoivent leurs chefs du hasard, de la superstition, ou des deux à la fois.

IX

Mazeppa, jeune noble Polonais, attaché comme page au service du roi de Pologne, Jean-Casimir (1686), remarquable par la beauté et par la vigueur de son corps autant que par la culture de son esprit, avait inspiré une passion coupable à l'épouse d'un gentilhomme de Podolie. Surpris par le mari dans un commerce furtif avec son amante, il avait été condamné à périr par un supplice aussi étrange et aussi barbare que les mœurs de ces contrées. Attaché avec des cordes sur la croupe d'un cheval sauvage et indompté dont ses pieds battaient les flancs et accroissaient la course frénétique, il avait été emporté à travers les steppes et les fleuves, pendant plusieurs jours et plusieurs nuits, jusqu'en Ukraine, patrie du cheval et pays des Cosaques.

Le hasard et sa vigueur l'avaient fait survivre à son supplice, et quand son coursier, épuisé d'haleine, tomba enfin de lassitude au milieu d'une horde de pasteurs, ces pasteurs superstitieux crurent voir dans ce miraculeux proscrit, échappé à la mort, un génie surnaturel envoyé à leur nation avec le signe de l'empire dans sa destinée. Ils le délivrèrent de son cheval, le portèrent évanoui dans leur tente, l'abreuvèrent de lait de jument, le rappelèrent à la vie, et conçurent pour lui le respect et la soumission qu'inspirent les choses célestes. Ce prestige qui environna Mazeppa à son apparition parmi les Cosaques s'accrut et se propagea de tribu en tribu par sa beauté, par son courage et par la supériorité de son instruction sur ces barbares; attaché au service de l'hetman des Cosaques, Samoliowitz, il fut jugé le plus digne du commandement de la nation entière, quand le vieil hetman, déposé du trône après une guerre malheureuse contre les Tartares, rentra dans l'obscurité (1687).

Mazeppa, joignant la politique à l'héroïsme, chercha dans la faveur du czar Pierre le Grand, qui venait de saisir l'empire des Russes, un allié plus puissant que lui contre les Tartares, les Polonais et les Turcs. Nommé par le czar, en récompense, prince souverain de l'Ukraine, où son cheval s'était abattu sous le proscrit, il leva une armée de soixante mille cavaliers cosaques, qui servirent d'avantgarde et d'ailes mobiles aux Russes dans leur expédition contre Azof (1696.) Bientôt inconstant comme sa propre fortune, et ingrat comme l'ambition, il se ligua avec Charles XII, roi de Suède, l'ennemi du czar, quand la victoire parut désigner, dans Charles XII, l'heureux triomphateur des Russes (1700-1706). Trompé par les revers décisifs des Suédois à Pultawa (1709), il feignit un zèle plus ardent que sincère pour la cour de Moscou, dénonça ses sujets au czar, le czar à ses sujets, s'embarrassa, comme tous les traîtres, dans ses propres ruses, et, convaincu enfin de perfidie par les Russes et de trahison par ses Cosaques, il se réfugia, sans sceptre et sans honneur, à Bender, en Bessarabie, n'ayant plus, des trois patries qu'il avait jouées par ses intrigues, qu'un asile pour mourir, le territoire ottoman.

Tel fut Mazeppa, le héros vagabond des poëtes, dont Byron a chanté le supplice et la fortune dans un poëme, homme dans lequel l'histoire ne peut voir qu'un semeur de troubles, un transfuge éternel et un perfide aventurier.

X

Vendu maintenant aux Turcs, après l'avoir été aux Suédois, aux Russes, aux Tartares, ce Polonais avait secrètement encouragé le khan des Tartares à attaquer les troupes du czar à Azof. Le grand vizir Ali de Tchorli espérait trouver pour le jour de la lutte deux puissants auxiliaires dans Mazeppa et dans Charles XII, généreusement accueilli à Bender.

« Je prendrai votre roi d'une main et mon sabre de

l'autre, disait-il à l'ambassadeur de Pologne, Poniatowski, et je conduirai moi-même Charles XII à Moscou avec deux cent mille hommes. »

La mort de Mazeppa (1709) à Bender, asile commun du roi de Suède et de l'hetman des Cosaques sans patrie, suspendit l'ardeur du grand vizir. Les menées de l'intrigant Poniatowski, à Constantinople, et son intelligence avec la sultane Validé, avec le jeune kislar-aga, favori tout-puissant sur l'esprit d'Achmet III, et avec l'aga des janissaires, préparaient la chute d'Ali de Tchorli.

Un Grec, payé par Poniatowski pour arborer devant le prince le signe désespéré de ceux qui ont des requêtes dédaignées à présenter aux sultans, se présenta un vendredi sur son passage au moment où il se rendait à la mosquée. Le suppliant élevait au-dessus de sa tête une natte allumée, symbole des reproches de la terre montant en flammes vers le ciel. Le sultan s'arrêta pour recevoir la supplique. C'était une accusation hardie contre la politique du grand vizir; le sultan l'emporta, la lut et la communiqua à son favori Ali-Koumourdji, devenu silihdar-aga. C'était interroger la haine et l'envie sur la calomnie.

XI

Damad Ali Koumourdji, ou *le Charbonnier*, avait sur son maître le même empire absolu que le berger de Magnésie avait autrefois conquis sur le grand Soliman. Rencontré par le sultan dans une de ses chasses au fond d'une forêt où son père brûlait des branches pour faire du charbon, qu'il portait au marché de Constantinople, le jeune Ali avait attiré les regards d'Achmet III par sa merveilleuse beauté, et charmé son esprit par la naïveté spirituelle de ses reparties. Placé et élevé parmi les icoglans, pages du sérail, Koumourdji, toujours désigné par le surnom qui rappelait l'humble profession de son enfance, avait grandi dans l'intimité du sultan. Protégé par la sultane Validé, ménagé par les ministres, élevé prématurément au poste de confiance de silihdar, Ali-Koumourdji, trop jeune encore pour aspirer à la place de grand vizir, jouissait d'élever les ministres ou de les détruire presque à son gré dans la faveur ou dans la disgrâce de son maître. La lecture du mémoire présenté, la flamme sur la tête, par le Grec affidé des Polonais, et les insinuations du favori, allumèrent la colère d'Achmet III. Il fit appeler le grand vizir au sérail pour lui retirer le sceau.

XII

L'injustice des reproches d'un côté, la dignité et l'innocence de l'autre, rendirent l'entretien si acerbe que le sultan, prenant cette dignité pour de l'insolence, tira son sabre du fourreau pour abattre la tête d'Ali.

« Vous pouvez me frapper, vous pouvez disposer de ma vie, lui dit fièrement le vieillard; depuis longtemps elle vous appartient plus qu'à moi-même; j'ai fait plus que vous dévouer ma vie, je me suis voué à la haine de vos ennemis et de vos sujets pour vous servir. Punissez-moi, si vous l'osez, et apprenez ainsi à mes successeurs ce qu'on gagne à se sacrifier à son maître. »

XIII

Soit remords de l'acte qu'il allait commettre, soit appréhension du mécontentement des armées, dont le vieux soldat possédait l'estime et la confiance, Achmet jeta son sabre loin de lui et se borna à exiler le grand vizir dans l'île délicieuse de Lesbos (1710).

Le quatrième Kiuperli, petit-fils du conquérant de Candie, encore dans la fleur de l'âge, mais déjà mûr pour la politique par cette aptitude héréditaire de sa famille, fut élevé, pour frayer la route au silihdar et pour complaire à la sultane mère, à la première dignité de l'État. Séduit d'avance par l'habile Poniatowski, admirateur de l'héroïsme de Charles XII, convaincu que les Russes fomentaient de faux prétextes de religion comme des intelligences parmi les populations grecques de la Morée et de la Macédoine, qu'ils avaient des émissaires parmi les Monténégrins et des foyers de propagande politique jusque dans les couvents du mont Athos, cette Thébaïde fortifiée des moines grecs; saisi, enfin, d'une sinistre prévision à l'aspect d'une médaille frappée par l'ordre des Russes en Hollande et répandue dans la Grèce, médaille qui portait pour inscription : Pierre Ier, empereur des Russes et des Grecs, Achmet III n'hésitait pas plus que son jeune vizir à prévenir par une guerre ouverte la guerre sourde que les Russes couvraient encore du masque des négociations.

Une escadre russe, sortie de l'embouchure du Dniester, déploya tout à coup son pavillon sur la mer Noire, ce lac ottoman, et, franchissant inopinément les batteries d'Europe et d'Asie qui ferment le Bosphore, vint jeter l'ancre en face du sérail, sous les fenêtres, sous le canon des jardins d'Achmet. (1711).

« Le czar est-il en démence? demanda Achmet au grand vizir. Ce nouvel Alexandre rêve-t-il la conquête de l'univers? Châtiez à l'instant ce *tschaousch*. »

Il ordonna à Kiuperli de combler par des mesures fiscales, urgentes mais iniques, le vide du trésor, rempli naguère par Ali, mais déjà épuisé par la prodigalité du silihdar et de la sultane Validé. Kiuperli s'étant refusé à ces violences faites à la fortune publique fut déposé et exilé à Négrepont.

Mohammed-Baltadji, plus complaisant aux passions du sérail, reprit le sceau, remplit le trésor, rassembla en peu de semaines deux cent mille hommes dans le bassin d'Andrinople, et partit le 1er avril 1711 pour en prendre le commandement. « Que Votre Hautesse se souvienne, dit-il à Achmet III en prenant congé de son maître, que j'ai été élevé pour fendre du bois avec la hache et non pour combattre avec le sabre; je vais tenter de servir avec dévouement l'empire; mais, si je succombe, ne me rendez pas responsable des revers. »

XIV

La Moldavie était le théâtre de la campagne qui allait s'ouvrir; le khan des Tartares y campait déjà avec cent mille cavaliers, attendant le grand vizir. Ce khan, mécontent du Grec Maurocordato, prince de cette province, fit nommer à sa place le prince Cantimir, qui trompa bientôt la confiance des Turcs et entretint des intelligences perfides avec les Russes. Le prince Brancovan, au contraire, qui gouvernait la Valachie, afficha du dévouement pour les Russes et les joua en faveur des Turcs : double trahison habituelle chez ces serviteurs dangereux de la politique ottomane, qui se vengeaient constamment de leur servilité par leurs intrigues.

Mais déjà le czar, s'avançant, avec cent mille Russes de ses vétérans des guerres de Suède, dans le pays des Cosaques, lançait en avant de lui, dans la Moldavie, le prince Schérémétof, son meilleur général, avec vingt-cinq mille hommes et dix mille en Bessarabie (1711). Les bords du Pruth, fleuve destiné à rouler si longtemps avec ses eaux le sang des Ottomans et des Russes, virent, pour la première fois, les camps des deux races se rencontrer et se mesurer de l'œil d'une rive à l'autre. La fortune du czar sembla hésiter au premier regard devant la masse, la majesté et l'antiquité de la fortune des fils d'Othman. Le czar se replia, adossé à des forêts dont il ignorait la profondeur et les sentiers, devant l'innombrable armée du grand vizir, et, n'osant ni reculer tout à fait pour le salut ni combattre en désespéré pour la gloire, campa timidement sur un sol nu et aride, n'ayant pas même conservé sa communication avec le Pruth pour abreuver ses soldats et ses chevaux.

Trois cent mille Turcs, Valaques, Tartares, Moldaves, traversèrent impunément le fleuve sous ses yeux, et, étendant leurs vastes ailes en croissant autour de la forêt sur laquelle il avait basé sa retraite, l'enfermèrent dans ses propres circonvallations. Avant d'avoir combattu, le fendeur de bois tenait sous son sabre le czar, l'armée et l'empire des Moscovites. Une femme sauva la Russie.

XV

Suspendons un moment ici le récit de cette première campagne entre les Russes et les Ottomans pour initier le lecteur à l'intelligence du nouveau peuple et du nouveau czar dont l'avenir était en suspens dans le camp de Tremba, appelé depuis *la Vallée malheureuse*, près des bords du Pruth, et pour considérer à quel merveilleux hasard la Providence attache quelquefois le sort des empires.

Un document jusqu'ici tronqué et enfoui dans l'ombre des manuscrits, trésor inexploré du temps et révélé entier enfin par M. Théophile Hallez, jette sur le czar Pierre, sur Catherine, sa maîtresse, puis sa femme, et sur les événements de la Vallée malheureuse, une réverbération si étrange et si éclatante, que l'historien doit disparaître ici devant l'annaliste, et que les confidences du témoin oculaire des événements doivent l'emporter sur les conjectures du philosophe. Nous voulons parler des manuscrits de

M. de Villebois, gentilhomme français, devenu, par suite d'aventures communes à cette époque, familier du czar Pierre le Grand et commandant de ses escadres. L'intérêt de ce document, dont nous allons citer ce qui touche à notre récit, commence au massacre des strélitz, ces janissaires barbares de Moscou, qui donnaient et retiraient l'empire à leurs maîtres.

On sait assez les vicissitudes de la destinée de Pierre le Grand jusque-là. Descendant de la famille prussienne des Romanof, portée au trône en 1613, dans la personne de Michel Romanof, fils d'un archevêque de Rostow et d'une religieuse; lui-même fils du second lit du czar Alexis, élevé après l'imbécile Ivan, son frère, au rang de czar, mais envié, persécuté et menacé par la princesse Sophie, leur sœur, qui gouvernait en réalité sous le nom d'Ivan; agréable aux troupes par sa figure, son intelligence, son courage précoce; porté seul au trône (1689), à dix-sept ans, par une sédition de palais qui jeta Sophie dans une prison perpétuelle au Kremlin; marié, selon le rite des czars, à celle des jeunes filles de sa noblesse qu'ils choisissaient à la beauté dans une revue de vierges nobles; persécuteur de cette première épouse Eudoxie; livré à tous les vices de la barbarie, l'ivresse, la débauche, la férocité, mais doué d'un génie qui fermentait en lui sous ces vices, Pierre, justement appelé le Grand, avait résolu de faire d'une horde immense un peuple.

Le peuple russe, semblable en tout à son fondateur, était digne d'inspirer à son czar cette pensée. Cette race slave, dont l'origine se perd dans sa route de la Tartarie vers la Baltique, de la Baltique vers la Moscovie, de la Moscovie vers l'Orient, comme pour retrouver son soleil natal; barbare au fond, policée à la surface, grecque de génie, superstitieuse de culte, cosmopolite de mœurs, guerrière de courage, immense de nombre, esclave dans ses déserts, disciplinée dans ses camps, séditieuse dans ses cours, paraissait rassembler en elle toutes les corruptions des races vieillies et toutes les vertus des races primitives. Avec un tel peuple pour instrument on pouvait, en deux siècles, égaler toute la civilisation de l'Europe par ses hommes d'État et son aristocratie, ou la submerger d'un déluge de barbares disciplinés par ses serfs.

Le sort du monde occidental ou du monde oriental dépendait du courant vers l'Occident ou vers l'Orient que le génie de Pierre le Grand allait imprimer à cette grande race. Charles XII, en le provoquant au nord, décida sa route vers la Baltique. La colère et la vanité portèrent le fondateur de la Russie à s'étendre en Finlande, à s'asseoir dans une capitale précaire, sur la mer d'Europe (1705), et à rivaliser de mœurs, de politique, de marine et d'armée, avec ces puissances occidentales dont le contact flattait son orgueil de parvenu à la civilisation.

Ce fut la faute de Pierre le Grand, le malheur de l'Occident, et vraisemblablement aussi le malheur des Russes. Leur courant naturel contrarié les porta sur l'Occident, capable de les refouler pendant des siècles; il les emprisonna dans leurs déserts glacés, au lieu de leur laisser suivre la pente des climats et des choses qui les rappelaient avec moins d'obstacles et plus d'analogie sur l'Orient.

Mais après avoir jugé la grande faute de Pierre le Grand, revenons au récit de ses premières années, de sa campagne en Bessarabie et du miracle qui le conserva à la Russie.

XVI

Après avoir parcouru l'Europe, moins en souverain qui cherche des hommages qu'en philosophe qui cherche des leçons et des modèles de civilisation, il était revenu à Moscou (1698) avec la passion de régénérer son peuple et avec la férocité de volonté nécessaire pour anéantir tous les obstacles qui s'opposeraient à son despotisme de civilisation. Le premier et presque le seul était le corps des strélitz, oligarchie soldatesque, prétoriens de la barbarie, comme les janissaires étaient les prétoriens du fanatisme. Ses confidents lui ayant écrit que ces soldats, travaillés par la princesse Sophie, sa sœur, voulaient profiter de son éloignement pour lui enlever la couronne et pour la placer sur la tête de leur corruptrice, il arriva inopinément à Moscou.

Nous empruntons ici le récit dramatique et pittoresque du document secret dont nous avons parlé tout à l'heure.

« Cette nouvelle, dit le favori du jeune czar, obligea Pierre d'interrompre le cours de ses voyages pour revenir en toute diligence dans ses États, suivi seulement d'un très-petit nombre de personnes. Il arriva à Moscou sans y être attendu, et trouva toutes choses pacifiées par la prudence du général Gordon, commandant des troupes étrangères.

» Sur l'avis qu'il avait eu que les strélitz, pour faire plus de diligence et ne se pas incommoder les uns les autres dans leur marche, s'étaient divisés en deux corps et avaient pris deux différentes routes, Gordon se mit à la tête de douze mille étrangers, recrutés et disciplinés avant son départ par Pierre le Grand, avec lesquels il alla au-devant du premier de ces détachements, composé de dix mille hommes, qu'il surprit, battit, et dont il fit un tel carnage que sept mille restèrent sur la place, et les trois mille autres se dispersèrent et se sauvèrent dans différentes provinces.

» Le général Gordon, bien loin de se tranquilliser après l'avantage qu'il venait de remporter sur le premier des deux détachements, marcha, sans perdre de temps, à la rencontre du second, composé de sept mille hommes. Ceux-ci, informés de la défaite de leurs camarades, s'étaient retranchés dans une île environnée de marais; il les y enveloppa et les contraignit à mettre bas les armes. A peine furent-ils sans défense, qu'on les décima. Ceux sur qui le sort tomba furent arquebusés sur-le-champ, et les autres amenés prisonniers à Moscou, où ils entraient par une porte dans le temps que le czar, d'un autre côté, y arrivait des pays étrangers.

» Ce prince trouva que l'exécution militaire faite par le général Gordon était un châtiment trop peu proportionné aux forfaits présents et passés des strélitz. Il voulut que leur procès fût instruit dans les formes usitées pour les voleurs et les assassins, et qu'ils fussent punis comme tels. Et en effet, après les avoir tirés des différentes prisons où ils avaient été dispersés et enfermés en arrivant à Moscou, on les assembla, au nombre de sept mille, dans un lieu environné de palissades, où on leur lut la sentence qui condamnait deux mille d'entre eux à être pendus, et les cinq mille autres à être décapités; ce qui fut exécuté dans un seul jour, de la manière suivante :

» On les faisait sortir dix par dix de l'enceinte palissadée dont on vient de parler, dans une plaine où l'on avait dressé un nombre de gibets suffisant pour y pendre deux mille hommes. Ceux-ci y furent attachés par dizaines, en présence du czar, qui les comptait, et de tous les seigneurs de la cour, qu'il avait mandés auprès de lui afin qu'ils fussent témoins de cette exécution, pour laquelle il voulut, en outre, se servir des soldats de sa garde en guise de bourreaux.

» Après l'exécution de ces deux mille strélitz, on procéda à celle des cinq mille qui devaient être décapités. Ils furent, de même que leurs camarades, tirés dix à dix de l'enceinte où ils étaient enfermés, et de là conduits dans la plaine où, vis-à-vis les gibets, on avait disposé des poutrelles en assez grand nombre pour servir de billots à ces cinq mille coupables. A mesure qu'ils arrivaient, on les faisait arranger, coucher de leur long et poser par cinquantaines le cou sur les billots, après l'on décapitait toute la file. Le czar ne se contenta pas de se servir pour cette exécution des seuls soldats de sa garde. Armé lui-même d'une hache, il commença par couper de sa propre main la tête d'une centaine de ces malheureux ; après quoi, ayant fait distribuer des haches à tous les princes, seigneurs et officiers de sa suite, il leur ordonna de suivre son exemple.

» Nul de ces seigneurs, parmi lesquels étaient le grand amiral Apraxin, le grand chancelier, le prince Mentschikoff, Dolgorouki, etc., ne fut assez osé pour désobéir. Le caractère du czar leur était trop connu pour qu'ils ignorassent qu'en témoignant la moindre répugnance dans cette occasion, il y allait de leur vie, et qu'il les aurait impitoyablement confondus avec les rebelles.

» Ces milliers de têtes furent transportées en ville, dans des tombereaux, et fichées sur des pieux de fer scellés dans les créneaux des murailles de Moscou, où elles restèrent exposées pendant toute la durée du règne de ce prince.

» Quant aux chefs de ces strélitz, ils furent pendus aux murailles de la ville, en face et à la hauteur de la fenêtre grillée par où la princesse Sophie recevait le jour dans sa prison, spectacle qu'elle ne cessa d'avoir sous les yeux pendant les cinq ou six années qu'elle survécut à ces malheureux.

» Il ne me reste plus qu'à rendre compte du sort de ceux qui, ayant pris la fuite après leur défaite par le général Gordon (1699), s'étaient dispersés dans différentes directions. Il fut défendu sous peine de mort, dans toute l'empire russe, non-seulement de leur donner asile dans les maisons, mais même de leur fournir le moindre aliment, pas même de l'eau, ce qui donne à croire qu'ils périrent tous misérablement.

» Les femmes et les enfants de ces Strelitz furent transportés dans des lieux déserts et incultes, où on leur assigna pour retraite une étendue de terrain limitée, avec défense, à eux et à leurs descendants, d'en jamais sortir.

» On érigea sur tous les grands chemins des pyramides de pierre sur lesquelles on grava la relation de leurs crimes ainsi que leur arrêt de mort, afin de transmettre à la postérité le souvenir de leurs odieux attentats et de la fin terrible qui en fut le châtiment. »

XVII

Cette boucherie retrempa l'autorité de Pierre dans le sang. Il enferma sa sœur coupable dans une prison perpétuelle et régna seul sur le vaste empire affermi avant l'âge sur les ruines de l'usurpation et de la sédition. Son caractère, qui avait à la fois l'énergie du crime et celle du gouvernement, ne tarda pas à se révéler dans toute sa licence barbare par sa conduite envers sa première épouse et ses enfants.

« L'impératrice Eudoxie Fœdorowna, dit le confident du prince, première femme de Pierre le Grand, fut, sans contredit, la plus malheureuse princesse de son temps. L'histoire la plus reculée offre peu d'exemples d'une infortune pareille à la sienne, sa vie n'ayant été, depuis son mariage avec le czar, qu'un tissu d'événements tragiques.

» Elle naquit à Moscou le 8 juin 1670. Son père, nommé Fœdor Abrahamwitch Lapoukine, était puissamment riche et appartenait à la plus ancienne noblesse du grand-duché de Novogorod. Elle mérita par sa beauté la préférence sur plusieurs centaines de filles nobles qui furent proposées et présentées au czar lorsque le conseil de ce prince le jugea en état d'être marié.

» C'était, dans ce temps-là, un usage établi en Russie, lorsque le czar était parvenu à l'âge nubile, de rassembler dans la grande salle du palais de Moscou les plus belles filles de l'empire. Les chefs de familles nobles tenaient à honneur d'envoyer, de toutes les provinces, leurs filles à

Moscou, afin que le prince, après les avoir toutes considérées, fît choix de celle qui lui paraîtrait le plus à son gré. Ce fut dans une pareille assemblée que le czar Pierre Ier, après avoir parcouru tous les rangs d'une infinité de jeunes demoiselles russes rangées en file, se déclara en faveur d'Eudoxie Fœdorowna Lapoukine (1694).

» La bonne intelligence entre le czar et sa femme ne fut pas de longue durée. La czarine était intrigante, impérieuse et jalouse à l'excès; le czar, de son côté, avait le caractère soupçonneux, l'humeur changeante et la complexion amoureuse; il était, en outre, violent dans ses résolutions et implacable du moment qu'il avait pris les gens en aversion. On voit que ces deux caractères n'étaient guère faits pour cadrer ensemble.

» Ce prince devint, dès la troisième année de son mariage, éperdument amoureux d'une jeune et belle demoiselle, nommée Anna Moëns, née à Moscou de parents allemands. La czarine Eudoxie, après avoir vainement persécuté cette rivale, fit éclater sa jalousie contre son mari en lui refusant son lit et en se brouillant avec la czarine douairière, sa belle-mère. Il n'en fallut pas davantage au czar, aiguillonné tant par Lefort, son premier ministre et son favori, que par la belle étrangère dont il était amoureux. On le détermina facilement à mettre à exécution le projet, qu'il avait déjà formé *in petto*, de répudier sa femme et de la reléguer dans un couvent. Aussitôt que le czar avait commencé à se dégoûter de sa femme, il avait fait secrètement consulter les théologiens les plus renommés de son empire, pour savoir s'ils ne pourraient pas trouver quelque cause de nullité dans son mariage, afin d'être autorisé à le faire casser. Mais leurs réponses n'ayant pas été favorables à ses vues, il répliqua qu'ils étaient tous des ignorants, et que, s'il avait consulté pour son affaire à Rome, il y aurait certes trouvé de plus habiles conseillers.

» Il n'en est pas moins vrai que cette malheureuse princesse fut contrainte à prendre l'habit et à faire ses vœux (1697), et qu'elle passa plusieurs années oubliée de la cour et de tout le monde. Quant à son mari, livré tout entier à ses passions, il changea continuellement de maîtresses, jusqu'au jour où, séduit par les charmes d'une esclave livonienne que le prince Mentschikoff lui avait cédée, il se décida non-seulement à l'épouser (1711), mais encore à faire passer la couronne sur la tête de ses enfants, au préjudice du czarowitz légitime, Alexis, fils d'Eudoxie.

» La czarine Eudoxie, ayant été convaincue par des lettres de sa main, par des témoins et par sa propre confession, du crime d'adultère avec Gleboff, fut enfermée entre quatre murailles, dans la forteresse de Schlusselbourg, après avoir eu la douleur de voir condamner et périr en prison son fils unique, Alexis Petrowitz (1718), et exécuter sur la grande place de Moscou son frère Abraham Lapoukine.

» L'opinion générale est que le czarowitz mourut d'une violente révolution causée par son arrêt de mort et sa grâce, qui lui furent annoncés à quelques heures d'intervalle. Mais ceux qui ont une connaissance exacte de ce qui s'est passée en ce temps-là à la cour de Russie savent que le czar, après avoir, pour la forme, accordé sa grâce à son fils, lui envoya un chirurgien auquel il ordonna de saigner ce prince. « Comme la révolution a été violente, lui dit-il, » il faudra pratiquer une abondante saignée, et je t'or-

» donne de lui ouvrir les quatre veines. » Ce qui fut ponctuellement exécuté, le czar étant dans la citadelle de Saint-Pétersbourg, où, suivant ce que bien des gens ont prétendu, ce crime aurait été commis devant ses yeux.

XVIII

» Quant à Gleboff, il fut aisé de lui prouver ses relations avec la czarine Eudoxie, tant par les dépositions des témoins que par des lettres interceptées qu'elle lui avait écrites. Nonobstant ces preuves accablantes, il persista à nier le fait dont on l'accusait, et il eut la force et la constance de ne rien dire qui fût à la charge et contre l'honneur de cette princesse, qu'il défendit au milieu des différentes tortures qu'on lui appliqua par ordre et en présence du czar.

» Ce prince, après avoir fait subir pendant six semaines consécutives à ce gentilhomme les plus cruels tourments qu'on puisse infliger à un criminel dont on veut arracher la confession, poussa en vain la cruauté jusqu'à le faire marcher sur des planches semées de pointes de fer, et à le faire ensuite exposer et empaler, aux yeux du public, sur la grande place de Moscou (1719). Le czar s'étant approché du patient et l'ayant conjuré, par tout ce que la religion a de plus sacré, de confesser son crime et de songer qu'il allait paraître devant le tribunal de Dieu, celui-ci tourna négligemment la tête vers ce prince, et, après l'avoir écouté avec un grand sang-froid, il lui répondit d'un ton de mépris : « Il faut que tu sois aussi imbécile que

» tyran pour croire que, n'ayant rien voulu avouer au
» milieu des tourments inouïs que tu m'as fait endurer,
» j'irais flétrir l'honneur d'une honnête femme quand je
» suis sur le point de perdre la vie! Va, monstre, ajouta-t-il
» en lui crachant au visage, retire-toi et laisse mourir en
» paix celui que tu n'as pu laisser vivre. »

« Eudoxie resta confinée dans sa prison depuis l'année 1719 jusqu'au mois de mai 1727, et elle n'y eut d'autre compagnie et assistance que celles d'une vieille naine, qu'on avait enfermée avec elle, pour lui préparer à manger et laver son linge, faible secours qui lui fut souvent inutile et même à charge, en ce qu'elle se trouva plus d'une fois obligée de servir à son tour la naine, lorsque les infirmités de cette captive l'empêchaient de se servir elle-même. »

XIX

La femme qui succéda dans le cœur de Pierre le Grand à l'impératrice Eudoxie et à ses nombreuses rivales, rappelle, par son romanesque avénement, la Roxelane des Ottomans.

Nous laissons raconter ici l'homme qui fut le témoin le plus intime et le confident de cette destinée.

« Si jamais il y a eu une histoire qui, par la singularité et la quantité d'événements dont elle a été remplie, ait mérité d'être transmise à la postérité, c'est sans contredit celle de la czarine Catherine, seconde femme de Pierre le Grand, mère de la princesse Élisabeth.

» Commençons par son origine et sa naissance, qui ont

été parfaitement ignorées de tout le monde et d'elle-même, si on veut la croire, pendant presque tout le cours de sa vie et de celle de son mari, nonobstant toutes les recherches et les perquisitions que ce prince avait inutilement faites pendant plus de vingt années, sans pouvoir acquérir le moindre éclaircissement à ce sujet. Ce serait encore aujourd'hui un mystère impénétrable pour tout le monde, si, trois mois avant la mort de Pierre Ier, et deux ans avant celle de cette princesse, une aventure singulière, qui trouvera sa place dans un des chapitres consacrés à l'histoire de la vie de cette femme extraordinaire, n'avait fait découvrir, de manière à n'en pouvoir douter, qu'elle se nommait Skawronsky, qu'elle était née à Derpt en 1686, et qu'elle y avait été baptisée la même année dans l'église catholique romaine et suivant les rites de cette religion, qui était celle de ses père et mère.

» Ces derniers, paysans fugitifs de Pologne, et qui devaient être sans aucun doute serfs ou esclaves, ainsi que le sont tous les paysans en Pologne, avaient quitté ce pays pour venir s'établir à Derpt, petite ville de la Livonie, où leur indigence les avait obligés à se mettre en service pour gagner leur vie. Ils avaient ainsi subsisté du travail journalier de leurs mains jusqu'au moment où la peste dont la province de Livonie fut affligée les détermina, dans l'espérance de se dérober aux atteintes du fléau, à se retirer dans les environs de Marienbourg. L'un et l'autre, malgré leurs précautions, moururent en peu de temps de la contagion, laissant à la garde de Dieu deux misérables enfants en bas âge. L'un de ces deux enfants, qui était un garçon âgé à peine de cinq ans, fut donné à un paysan qui se chargea de l'élever; l'autre, qui était une fille de trois ans, fut remise entre les mains du curé, autrement dit pasteur du lieu, lequel, étant aussi décédé peu de temps après, avec la plus grande partie des gens de sa maison, laissa cette misérable créature, sans avoir eu le temps de donner le moindre renseignement ni sur sa naissance ni sur la manière dont il l'avait recueillie chez lui.

» Elle se trouvait encore dans cette maison lorsque M. Gluck, superintendant ou archiprêtre de la province, ayant appris la désolation que le fléau avait répandue dans la ville de Marienbourg, s'y transporta pour procurer à ce troupeau, privé de son pasteur, tous les secours et soulagements spirituels qui lui étaient nécessaires dans une si grande calamité. Cet archiprêtre ayant commencé sa visite par la maison du défunt curé y trouva cette pauvre enfant, qui, en le voyant entrer, courut à lui, le saisit par sa robe, l'appela son père, et le tourmenta jusqu'à ce qu'il lui eût fait donner à manger.

» Touché de compassion, ce respectable ecclésiastique demanda à qui appartenait cette enfant, et, ne trouvant dans la maison personne qui pût le renseigner à ce sujet, il fit dans tout le voisinage des perquisitions qui n'eurent pas plus de succès. Aucun habitant ne réclamant la malheureuse orpheline, il fut obligé de s'en charger et de l'emmener avec lui dans toute sa tournée.

» De retour à Riga, lieu principal de sa résidence, il remit cette pauvre créature à sa femme pour qu'elle en prît soin. Cette vertueuse dame, ayant bien voulu s'en charger, l'éleva auprès de ses deux filles, qui étaient à peu près du même âge, et la garda chez elle, en qualité de servante, jusqu'à l'âge de seize ans, temps auquel on jugea qu'elle s'ennuierait bientôt de son état.

» On prétend en effet que le superintendant s'était aperçu que son fils regardait cette servante d'une façon plus tendre qu'il ne convenait dans la maison d'un archiprêtre, et que, de son côté, la fille n'était pas indifférente à l'amour du jeune homme.

» Quoi qu'il en soit, ses maîtres, dans la crainte que, malgré la bonne éducation qui lui avait été donnée, la nature ne subjuguât sa raison au moment qu'on y penserait le moins, jugèrent à propos de la marier promptement à un jeune traban en garnison à Marienbourg (1702).

» Il ne manqua rien aux formalités du mariage, et si cette cérémonie ne se fit pas avec beaucoup de magnificence, ce ne fut pas du moins sans un grand concours de monde, attiré par la curiosité de voir les nouveaux mariés. On trouve encore plus d'une personne digne de foi qui se souvient d'y avoir assisté.

XX

» Cet homme, engagé au service du roi de Suède, Charles XII, en qualité de simple cavalier, fut obligé, le surlendemain de ses noces, d'abandonner sa femme pour aller rejoindre, avec sa troupe, le roi de Suède, qui l'emmena en Pologne, où il était occupé à faire une guerre vigoureuse au roi Auguste. En attendont le retour de son mari, Catherine resta chez M. Gluck, sans que son changement d'état y modifiât sa condition, c'est-à-dire qu'elle continua son service dans cette maison jusqu'au moment où les malheurs de la guerre que les Russes faisaient en Livonie lui ouvrirent le chemin, d'abord épineux, qui la conduisit à la fortune éclatante à laquelle elle est arrivée depuis.

» Le superintendant chez qui elle servait demeurait tantôt dans un endroit et tantôt dans un autre, suivant l'occurrence de ses affaires.

» Il se trouvait à Marienbourg lorsque cette ville fut inopinément investie et assiégée (1702) par le feld-maréchal Schérémétof, général des troupes russes. Frappé de la beauté de Catherine, dans la maison de M. Gluck, le général la retint prisonnière de guerre et la mit au nombre de ses esclaves. Elle était assez remarquable par sa beauté et par la richesse de sa taille pour qu'il l'eût distinguée au milieu de la famille de l'archiprêtre pendant que dura sa harangue, et il n'est pas étonnant qu'ayant appris qu'elle était de condition servile, il ait été tenté de se l'approprier, malgré elle et malgré les remontrances du superintendant. C'est ainsi qu'elle sortit de la maison de M. Gluck et qu'elle entra dans celle du feld-maréchal.

» Elle a avoué depuis que cette séparation, qui fut le premier échelon de sa fortune, lui avait causé beaucoup de peine. Outre qu'elle passait de la condition de domestique libre à celle d'esclave chez un homme qu'elle ne connaissait pas, il était tout naturel qu'elle conservât de l'attachement pour une famille dans le sein de laquelle elle avait été élevée, et il devait lui être douloureux de s'en voir séparée pour le reste de ses jours.

» Les preuves qu'elle a prodiguées, dans la suite des temps, de son extrême affection pour cette famille, n'ont pas été équivoques, et l'on peut dire qu'elle est, à cet égard, exempte de reproche d'ingratitude. Aussitôt qu'elle fut en état de donner au superintendant des marques de sa reconnaissance, elle appela ses enfants à la cour de Russie, et les combla de biens et d'honneurs.

» Je n'ai pas cru devoir omettre cette occasion de faire ressortir la noblesse des sentiments de Catherine; mais ce serait en quelque sorte m'écarter du sujet que je me suis proposé que de m'étendre davantage sur cette matière.

» Suivons-la donc dans sa nouvelle condition.

» On sait le pouvoir des maîtres sur les esclaves. Celui des Russes était si grand en ce temps-là qu'ils avaient sur les leurs droit de vie et de mort, sans la moindre forme de procès. On se doute bien que ce n'était pas pour tuer Catherine que le feld-maréchal l'avait prise. Elle s'en aperçut dès le premier jour qu'elle fut dans sa maison. Les sentiments de désintéressement ne sont guère en usage dans les pays où l'on admet le principe de l'esclavage; l'amour y parle en maître qui veut être obéi, et l'esclave est obligée de faire, par crainte et par soumission, tout ce qu'une violente passion lui inspirerait dans un pays libre.

» Il y avait déjà six ou sept mois qu'elle vivait dans cette maison, lorsque le prince Mentschikoff vint en Livonie pour y prendre le commandement de l'armée russe à la place du feld-maréchal Schérémétof, qui eut ordre d'aller rejoindre le czar en Pologne (1703). La nécessité de faire diligence obligea Schérémétof de laisser en Livonie tous ceux de ses domestiques dont il pouvait se passer. De ce nombre était Catherine. Mentschikoff l'avait aperçue plus d'une fois dans la maison du feld-maréchal et l'avait trouvée fort à son gré. Il proposa au maréchal de la lui céder. Le feld-maréchal y consentit; et voilà de quelle manière elle passa au service du prince Mentschikoff.

» Mentschikoff était plus jeune et moins sérieux. Elle joignit un peu de goût à la soumission qu'elle lui devait, et sut tellement bien captiver son esprit, que, peu de jours après son entrée dans la maison, on ne reconnaissait plus lequel des deux était l'esclave ou le maître.

» Les choses en étaient dans ces termes lorsque le czar partit en poste de Pétersbourg (qui se nommait alors Neuhaus), pour se rendre en Pologne (1704). Arrivé en Livonie, il descendit chez son favori Mentschikoff. Ayant remarqué Catherine au nombre des esclaves qui servaient à table, il s'informa d'où elle était, et comment il en avait fait l'acquisition. Après s'être entretenu fort confidentiellement à ce sujet avec son favori, qui ne lui répondit que par un signe de tête, il regarda beaucoup Catherine, la questionna, lui trouva de l'esprit, l'enleva à Mentschikoff pendant son séjour dans sa maison, et donna pour toute marque de libéralité, en la quittant, un ducat d'or d'une valeur de dix francs à la belle esclave.

XXI

» Après le départ de Pierre, elle reprocha vivement à Mentschikoff de l'avoir livrée aux regards du czar. Ces reproches augmentèrent l'amour de ce favori pour son esclave. Pierre revint de Pologne après la campagne en Livonie. Il enleva alors ouvertement Catherine à son maître, et l'obligea même à lui faire de riches présents en vêtements et en pierreries, pour la rendre digne de sa faveur.

» A l'aspect de ces parures et de ces bijoux étalés devant

elle par le czar : « Est-ce un présent de mon ancien ou de
» mon nouveau maître? dit-elle au czar.

» — C'est Mentschikoff qui te les envoie, répondit Pierre.

» — En ce cas, répliqua la jeune fille, il faut convenir
» que Mentschikoff congédie magnifiquement ses esclaves;
» mais je ne veux pas de ses présents. » Elle renvoya tout,
à l'exception d'une petite bague sans prix. « Je ne garde de
» lui que cela, dit-elle, pour me faire souvenir des bontés
» qu'il a eues pour moi. Quant à mon nouveau maître, je ne
» veux pas de ses présents, j'ambitionne de lui quelque
» chose de plus précieux. »

» Et en même temps elle fondit en larmes et s'évanouit,
tellement que Pierre fut obligé de l'inonder d'eau de senteur pour la faire revenir de son saisissement.

» Lorsqu'elle eut repris ses sens, le czar l'assura que ces
pierreries étaient un souvenir de Mentschikoff, qui lui faisait ainsi son présent d'adieu; qu'il lui savait bon gré
d'avoir agi de la sorte, qu'il voulait qu'elle l'acceptât, et
qu'il se chargeait du remercîment.

» Cette scène s'était passée en présence des deux esclaves
que Mentschikoff avait envoyés, et d'un capitaine aux
gardes de Préobrajenski, que le czar avait fait appeler pour
lui donner des ordres. L'aventure se répandit dans le public, et bientôt on ne s'y entretint plus que des attentions,
égards et marques de considération que le czar avait pour
cette femme. Personne ne le reconnaissait dans tous ses
raffinements de galanterie avec elle; cette conduite paraissait d'autant plus extraordinaire que, jusqu'alors, ses
façons d'agir avaient été extrêmement cavalières envers
le beau sexe, en y comprenant même les dames de la plus
haute distinction.

» On augura de là qu'il nourrissait pour elle une passion sérieuse. En quoi on ne s'abusa point. Mentschikoff fut le premier à s'en apercevoir et à sentir combien cette femme, qui lui a été par la suite d'une si grande utilité, allait acquérir d'ascendant sur l'esprit du czar. Il y a donc lieu de présumer que, dans le magnifique présent qu'il fit à Catherine, il entra plus de politique que de véritable générosité.

» L'amour, quand il s'empare bien sérieusement du cœur d'un homme, en change tout le caractère. Jamais mortel, en matière de galanterie, ne s'était moins piqué que Pierre Ier de discrétion et de constance.

» Sa passion pour Catherine fut la première, et peut-être la seule, qu'il traita avec un air de mystère. Pendant le court séjour qu'il fit en Livonie, bien que cette femme fût dans son palais au su de tout le monde et dans un petit appartement contigu au sien, il ne lui échappa jamais de s'entretenir d'elle, je ne dis pas devant tout le monde, mais avec ses plus intimes confidents.

» Lorsqu'il dut quitter cette province pour se rendre à Moscou (1704), il chargea un capitaine de ses gardes de l'y conduire avec tout le secret possible. Il lui ordonna d'avoir pour elle, sur la route, toutes les déférences imaginables, et de la loger chez une dame prévenue à cet effet, recommandant avec instance qu'on lui donnât chaque jour, pendant tout le cours du voyage, des nouvelles de sa chère Catherine.

» Cette dernière circonstance fit entrevoir au capitaine combien l'amour du czar pour la nouvelle favorite était profond et violent. En effet, il connaissait assez son maître pour savoir que, loin d'avoir jamais porté son attention jusqu'à ce point pour aucune autre femme, il se souvenait à peine, une fois parti, de celles même pour lesquelles il avait témoigné le plus vif empressement.

» Catherine, arrivée à Moscou, y vécut sans éclat, presque dans l'obscurité. Pendant deux ou trois ans, elle fut logée dans un quartier désert et éloigné du grand monde, chez une dame de bonne famille, mais de condition et de fortune médiocres ; la maison avait peu d'apparence au dehors, mais beaucoup de commodité à l'intérieur. C'est de cette dame que je tiens la plus grande partie des détails que je vais rapporter.

» En installant sa maîtresse d'une façon si modeste, le czar entendait tenir son intrigue extrêmement secrète ; il ne voulut même pas qu'elle nouât aucune relation avec des femmes. Cet ordre était assez du goût de Catherine, que son génie portait naturellement aux grandes choses, et nullement aux habitudes des personnes de son sexe.

» Dans les commencements, ce prince, essentiellement indiscret, métamorphosé tout d'un coup en amant mystérieux, ne la voyait, pour ainsi dire, qu'à la dérobée, quoiqu'il ne laissât passer aucun jour ou, pour mieux dire, aucune nuit sans la visiter. Aux heures où la ville était déserte, il s'y rendait incognito, suivi d'un seul grenadier qui conduisait son traîneau. On jugera de la force de son amour par la contrainte qu'il s'imposa dans sa conduite.

» Ce prince était laborieux et n'avait pas peu d'affaires. La nécessité où il se trouva de travailler, non-seulement pendant le jour, mais aussi dans les heures de la nuit, l'obligea cependant, par la suite, de se relâcher un peu sur le mystère de ses sorties nocturnes.

» Il en vint peu à peu à recevoir ses ministres dans sa

petite maison, s'entretenant avec eux, en présence de Catherine, des affaires les plus importantes de l'État. Mais ce que l'on aura de la peine à se persuader, c'est que ce prince, qui avait une assez triste opinion des femmes, et qui ne les croyait propres qu'à l'amour, en arriva à consulter Catherine, lorsqu'il était en désaccord avec ses ministres; il suivait ses avis, se rendait à ses raisons, et la traitait, en un mot, comme on raconte que Numa Pompilius traitait la nymphe Égérie. »

Les grandes qualités de jugement, de génie et d'âme, dont la nature l'avait douée, commencèrent ainsi à se manifester dans tout leur éclat. Ce fut de cet instant qu'elle éleva ses pensées jusqu'au trône.

Son mari, le traban des armées de Charles XII, fut découvert par les soins du czar, après la bataille de Pultawa (1709), parmi les prisonniers suédois, amené à Moscou et transféré au fond de la Sibérie, pour y vivre et y mourir ignoré.

Catherine abjura la religion luthérienne, qui était celle de sa famille, et adopta la religion grecque. Le pope, qui venait de la baptiser, la maria en secret, immédiatement après la cérémonie, au czar. C'était l'époque où Louis XIV épousait en secret aussi madame de Maintenon, veuve d'un poëte burlesque, et bénie par la religion comme l'Esther de la France.

Vers ce temps, Pierre le Grand, encouragé par sa victoire sur Charles XII, se disposait à marcher avec cent quarante mille hommes contre les Turcs (1711). Catherine le suivait dans sa campagne, considérée encore comme la favorite et non comme l'épouse du czar. Accompagnée d'une ou de deux esclaves, elle supportait toutes les fatigues et tous les dangers de cette guerre, renfermée pendant le jour dans une tente voisine de celle de Pierre. Elle n'en sortait que dans l'ombre, pour lui donner les consolations de l'amour et les inspirations de son génie. Les officiers et les soldats la considéraient comme la providence cachée de l'armée, adoucissant les violence de l'emportement de leur czar et lui donnant les conseils du véritable attachement. Sa popularité parmi les Russes égalait son crédit sur le czar.

XXII

Nous avons laissé Pierre le Grand, après une marche téméraire et une retraite inopportune, de l'autre côté du Pruth, enfermé dans *la Vallée malheureuse* par les deux cent soixante mille hommes de Mohammed-Baltadji, auxquels il avait permis de passer impunément le Pruth et de cerner de toutes parts les Russes. Une batterie de canon dressée sur un mamelon qui dominait le fleuve, à un coude où le Pruth se rapprochait le plus des Russes, ne laissait pas même à Pierre le Grand l'espoir de lasser les Turcs en s'abritant dans ses circonvallations. Les boulets, au premier ordre de Mohammed-Baltadji, pouvaient écraser les tentes du czar. Toute retraite lui était fermée par les spahis et les Tartares, qui entouraient derrière lui la forêt imprudemment traversée par son armée. On peut dire que cent mille Russes et leur czar étaient prisonniers avant d'avoir combattu. Charles XII, accouru de Bender au camp des Ottomans, jouissait d'avance de l'humiliation de la captivité de son ennemi. Pultawa était vengé par Baltadji. Ce fut le moment où l'amour et le génie de Catherine méritèrent la couronne que Pierre n'osait encore placer sur sa tête.

Nous reprenons le récit du témoin de ces angoisses du czar et du miracle de Catherine.

« Il n'y avait depuis trois jours, dit-il, ni pain ni aucune autre provision de vivres dans l'armée. La consternation y régnait, au point que les soldats, couchés sur leurs armes, n'avaient plus la force de se lever. Le czar, se croyant perdu sans ressource, et ne pouvant même attendre son salut d'une action désespérée, s'était retiré dans sa tente, où, confus, découragé, accablé de douleur, il se livrait à son abattement, sans vouloir être vu ni parler à personne.

» Catherine, qui l'avait accompagné à cette expédition, entra résolûment dans sa tente, malgré la consigne qu'il avait donnée de n'y recevoir qui que ce fût, et, après lui avoir fait comprendre de quelle conséquence il était qu'il montrât plus de fermeté, elle lui dit qu'il restait un expédient à tenter avant de se livrer entièrement au désespoir. Elle lui démontra qu'il fallait conclure une paix, la moins désavantageuse que l'on pourrait, en corrompant, à force de présents, le caïmakam et le grand vizir ; elle assura qu'elle répondait du caractère de ces deux ministres ottomans, d'après les peintures qu'en avait faites le comte Tolstoy dans quantité de ses dépêches qu'elle avait entendu lire ; elle indiqua un homme dans l'armée qui conduirait parfaitement cette affaire, ajoutant qu'il fallait, sans perdre un moment, le dépêcher au caïmakam, afin de le sonder touchant ses dispositions secrètes.

» Elle sortit de la tente, sans laisser au czar le temps

de respirer et de répondre, et elle y rentra un instant après avec le soldat en question, auquel elle donna elle-même ses instructions, en présence de l'empereur, qui, sur l'ouverture que sa femme venait de lui faire, avait déjà commencé à reprendre ses esprits ; il approuva jusqu'à ses moindres paroles, et fit partir cet homme en toute diligence.

« A peine fut-il hors de la tente, que, resté seul avec elle et la regardant avec admiration, il lui dit :

» — Catherine, l'expédient est merveilleux ; mais où trou-
» verons-nous tout l'argent qu'il nous faudra jeter à la tête
» de nos ennemis, car ils ne se payeront pas de promesses ?

« — Ici même ! lui répliqua-t-elle. J'ai mes pierreries,
» et j'aurai, avant le retour de notre envoyé, jusqu'au
» dernier sol qui est dans le camp. Tout ce que je vous
» demande, c'est que vous ne vous laissiez pas abattre, et
» que, par votre présence, vous ranimiez le courage de vos
» pauvres soldats. Allons, venez vous montrer aux troupes.
» Du reste, laissez-moi faire, et je vous réponds qu'au
» retour de votre messager je serai en état d'accomplir les
» promesses qu'il aura faites aux ministres de la Porte,
» fussent-ils encore plus avides qu'ils ne le sont. »

» Le czar l'embrassa, suivit son conseil, sortit de sa torpeur, se montra et passa au quartier du feld-maréchal Schérémétof. Pendant ce temps-là, elle monte à cheval, parcourt tous les rangs, adresse la parole aux soldats, s'entretient avec les officiers et leur dit :

« — Mes amis, nous sommes ici dans une conjoncture où
» nous ne pouvons sauver notre liberté qu'en perdant la vie
» ou en nous faisant un pont d'or. En prenant le premier
» parti, qui est de mourir en nous défendant, tout notre or
» et nos bijoux nous deviennent inutiles ; employons-les

» donc à éblouir nos ennemis pour les engager à nous lais-
» ser passer. J'y ai déjà sacrifié une partie de mes pierre-
» ries et de mon argent. Mais cela ne suffira pas à contenter
» la cupidité des gens à qui nous avons affaire. Il faut que
» chacun de nous se cotise, disait-elle à chaque officier en
» particulier. Qu'as-tu à me donner ? Livre-le-moi présen-
» tement. Si nous sortons sains et saufs d'ici, tu le retrou-
» veras au centuple, et je te recommanderai au czar, notre
» père. »

Tout le monde, jusqu'au simple soldat, charmé de ses grâces, de sa fermeté et de son bon sens, lui apporta ce qu'il possédait. On ne vit en un instant, dans le camp, que consolation et courage. Ces sentiments augmentèrent encore lorsque l'homme qu'elle avait députe secrètement au caïmakam revint avec la réponse qu'on pouvait envoyer au grand vizir un commissaire, avec de pleins pouvoirs pour traiter de la paix.

L'affaire fut bientôt conclue, malgré les menaces et les intrigues du roi de Suède, qui, informé de la situation critique où se trouvaient les Russes, était venu en personne dans le camp des Turcs, et ne cessait de stimuler le grand vizir, en lui disant tout haut :

« Il ne faut que des pierres pour assommer les ennemis ; je ne te demande pas d'autres armes pour te livrer le czar et jusqu'au dernier soldat de son armée, mort ou vif. »

Dès le jour même, il entra suffisamment de provisions dans le camp de Pierre Ier. Le lendemain, l'armée, bien pourvue, se mit en marche pour regagner la frontière de Russie, où elle arriva en bon état et acheva de ruiner les affaires de la Suède, au delà de la mer Baltique.

XXIII

Ainsi une esclave livonienne sauva le czar et l'empire. Mais, si l'adresse de Catherine et son éloquence arrachèrent aux officiers et aux soldats les présents nécessaires pour ouvrir les négociations et pour racheter l'armée d'une extermination inévitable, rien n'est moins authentique ni même moins probable que la prétendue corruption du grand vizir. Une paix solide et aussi glorieuse que celle qu'il signa sur les bords du Pruth était pour l'empire, menacé de toutes parts, une conquête sans perte de sang ottoman, qui valait plus qu'une bataille, toujours chère, même quand elle n'est pas douteuse.

Ce fut le ressentiment furieux et implacable de Charles XII, qui éclata en reproches et en calomnies contre Baltadji, et qui accrédita, dans la postérité, cette fable. L'évaluation des prétendus trésors offerts par Catherine et par le czar, comme rançon des Russes, ne s'éleva, selon les Russes eux-mêmes, qu'à quelques centaines de mille roubles, somme ridicule et disproportionnée à l'influence qu'on lui attribue sur la vénalité du grand vizir. La misérable cotisation des officiers et des soldats moscovites, qui connaissaient à peine l'or et l'argent, n'équivalait pas aux présents dont la moindre ambassade des Indes, de la Perse ou de Venise, comblait à chaque avénement les coffres du sérail ou le trésor particulier du vizir. Ce fut la politique et non la vénalité de Baltadji qui dicta la paix ; les motifs en sont trop évidents, si l'on se reporte à cette époque, pour ne pas comprendre et pour ne pas approuver cette première grande paix des Ottomans avec la Russie.

Les Turcs, épuisés, depuis deux règnes, d'hommes et d'argent, par leur longue guerre avec Sobieski et le prince Eugène, venaient de perdre à Vienne, à Lippa, à Zenta, trois armées. Menacés en Dalmatie et en Hongrie, attaqués jusque dans Belgrade, ils avaient le plus pressant intérêt à s'affranchir, en Bessarabie, des hostilités qui les empêcheraient de surveiller l'Adriatique et le Danube; la perte d'une quatrième armée pouvait découvrir même Andrinople. Ils étaient momentanément les protecteurs de Charles XII, vaincu et réfugié sur leur territoire; mais, au fond, le caractère ambitieux et remuant de ce héros enchaîné leur inspirait, avec raison alors, plus d'inquiétude qu'un czar des Moscovites, nation encore dans l'ombre et dans l'enfance.

Charles XII, à la tête de ses vaillants Suédois, et entraînant à sa suite les belliqueux Polonais, leur paraissait un voisin plus redoutable que Pierre Romanof à la tête de barbares paraissant et disparaissant sur la frontière de leurs forêts. Une paix solide, conclue avec le chef de cette horde, semblait leur garantir, dans les Russes, un contrepoids utile à la turbulence des Polonais, au vagabondage des Cosaques du Don, à la prépondérance de l'Autriche. Les conditions absolues de cette paix ou plutôt de cette capitulation imposée aux Russes garantissaient aussi l'inviolabilité de la mer Noire, et flattaient assez l'orgueil ottoman pour enlever au vizir tout prétexte de jouer inutilement la plus belle et la dernière armée de l'empire dans une bataille où le désespoir pouvait changer encore tant de succès en revers.

Ce furent là les véritables et justes inspirations du grand vizir. Charles XII, l'ambassadeur polonais, Poniatowski, et le khan des Tartares, Dewlet-Gheraï, s'y opposèrent en vain dans des intérêts tout personnels à eux-mêmes ou à leur nation. Mohammed-Baltadji la dicta aussi humiliante et aussi absolue qu'il aurait pu le faire après une victoire complète. Il exigea du czar la restitution d'Azof, la démolition de Kamienska, de Samara, de Tighan, forteresses dont les canons étaient livrés à la Porte; la renonciation de toute immixtion dans les peuplades des Cosaques; l'éloignement perpétuel de Constantinople de tout ambassadeur russe, dont les intrigues fatiguaient le divan; la liberté pour le roi de Suède, Charles XII, de retourner dans ses États et d'y négocier une paix séparée avec le czar; enfin, la libre retraite de l'armée russe sans être inquiétée par les Ottomans, à condition qu'ils laisseraient dans les mains du grand vizir deux négociateurs du traité et le maréchal Schérémétof, le premier des lieutenants du czar. Tel fut le traité du Pruth, véritables *Fourches Caudines* de la Russie, sous lesquelles la vigueur et la sagesse du *Fendeur de bois* firent passer, sans combat, les cent quarante mille hommes du czar.

Charles XII, entrant dans la tente du grand vizir au moment où le tambour des Russes et leurs drapeaux déployés annonçaient la retraite impunie de ses ennemis, s'indigna contre Baltadji :

« N'aurais-tu pas dû, lui dit-il, emmener le czar captif à Constantinople?

» — Et qui donc, lui répondit ironiquement le vizir, aurait gouverné son peuple en son absence? »

A cette réplique, dans laquelle Charles XII comprit

avec raison une allusion dérisoire à la démence qui l'avait fait abandonner lui-même ses États, se jette tout botté sur le divan; il embarrasse volontairement ses éperons dans la pelisse du vizir, la déchire en lambeaux, se relève, monte à cheval et galope avec fureur jusqu'à Bender. L'impassible *Fendeur de bois* pardonna au malheur et à la déception cette insulte, et, se levant sans aucun reproche du divan, alla faire ses prières et ses ablutions devant sa tente. Il avait assez de gloire pour négliger un affront.

XXIV

Mais avant de suivre le vizir dans son entrée triomphale à Constantinople, anticipons un moment sur les événements, et suivons le czar dans son retour humilié à Moscou, et la czarine dans sa fortune croissante.

Le même document secret qui nous a ouvert les mystères de la cour du czar Pierre, au commencement de sa vie, nous les révèle jusqu'à sa mort. On ne peut détacher sa pensée de ce Mithridate des Ottomans.

« On peut juger, dit l'annaliste intime, de l'impression que la conduite de Catherine produisit sur l'esprit et le cœur des soldats. On n'entendait que le bruit des éloges dus à ses mérites et à ses services. Le czar, de plus en plus enchanté de ses grandes qualités, ne pouvait s'en taire; il lui rendait publiquement la justice qu'il lui devait; et lorsqu'il fut arrivé dans ses États (1711), il la récompensa en déclarant son mariage avec elle, malgré les efforts vrais ou simulés qu'elle fit pour l'en détourner. Bien plus, afin de laisser à la postérité un monument de la gloire qu'elle s'était acquise sur les bords du Pruth, il établit en son honneur l'ordre de Sainte-Catherine, dont il l'institua grande maîtresse. » Ils se rendirent à Pétersbourg, où on renouvela, pour ainsi dire, le couronnement par les cérémonies de la fête célébrée à leur retour.

L'empire retentissait encore, comme l'armée, du nom sauveur de Catherine, quand le hasard perça tout à coup l'obscurité qui enveloppait aux yeux des Russes l'origine de cette princesse. Voici l'aventure; elle eut lieu trois mois après le couronnement de Catherine (1724).

« Un paysan, valet d'écurie dans une auberge de Courlande, étant ivre, se prit de querelle avec d'autres gens de sa condition, non moins ivres que lui. Un envoyé extraordinaire du roi de Pologne, qui, en revenant de Moscou, pour s'en retourner à Dresde, s'était arrêté par hasard dans ladite auberge, fut témoin de cette querelle. Il prêta l'oreille, et entendit un de ces ivrognes qui, tout en jurant contre les autres, marmottait entre ses dents que, s'il voulait dire un seul mot, il avait des parents assez puissants pour les faire repentir de leur insolence.

» Le ministre, surpris du discours de cet ivrogne, s'informe de son nom et de ce qu'il peut être. On lui répond que c'est un simple paysan polonais, valet d'écurie dans la maison, et qu'il s'appelle Charles Skawronski. Il regarde attentivement ce rustre, et, à force de le considérer, il trouve dans l'assemblage de ses traits grossiers une ressemblance lointaine avec ceux de l'impératrice Catherine, quoique ceux-ci fussent si délicats que jamais aucun peintre n'a réussi son portrait.

» Frappé de cette vague ressemblance, aussi bien que

des discours du paysan, l'envoyé extraordinaire en badina innocemment ou malicieusement, dans une lettre qu'il écrivit, sur les lieux, à l'un de ses amis, attaché à la cour de Russie. Ce billet parvint, je ne sais comment, à la connaissance du czar. Il prit sur ses tablettes les renseignements spécifiés dans la lettre, et les transmit au prince Repnin, gouverneur de Riga, avec ordre, sans lui dire pour quelle fin, de faire chercher le nommé Charles Skawronsky, d'imaginer un prétexte pour le faire venir à Riga, de se saisir de sa personne, et de l'expédier en toute hâte à la chambre de police de la cour, en qualité d'appelant d'un jugement rendu contre lui à Riga.

» Le prince Repnin exécuta les ordres du czar au pied de la lettre. On lui emena Charles Skawronski. Il fit semblant d'instrumenter juridiquement contre lui, sous prétexte d'une querelle, et l'envoya à la cour sous bonne garde, avec les prétendues informations faites contre sa personne.

» Cet homme, arrivé à la cour, se présenta devant le lieutenant général de police, qui, ayant le mot du czar, fit traîner l'affaire en longueur, et remit le solliciteur d'un jour à l'autre, afin de l'examiner plus à son aise et de rendre un compte exact de ses découvertes. Ce pauvre étranger se désespérait de ne pas voir la fin de son affaire. Il avait, à son insu, des mouches à ses trousses; on le faisait jaser, et, sur les discours qu'on lui arrachait, on opérait, en Courlande, des perquisitions secrètes, par lesquelles on découvrit clairement qu'il était le propre frère de l'impératrice Catherine.

» Quand le czar en fut bien assuré, on fit insinuer à Charles Skawronsky, par les mouches de son entourage, qu'il fallait, puisqu'il ne pouvait obtenir justice du lieutenant général de police, qu'il présentât une requête au czar en personne. On lui assura qu'on lui procurerait à cet effet la protection de gens haut placés, qui, en lui facilitant les moyens de parler au prince, appuieraient en même temps la justice de sa cause.

» Ceux qui conduisaient cette petite intrigue demandèrent au czar quand et où il voulait qu'on lui amenât cet individu. Il répondit qu'il irait le jour même dîner incognito chez un de ses maîtres d'hôtel, nommé Chapiloff, et que l'on fît en sorte que Charles Skawronski s'y trouvât à l'issue du dîner. On n'y manqua point, et, lorsqu'il fut temps, on le fit furtivement glisser dans la chambre où était le czar.

» Il reçut la requête et examina le suppliant tout à son loisir, pendant qu'on faisait mine de lui expliquer l'affaire. Les réponses de Skawronski aux questions multipliées du czar, quoiqu'un peu embarrassées, furent cependant assez claires pour faire connaître à l'empereur que cet homme était indubitablement le frère de Catherine.

» Sa curiosité étant pleinement satisfaite sur ce point, il congédia brusquement ce paysan en lui disant qu'il verrait ce qu'on pourrait faire pour lui, et qu'il eût à revenir le lendemain à la même heure. Étant à souper le soir avec Catherine, il lui dit :

« — J'ai dîné aujourd'hui chez Chapiloff, notre maître
» d'hôtel ; j'y ai fait une chère délicieuse. C'est un compère
» qui se traite bien. Il faut, Catherine, que je t'y mène
» quelque jour. Allons-y demain. »

» La czarine répondit qu'elle le voulait bien.

« — Mais, dit-il, il faut faire comme j'ai fait aujour-

» d'hui, le surprendre au moment qu'il sera prêt à se
» mettre à table, et nous y rendre seuls. »

« Le projet fut arrêté le soir et exécuté le lendemain. On alla chez Chapiloff, on y dîna, et après le dîner on introduisit Charles Skawronsky dans la chambre où se trouvaient l'empereur et l'impératrice. Le solliciteur s'approcha, tremblant et balbutiant, auprès du czar, qui, ayant fait semblant d'avoir oublié ce qu'il avait déjà dit, lui adressa les mêmes questions que la veille. Cette conversation se passait dans l'embrasure d'une croisée. La czarine, assise non loin de là, ne perdait pas une syllabe. A mesure que le pauvre Skawronski répondait, le czar, comme pour stimuler l'attention de cette princesse, ne cessait de lui répéter :

« — Catherine, écoute un peu cela. Eh bien ! Catherine,
» n'entends-tu rien à ces paroles ? »

» Elle répondit en changeant de couleur et en bégayant :
« — Mais... »

» Le czar, reprenant, lui dit :

« — Mais si tu ne le comprends pas, je le comprends
» bien, moi; c'est que, en un mot, cet homme-là est ton
» frère.

» Allons, dit-il à Charles, baise tout à l'heure le bas
» de sa jupe en qualité d'impératrice, et après cela, em-
» brasse-la comme ta sœur. »

» A ce discours, Catherine, interdite et plus pâle que son linge, tomba en défaillance. On apporta des eaux de senteur pour la faire revenir, et personne ne parut plus empressé que le czar. Il fit tout ce qu'il put pour la rassurer, et quand il la vit un peu remise :

« — Quel si grand mal y a-t-il dans cette aventure ? lui

» dit-il. Eh bien! c'est mon beau-frère ; s'il est homme de
» probité et qu'il ait de l'intelligence, nous en ferons quel-
» chose. Mais console-toi, je ne vois en tout cela rien
» de quoi l'on doive s'affliger. Nous voilà présentement
» éclairés sur une matière qui nous a coûté bien des
» recherches. Allons-nous-en maintenant. »

» La czarine, en se levant, demanda la permission d'embrasser ce frère si miraculeusement retrouvé, et pria le czar de leur accorder à l'un et à l'autre la continuation de ses bonnes grâces.

» On ordonna à Skawronsky de rester dans la maison où il se trouvait, et on l'assura qu'il n'y manquerait de rien. En outre, il lui fut enjoint de ne pas trop se montrer, et de se conformer en tout point aux conseils de son hôte. On prétend que la toute récente majesté impériale fut un peu mortifiée et humiliée de cette reconnaissance, et que, si elle en avait été la maîtresse, elle aurait du moins fait choix d'un lieu plus convenable pour une scène de cette nature.

» C'est ainsi que, par l'aventure inopinée que je viens de raconter, le mystère de la naissance de Catherine fut dévoilé au moment où l'on y était le moins préparé. Mais la fortune, qui se joue continuellement de la destinée des faibles humains, en les élevant ou en les abaissant à son gré, semble reprocher tout à coup ses bienfaits à ceux qu'elle élève le plus haut; elle prend plaisir à troubler la félicité des puissants de la terre en leur rappelant le néant d'où ils sont sortis, offrant ainsi une consolation à ceux que le sort a maltraités, et prouvant aux mortels qu'ils sont frères, en dépit de la différence de leurs positions dans ce bas monde.

XXV

» A peine Catherine fut-elle montée sur le trône, que son cœur, n'ayant plus rien à désirer du côté de l'ambition, se laissa subjuguer par l'amour. Au mépris des lois sacrées de son mariage avec un prince d'un caractère si redoutable, et qui s'était, pour ainsi dire, oublié en l'épousant, elle ne craignit pas de lui faire une infidélité dont l'intrigue fut si mal ménagée, qu'elle la mit au moment de se voir précipiter du comble des honneurs dans l'abîme de la plus affreuse ignominie.

» Je me souviens que, dans les commencements de cette intrigue, ayant été à la cour et n'étant nullement prévenu de ce qui se passait entre la czarine et son chambellan, Moens de la Croix, non-seulement je soupçonnai cette intrigue en les voyant ensemble, mais même je ne conservai plus le moindre doute à cet égard. Cependant, je ne les vis qu'en public et dans un jour où il y avait un grand concours de monde à la cour. Je n'ai jamais mieux compris qu'en cette occasion combien l'amour est aveugle, et combien ses impressions sont difficiles à dissimuler.

» Peu s'en est fallu que l'empereur n'ait porté l'excès de sa fureur contre cette femme jusqu'à tuer les enfants qu'il avait eus d'elle. Je tiens d'une demoiselle française, qui était au service des princesses Anne et Élisabeth, que le czar, revenant un soir de la forteresse de Pétersbourg, où l'on travaillait au procès du sieur Moens de la Croix, entra inopinément et sans suite dans la chambre de ces jeunes princesses, qui s'occupaient à des ouvrages de leur âge et de leur sexe, avec plusieurs jeunes filles placées auprès d'elles pour leur éducation et leur amusement.

« Il avait, me dit cette demoiselle, l'air si terrible, si
» menaçant et si hors de lui, que tout le monde fut saisi
» de frayeur en le voyant entrer. Il était pâle comme la
» mort, et avait les yeux étincelants et égarés. Son visage
» et tout son corps étaient agités de tremblements con-
» vulsifs. »

» Il se promena plusieurs minutes dans la chambre, sans dire mot à personne, et en jetant des regards affreux sur ses filles, qui, effrayées et tremblantes, s'esquivèrent tout doucement et se réfugièrent, aussi bien que le reste de la compagnie, dans une autre chambre.

» L'empereur tira et remit plus de vingt fois dans le fourreau le couteau de chasse qu'il portait ordinairement à son côté. Il en frappa les murailles et la table à plusieurs reprises, en faisant des grimaces et des contorsions si affreuses, que la petite demoiselle française, qui, seule, n'avait pu encore s'esquiver, ne sachant où se mettre, se cacha sous la table, où elle resta jusqu'à ce qu'il fût sorti. Cette scène muette dura près d'une demi-heure, pendant laquelle il ne fit que souffler, taper des pieds et des poings, jeter par terre son chapeau et tout ce qui se rencontrait sous ses mains. Enfin, en sortant, il tira la porte avec tant de violence qu'il la brisa.

» Fort heureusement pour l'épouse adultère, l'empereur mourut sur ces entrefaites. Sans ce dénoûment imprévu, Catherine eût infailliblement péri, tôt ou tard, victime des trop justes griefs de son mari. Telle est du moins l'opinion unanime de ceux qui approchaient le plus souvent la personne de Pierre 1ᵉʳ et qui connaissaient le mieux son caractère.

» Néanmoins il ne partit pas pour l'autre monde sans avoir satisfait sa vengeance, si ce n'est en totalité, du moins en partie. Il l'exerça sur l'amant d'une manière complète, en lui faisant couper la tête pour des crimes supposés. Dix ou douze jours après l'exécution, il contraignit l'impératrice à traverser la place sur laquelle étaient encore exposés le corps et la tête de ce malheureux, celle-ci plantée dans un pieu, et il dirigea sa promenade de façon à lui faire toucher l'échafaud avec les plis de sa robe. Catherine était d'autant moins préparée à cet horrible spectacle, que l'empereur lui avait proposé, en sortant de son palais, de la mener dans un quartier éloigné, où ils faisaient souvent des promenades dans un traîneau découvert. Il poussa la cruauté jusqu'à la regarder fixement pendant tout le temps qu'ils mirent à traverser la place; mais elle eut assez de fermeté pour retenir ses larmes et ne témoigner aucune émotion.

» Je sais que cette aventure a donné lieu, tant en Russie que dans d'autres pays, de soupçonner Catherine d'avoir prévenu les desseins de son mari en le faisant empoisonner. Jamais supposition, quoique vraisemblable, ne fut plus fausse. Ce prince est mort (1725) d'une inflammation qu'il avait depuis longtemps, par suite de ses débauches. »

Catherine, bien que sans titre à l'empire, lui succéda comme impératrice, par la faveur de la nation et par la complicité de son ancien maître, Mentschikoff, devenu maréchal de l'empire. Elle éprouva ou affecta une grande douleur dans son deuil. L'abondance de ses larmes étonnaît les Russes. Elle était, du reste, une des plus belles pleureuses qu'on pût voir ou imaginer.

Elle aima le comte Sapieha, jeune seigneur polonais très-beau. Elle lui fit épouser sa nièce, fille de son frère retrouvé, pour avoir un prétexte de retenir constamment ce jeune homme auprès d'elle. Elle mourut de langueur (1727), après deux ans de règne, laissant encore les rênes du gouvernement à Mentschikoff, qui conspirait secrètement pour rendre l'empire au grand-duc de Moscovie, fils légitime de l'impératrice Eudoxie, première femme de Pierre le Grand.

XXVI

L'histoire de ce favori, devenu deux fois l'arbitre d'un si vaste empire, n'est pas moins étrange que celle de Catherine, et rappelle également dans le nord de l'Europe les péripéties de l'Orient.

» Le prince Mentschikoff, poursuit le récit, naquit à Moscou, sans qu'il soit possible de déterminer exactement l'année de sa naissance (vers 1674). Son père, simple paysan, gagnait sa vie à vendre des petits pâtés sur la place du Kremlin, où il avait établi une échoppe. Lorsque l'enfant fut arrivé à l'âge de treize ou quatorze ans, on l'envoya par les rues débiter des pâtisseries, qu'il offrait aux amateurs sur un éventaire. Il se tenait, la plupart du temps, dans la cour du château, par cette bonne raison qu'il y trouvait une plus grande consommation de sa marchandise que sur les autres places et carrefours de la ville.

» Il était, à ce qu'on prétend, assez beau dans sa jeunesse et possédait une humeur enjouée qui le rendait le jouet des strélitz ou soldats de la garde du czar. Pierre Ier n'était à cette époque qu'un enfant du même âge que lui ; les espiègleries du petit pâtissier avaient souvent réjoui le jeune prince, qui avait de fréquentes occasions de le voir par les fenêtres de son appartement.

» Un jour qu'il criait parce qu'un strélitz lui tirait les oreilles un peu plus fort que de coutume, le czar envoya dire au soldat de cesser ces mauvais traitements, ordonnant qu'on fît monter l'enfant près de lui, dans le but de s'en amuser quelques instants. Il parut devant le czar sans se décontenancer le moins du monde, et répondit à ses questions avec une bouffonnerie si spirituelle que le jeune monarque l'incorpora dans ses pages et lui fit revêtir à l'instant les insignes et le costume de son nouvel office.

» Mentschikoff, ainsi transformé, parut si aimable aux yeux du czar, qu'il l'attacha au service de sa chambre (1680), et vécut désormais avec lui dans une amitié étroite.

» Ce favori devint tellement inséparable de son souverain, qu'il l'accompagnait partout, même au conseil d'État, où il hasardait quelquefois d'émettre son sentiment d'une manière grotesque et comique, certain de complaire à son maître.

» Les ministres eux-mêmes, connaissant jusqu'où allait cet ascendant incroyable, s'en servirent en bien des occasions pour insinuer au prince, naturellement méfiant et obstiné, leurs propres résolutions, ou pour vaincre des répugnances qui, faute de cette ruse, eussent été invincibles.

» Mentschikoff, quoique illettré (il ne savait ni lire ni écrire), était né avec de l'esprit naturel et beaucoup de goût pour les grandes choses ; il possédait surtout le génie de la domination, qui n'est pas donné à tout le monde. A force d'entendre parler gouvernement et raisonner d'affaires politiques, il s'y façonna si bien qu'il parvint aux plus grands honneurs et aux dignités les plus élevées de l'empire de Russie. Il fut successivement créé *knes* ou prince de l'empire russe, premier sénateur, feld-maréchal et chevalier de l'ordre de Saint-André (1703).

» La haute idée que le czar avait conçue de la capacité de Mentschikoff, jointe à la confiance qu'il lui inspirait, porta ce monarque à le constituer régent de l'empire, aussi souvent que ses affaires et son goût naturel pour les voyages le déterminèrent à s'absenter de ses États.

» Mentschikoff profita des avantages de sa position pour acquérir des biens immenses, tant dans son pays qu'au dehors. Il possédait une si grande et si prodigieuse quantité de terres et de seigneuries dans l'empire de Russie, qu'on y disait communément qu'il pouvait aller depuis Riga, en Livonie, jusqu'à Derbend, en Perse, en couchant toujours dans quelqu'une de ses terres. On comptait, dans l'énumération de ses domaines, plus de cent cinquante mille familles de paysans ou esclaves, termes synonymes en langue russe.

» Ce ne fut pas seulement en Russie que Mentschikoff acquit des biens et des honneurs, le crédit qu'il exerçait sur l'esprit de son maître lui en attira de la part de tous les princes d'Allemagne et du Nord.

» L'empereur Charles VI le fit prince de l'empire romain et lui donna le duché de Kosel, en Silésie (1709). Les rois de Danemark, de Prusse et de Pologne le nommèrent chevalier de leurs ordres, et attachèrent à ces titres des pensions considérables.

XXVII

» Après la mort de Catherine, le petit-fils de Pierre le Grand, jusque-là délaissé, fut proclamé empereur sous le nom de Pierre II (1727). Le premier soin de Mentschikoff, en profond politique, fut d'exagérer, auprès du jeune czar, le service qu'il venait de lui rendre, et de lui inspirer de la défiance contre son peuple et contre la cour. Il lui dit que sa vie courait des dangers ; il parla de complots possibles, et l'assura que sa personne ne serait en sûreté que s'il remettait entre ses mains fidèles la plus grande autorité possible sous le titre de vicaire général de l'empire et de généralissime des armées. La patente était toute prête, elle fut aussitôt expédiée. Après quoi, Mentschikoff procéda, sans perdre de temps, aux fiançailles de sa fille aînée avec le czar.

» La cérémonie fut célébrée sans aucune opposition manifeste de la part des sénateurs et autres grands officiers de la couronne. Ils y assistèrent sans oser donner la moindre marque extérieure de mécontentement. Pour parvenir à ce but sans coup férir, il avait éloigné de l'administration des affaires et de la cour tous ceux des seigneurs russes qui n'avaient pas bien dissimulé leurs sentiments d'opposition et de répugnance. Il en relégua plusieurs en Sibérie pour des crimes supposés ; mais, soit qu'il ne connût pas bien les intentions du prince Dolgorouki et du comte Ostermann, qui, par crainte ou pour gagner du temps, faisaient semblant d'approuver ses desseins, soit qu'il les supposât sans influence, il n'entreprit rien contre eux.

» Il y a quelque apparence de croire qu'il ne les redoutait pas, car il ne leur parlait jamais qu'en maître absolu. Il conservait cet air impérieux avec le czar ; il le gênait dans ses plaisirs, même les plus innocents, et ne lui laissait aucune communication avec les personnes qu'il avait le plus affectionnées. En un mot, Mentschikoff gouvernait l'empire russe avec un despotisme mille fois plus tyrannique que n'avait jamais fait aucun souverain légitime.

» Il en était arrivé à penser que les mesures qu'il avait prises pour affermir sa puissance ne pouvaient plus rencontrer d'obstacles de la part des hommes, et il n'était occupé que des préparatifs du mariage de sa fille avec le czar, lorsqu'il tomba assez dangereusement malade pour faire douter s'il en échapperait. Pendant ce temps-là, ceux à qui il avait confié la conduite de son pupille et futur gendre laissèrent un peu plus de liberté au jeune prince.

» Ils permirent que la princesse Élisabeth et les jeunes princes Dolgorouki vinssent quelquefois le visiter. Comme ils étaient à peu près de son âge, il trouvait naturellement plus de goût dans leur conversation que dans les amusements sérieux que Mentschikoff lui procurait.

» La familiarité s'établit peu à peu entre eux, au point que le jeune czar ne pouvait plus se passer de leur compagnie ; mais à peine Mentschikoff fut-il rétabli, qu'il recommença à veiller de près sur la conduite et les familiarités de son futur gendre ; il trouva mauvais qu'on eût permis à la princesse Élisabeth de voir si fréquemment ce jeune monarque ; il fit entendre à cette aimable tante qu'une telle assiduité n'était pas dans les convenances, et qu'elle devait borner ses visites aux jours de cérémonie. Quant aux sentiments d'amitié que le czar faisait paraître pour le jeune Ivan Dolgorouki, il n'en prit aucun ombrage, ne supposant pas le père assez hardi pour entreprendre quelque aventure, ni le fils assez délié pour inspirer au czar, naturellement timide, la résolution de s'affranchir de la contrainte dans laquelle on le tenait.

» Mentschikoff fut la dupe de sa pénétration en cette circonstance ; car, si le père et le fils n'étaient point de grands esprits aventureux, ils avaient toutes les qualités requises pour bien conduire une intrigue concertée par de plus habiles qu'eux. Le comte Ostermann, ministre aussi hardi qu'éclairé, savait à quoi s'en tenir sur ce sujet. Il n'attendait qu'une occasion propice pour leur inspirer le dessein de perdre Mentschikoff, qu'il haïssait sincèrement, et cette occasion, il crut la trouver dans un voyage que celui-ci fit à Péterhoff avec le czar, en vue de parties de chasse organisées pour le divertissement du jeune prince.

» Sans perdre de temps, Ostermann alla chez tous les sénateurs et principaux officiers des gardes, pour sonder leurs cœurs ; et, comme il rencontra partout des dispositions conformes aux siennes et une haine violente contre la tyrannie de Mentschikoff, il leur communiqua son projet et endoctrina séparément chacun d'eux sur ce qu'il y avait à faire. Il commença ses instructions aux princes Dolgorouki père et fils en leur faisant entrevoir que, si l'on pouvait empêcher le mariage prochain du jeune czar avec la fille de

Mentschikoff, la nation serait charmée de lui voir épouser une princesse Dolgorouki.

« — Il ne s'agit, dit-il, que d'engager le jeune czar
» à s'éloigner secrètement de Péterhoff à l'insu de notre
» ennemi; le sénat, convoqué à cet effet dans une maison
» de campagne du grand chancelier Golowine, à deux lieues
» de Péterhoff, attendra le prince, que nous ramènerons à
» Saint-Pétersbourg. »

» Le jeune Dolgorouki, encouragé par son père, se chargea de la commission de leur amener le czar. Le succès lui était d'autant plus facile qu'il couchait toutes les nuits dans la chambre de Sa Majesté.

» Aussitôt qu'il supposa tout le monde endormi, il lui fit la proposition de se rhabiller et de sauter par une fenêtre de son appartement, qui était un rez-de-chaussée peu exhaussé. Le czar, sans balancer, adopta ce projet, et s'évada sans que les gardes en faction à la porte de sa chambre s'en aperçussent. Il se sauva par les jardins, et gagna le chemin, où il était attendu par tous les seigneurs et officiers, qui le conduisirent comme en triomphe à Pétersbourg. Mentschikoff, averti trop tard de l'évasion de son pupille, se hâta de le suivre; mais, ayant trouvé en arrivant toutes les gardes changées et la garnison sous les armes sans qu'il l'eût ordonné, il courut à son palais pour y prendre conseil de lui-même sur le parti qu'il devait adopter.

» En entrant, il fut arrêté par un détachement de grenadiers qui environnaient sa maison. Il demanda la permission d'aller parler au czar; mais on lui signifia un ordre de partir dès le lendemain pour sa terre de Rennebourg, avec toute sa famille. Les officiers sous la garde de qui il était le traitèrent ce jour-là avec beaucoup de ménagements; ils lui dirent qu'il pouvait emporter ses effets les plus précieux et emmener avec lui telle quantité de domestiques qu'il lui plairait. Quoiqu'il se doutât bien que c'était un piége qu'on lui tendait, il sortit en plein jour de Pétersbourg, dans ses carrosses les plus magnifiques et avec un bagage et une suite si considérables, que sa sortie ressemblait plutôt à un cortége d'ambassadeur qu'à celui d'un prisonnier qu'on conduisait en exil.

» Lorsqu'il fut arrêté de la part du czar, il dit à l'officier chargé de cette commission :

« — Je suis bien criminel, je l'avoue, et ce traitement » m'est bien dû, mais il ne me vient pas du czar. »

» En traversant les rues de Pétersbourg, il saluait tout le monde à droite et à gauche, et il apostrophait, au milieu de la foule du peuple, qui était accourue de toutes parts, ceux qu'il connaissait particulièrement, leur disant adieu de manière à faire connaître qu'il n'avait point l'esprit troublé.

» A peine fut-il à deux lieues de Pétersbourg, qu'il trouva un autre détachement de soldats. L'officier qui le commandait lui demanda, de la part du czar, les cordons des ordres de Saint-André, de Saint-Alexandre-Newski, de l'Éléphant, de l'Aigle-Blanc et de l'Aigle-Noir.

« — Je m'attendais, répondit-il d'un grand sang-froid à » cet officier, qu'on me les redemanderait, je les ai placés » à cet effet dans un petit coffre que voilà; vous y trouverez » ces marques extérieures de la vanité. Si vous, qui êtes » chargé de la mission de m'en dépouiller, venez jamais à » en être revêtu, apprenez par mon exemple le peu de cas » qu'on en doit faire. »

» L'officier, après s'être emparé du petit coffre, lui dit que sa commission ne se bornait pas simplement à lui redemander ses ordres, mais aussi à renvoyer tous les bagages et domestiques qu'il traînait à sa suite. On le fit descendre de carrosse, ainsi que sa femme et ses enfants, et monter dans de petits chariots qu'on avait amenés pour le conduire jusqu'à Rennebourg.

« — Faites votre devoir, répondit-il, je suis préparé à
» tous les événements : plus vous m'ôterez de richesses,
» moins vous me laisserez d'embarras. Ayez seulement soin
» de dire à ceux au profit de qui mes dépouilles tourneront,
» que je les trouve beaucoup plus à plaindre que moi. »

» Ensuite il descendit de sa voiture d'un air délibéré, et dit :

« — Je suis beaucoup plus à mon aise ici qu'en car-
» rosse. »

» On le conduisit dans ce triste équipage jusqu'à Rennebourg, en compagnie de sa femme et de ses enfants, placés dans des chariots séparés. Ce n'était que par hasard qu'il les voyait, et on ne lui laissait point la liberté de s'entretenir avec eux toutes les fois qu'il le voulait ; mais, quand il en trouvait fortuitement l'occasion, il ne manquait pas de les encourager, par des discours aussi chrétiens qu'héroïques, à soutenir leurs infortunes, dont le poids, leur répétait-il souvent, était plus aisé à supporter que le fardeau de la puissance.

» Quoiqu'il y ait une distance d'environ cent cinquante lieues entre la ville de Moscou, où le czar faisait alors sa résidence, et le château de Rennebourg, où Mentschikoff était prisonnier, ses ennemis le croyaient encore trop près du czar pour n'avoir plus rien à appréhender de ses intrigues. C'est pourquoi ils résolurent de l'envoyer à plus de quinze cents lieues, dans un désert nommé Iakoutsk, à l'extrémité de la Sibérie.

» Il y fut transféré avec sa femme et ses enfants, et huit domestiques qu'on leur laissa pour les servir dans l'exil.

» La princesse Mentschikoff, dans le plus grand éclat de sa jeunesse et de sa fortune, s'était toujours rendue recommandable par ses vertus, sa douceur, sa piété et les charités immenses qu'elle avait faites aux pauvres. Elle mourut sur le chemin, entre Rennebourg et Kazan, où elle fut enterrée. Son mari lui tint lieu de prêtre dans son agonie, et témoigna plus de sensibilité à cette perte qu'il n'avait fait à celle de sa liberté et à la privation de tous ses biens et honneurs. Il ne se laissa pourtant pas abattre, et continua sa route par eau, de Kazan jusqu'à Tobolsk, capitale de la Sibérie, où tout le peuple, prévenu de son arrivée, attendait avec impatience cet homme qui, naguère encore, faisait trembler tout l'empire de Russie.

» Au moment où il débarquait sur la rive, deux seigneurs, qu'il avait au temps de sa puissance relégués à Tobolsk, l'abordèrent et l'accablèrent d'injures; Mentschikoff les reconnut, et, tout en continuant son chemin, il dit à l'un d'eux :

« — Puisque tu n'as pas d'autre vengeance à tirer d'un
» ennemi que de le charger de paroles outrageantes,
» donne-toi cette satisfaction; pour moi, je t'écouterai sans
» haine comme sans ressentiment. Si je t'ai sacrifié à ma
» politique, c'est que je te savais beaucoup de mérite et de
» fierté. J'ai vu en toi un obstacle à mes desseins, et je t'ai
» brisé. Tu en aurais fait autant à ma place. Ce sont là les
» nécessités de la politique. »

» Puis, se tournant vers l'autre seigneur :

« — Quant à toi, dit-il, j'ignorais même que tu fusses
» proscrit, n'ayant aucun motif personnel de t'en vouloir.
» Si tu as été exilé, c'est par suite de quelque machination
» secrète, où l'on a abusé de mon nom. Comme je ne te
» voyais plus, je supposais que tu.étais mort ou en voyage;
» voilà la vérité. Mais si les outrages que tu me prodigues
» sont un adoucissement à tes maux, continue; je suis loin
» de m'y opposer. »

» Il arriva qu'un troisième exilé, animé du même esprit d'hostilité, perça la foule et ramassa de la boue qu'il jeta au visage du jeune prince Mentschikoff et de ses filles. Aussitôt Mentschikoff l'apostropha en ces termes :

« — Ton action est infâme et stupide. Si tu as quelque
» vengeance à exercer, exerce-la contre moi, et non contre
» ces malheureux enfants. Leur père a bien pu être cou-
» pable; mais eux, ils sont innocents. »

» Dans le court séjour qu'on lui laissa faire à Tobolsk, il se préoccupa activement de pourvoir aux moyens d'adoucir la misère à laquelle sa famille allait être exposée dans l'affreux désert où l'on devait la conduire. Le vice-roi de Sibérie lui avait envoyé dans sa prison une somme de cinq cents roubles, que le czar avait ordonné qu'on lui payât pour sa subsistance et celle des siens. Mentschikoff fit observer que cette libéralité lui devenait assez inutile dans un pays où il lui serait impossible d'en faire usage, et demanda qu'on lui permît de l'employer, à Tobolsk, en acquisitions nécessaires. Sa requête lui ayant été accordée, il acheta une hache et d'autres instruments propres à abattre le bois et à travailler la terre; il fit provision de toutes sortes de graines pour semer, de filets pour pêcher, et enfin d'une grande quantité de viandes et de poissons salés pour sa subsistance. Ce qui lui resta d'argent fut distribué par son ordre aux pauvres de Tobolsk.

» De cette capitale de la Sibérie il fut transféré jusqu'à Iakoutsk, lui et ses enfants, sur un petit chariot découvert, traîné tantôt par un seul cheval et tantôt par des chiens. On lui avait ôté, avant son départ de Rennebourg, ses habits ordinaires, à la place desquels on lui donna des vêtements de paysan. Ses enfants furent traités de la même façon; ils étaient couverts de pelisses et de bonnets de peau de mouton, avec des habits et robes de bure sous leurs pelisses. Le voyage dura cinq mois, pendant lesquels ils furent continuellement exposés à toutes les rigueurs du climat.

» Un jour, pendant une halte dans la cabane d'un pauvre Sibérien, un officier, qui revenait du Kamtschatka, entra, lui aussi, par hasard, dans cette même cabane. Il avait été envoyé, sous le règne de Pierre Ier, pour exécuter une commission qui concernait l'entreprise du capitaine Behring et les découvertes que ce navigateur était chargé de faire du côté de la mer du Nord.

» Cet officier, qui avait été antérieurement aide de camp du prince Mentschikoff, ignorait complétement la disgrâce de son ancien général.

» Mentschikoff l'ayant reconnu et appelé par son nom, l'officier lui demanda par quelle aventure il était connu de lui et qui il était. Le prince lui répliqua :

« — Est-ce que tu ne connais pas Alexandre?

» — Quel Alexandre? répondit brusquement l'officier.

» — Alexandre Mentschikoff.

» — Oui, reprit l'officier, je le connais et dois le con-
» naître parfaitement; j'ai servi sous ses ordres.

» — Eh bien, il est devant tes yeux, » lui dit Mentschikoff.

» L'officier, trouvant la chose trop incroyable, le considéra comme un paysan dont l'esprit était égaré et ne tint aucun compte de ses paroles. Alors Mentschikoff le prit par la main et le conduisit jusqu'à la lucarne par où la cabane recevait le jour.

« — Regarde-moi bien, lui dit-il, et rappelle-toi bien
» les traits de ton ancien général. »

» L'officier, après l'avoir examiné attentivement pendant quelque temps, croyant enfin le reconnaître, s'écria d'un ton plein de surprise :

« — Eh! mon prince, par quelle aventure Votre Altesse
» est-elle dans l'état déplorable où je la vois?

» — Supprime ces mots de *prince* et d'*altesse*, interrom-
» pit Mentschikoff; je ne suis plus qu'un misérable paysan
» tel que je suis né. Dieu, qui m'avait élevé au faîte de la
» vanité humaine, m'a fait redescendre à ma première
» condition. »

» L'officier, qui n'était rien moins que persuadé, ayant aperçu dans le coin de la cabane un jeune paysan occupé à raccommoder avec des cordes la semelle de ses bottes en lambeaux, lui demanda à voix basse s'il connaissait cet homme.

« — Oui, lui répondit le jeune homme, c'est Alexandre,
» mon père. Est-ce que tu veux aussi nous méconnaître
» dans notre disgrâce, toi qui as si souvent et si longtemps
» mangé notre pain? »

«Le père, entendant parler son fils de cette sorte, lui imposa silence, et, s'adressant à l'officier :

» — Frère, dit-il, pardonne à mon enfant malheureux
» son humeur chagrine. Ce jeune homme est effectivement

» mon fils, que tu as si souvent fait sauter sur tes genoux.
» Voilà mes filles, ajouta-t-il en lui montrant deux jeunes
» paysannes couchées par terre et trempant du pain bis
» dans une écuelle de bois pleine de lait. L'aînée a eu l'hon-
» neur d'être fiancée à l'empereur Pierre II. »

» L'officier, à ce mot de Pierre II, parut interdit. Mentschikoff, à qui ce mouvement de surprise n'avait point échappé, poursuivit :

« — Mon discours te bouleverse, parce que tu n'es pas
» au courant des événements qui se sont succédé dans notre
» empire depuis trois ans que tu es éloigné d'environ deux
» mille cinq cents lieues; mais ta surprise cessera dès que
» tu en auras été informé. »

» Et, sans désemparer, il le mit au courant de tout ce qui s'est passé en Russie depuis 1725 jusqu'à 1728, lui dévoilant, les uns après les autres, les événements qui précèdent, disant le rôle qu'il y avait joué, la part qu'il y avait prise, et se jugeant lui-même avec une grande sévérité.

» Lorsqu'il eut terminé son récit, il montra à l'aide de camp ses enfants, qui s'étaient endormis sur le plancher, et, ne pouvant retenir ses larmes :

« — Voilà, dit-il, l'unique objet de mon tourment, la
» seule cause de mes douleurs. Je suis à présent aussi pauvre
» que j'ai été riche; mais je ne regrette point ma fortune
» perdue. Je suis né paysan, je mourrai paysan; la pau-
» vreté n'a rien qui m'effraye. Ma liberté même, je ne la
» regrette point davantage. Ma vie n'a pas été exempte de
» fautes, et je considère ma misère présente comme une
» juste expiation de mes erreurs passées. Mais ces inno-
» centes créatures, quels crimes ont-elles commis? Pour-

» quoi les avoir enveloppées dans ma disgrâce? Aussi, dans
» le fond de mon âme, j'espère que Dieu, toujours équi-
» table, permettra que mes enfants revoient leur patrie;
» ils y rentreront, éclairés par l'expérience et sachant se
» contenter de leur position, si humble que le ciel la leur
» fasse. N'est-ce pas mon ambition insatiable qui a été la
» source des maux que j'endure à présent? Nous allons
» nous quitter pour ne jamais nous revoir, sans doute.
» Lorsque tu auras l'honneur d'être reçu par l'empereur,
» raconte-lui comment tu m'as trouvé ; assure-le que je ne
» maudis point sa justice, et dis-lui que je jouis présente-
» ment d'une liberté d'esprit et d'une tranquillité de con-
» science que je ne soupçonnais point au temps de mes
» prospérités. »

» On peut juger si l'auditeur de Mentschikoff fut saisi d'étonnement en l'entendant s'exprimer ainsi. Il fallut que les soldats de l'escorte lui confirmassent tous ces faits pour qu'il leur prêtât une foi complète.

» Au moment de se séparer de son ancien général, et quand il le vit remonter dans son misérable chariot, l'officier se sentit fortement ému, et il ne put s'empêcher d'admirer une telle résignation dans de si grands malheurs.

» A peine arrivé au lieu de son exil, Mentschikoff ne songea qu'aux moyens d'en adoucir la rigueur : il fit abattre des bois propres à bâtir une maison plus commode que la cabane sibérienne qu'on lui avait assignée pour logement. Non-seulement il y employa les huit paysans qu'on lui avait permis d'emmener avec lui, mais aussi il mit lui-même la main à l'œuvre, en travaillant de la hache comme les autres. Il commença par la construction d'une chapelle, à la suite de laquelle il ajouta un vestibule et quatre chambres, dans l'une desquelles il logeait avec son fils. Ses filles étaient dans la seconde. Il mit les paysans dans la troisième ; la quatrième servait à renfermer des provisions. La fille aînée, qui avait été fiancée avec le czar Pierre II, avait soin, conjointement avec son esclave, d'apprêter la nourriture de la petite colonie. La cadette, qui fut mariée avec M. de Biren, duc de Courlande, raccommodait les hardes, lavait et blanchissait le linge, et était aidée dans ce travail par un esclave.

» Un ami charitable, dont ni Mentschikoff ni ses enfants n'ont jamais su le nom, parvint à leur envoyer de Tobolsk un taureau, quatre vaches pleines et des volailles de toute espèce, avec lesquelles il forma une basse-cour. Il fit aussi un jardin suffisant pour entretenir sa famille de légumes pendant tout le cours de l'année. Il obligeait les gens de sa maison à assister tous les jours à la prière, qui se faisait régulièrement le matin, à midi et à minuit, dans sa chapelle.

» Mentschikoff avait déjà passé six mois sans témoigner aucune inquiétude d'esprit, lorsque ses enfants furent attaqués de la petite vérole. Sa fille aînée fut la première atteinte ; à défaut de médecin et de prêtre, il lui tint lieu de l'un et de l'autre, et, après avoir vainement employé les remèdes qu'il croyait convenables pour la guérir, il l'exhorta à la mort avec un courage aussi chrétien qu'héroïque.

» Elle lui répondit que, bien loin d'être effrayée du passage de cette vie à l'autre, elle désirait que ce moment arrivât le plus tôt possible. Le ciel exauça sa prière ; elle expira entre les bras de son père, qui n'en témoigna sa douleur qu'en tenant son visage collé pendant une minute sur celui de sa fille ; puis, se tournant vers ses autres enfants, il leur dit :

« — Apprenez, par l'exemple de votre sœur, à mourir » sans regretter les choses de ce monde. »

» Ensuite il entonna et chanta, avec les gens de la maison, les prières que, selon le rite grec, on a coutume de réciter pour les morts. Lorsque vingt-quatre heures furent écoulées, il la fit enlever du grabat où elle était morte et transférer à la chapelle, où elle fut inhumée en sa présence (1729).

» Le frère et la sœur de cette infortunée princesse ne tardèrent pas être attaqués à leur tour de cette terrible maladie. Mentschikoff les soigna avec tant de zèle, de persévérance et de courage, qu'on peut dire qu'il les arracha à la mort. Mais à peine furent-ils hors de danger, que le malheureux père, épuisé de fatigue et miné par la douleur, fut pris par une fièvre qui le mit en peu de temps à la dernière extrémité.

» Un jour, se sentant au plus bas, il appela ses enfants et leur dit avec une tranquillité parfaite :

« — Je touche à ma dernière heure : la mort n'aurait » rien que de consolant pour moi, si, en paraissant devant » Dieu, je n'avais à lui rendre compte que du temps que » j'ai passé dans cet exil. La raison et la religion, que j'ai » négligées dans ma prospérité, m'ont appris que si la » justice de Dieu est infinie, sa miséricorde, en qui j'es- » père, ne l'est pas moins. Je me séparerais du monde et de » vous bien tranquille, si je n'avais donné que des exemples » de vertu. Vos cœurs, exempts jusqu'à présent de la » corruption, sont encore dans un état d'innocence que » vous conserverez mieux au milieu de ces déserts qu'à la

» cour. Si vous y retournez jamais, ne vous souvenez que
» des exemples que je vous ai donnés dans ce séjour. Mes
» forces s'en vont; approchez, mes enfants, que je vous
» donne ma bénédiction. »

» Il voulut allonger la main, mais au même instant sa tête retomba sur son épaule, et il lui prit une légère convulsion dans laquelle il expira (1729). Ses enfants le firent enterrer dans la chapelle, à côté de sa fille, suivant le désir qu'il en avait témoigné plusieurs fois pendant les derniers jours de sa vie.

» Après la mort du prince Mentschikoff, l'officier sous la garde de qui on avait mis ces infortunés fut le premier, pressé par un sentiment de compassion, à diriger ces enfants dans la manière la plus avantageuse de faire valoir l'établissement commencé par leur père ; il leur accorda un peu plus de liberté qu'ils n'en avaient auparavant, et leur permit, outre quelques promenades, d'aller de temps à autre entendre l'office divin à Iakoutsk.

» Dans une de ces excursions (décembre 1729), la princesse Mentschikoff aperçut, en passant près d'une cabane sibérienne, un homme dont la tête se montrait à travers la lucarne de cette cabane ; elle n'y fit pas grande attention, le prenant pour un pauvre paysan moscovite, eu égard à sa longue barbe et à la forme de son bonnet. Elle observa pourtant que cet homme, en la voyant de près, avait donné tout d'un coup des marques de surprise dont elle ignorait le motif. A son retour de l'église, ayant pris le même chemin, elle trouva le même homme dans la même attitude ; mais elle s'empressa de hâter le pas, et s'éloigna rapidement, présumant avec raison qu'il y avait autre chose que du hasard dans cette double rencontre.

» La jeune fille ne se trompait point. Le prétendu paysan était le prince Dolgorouki, par qui elle avait été reconnue, et qui, croyant aussi avoir été reconnu par elle, soupçonna qu'elle ne s'était un peu détournée de sa route que pour éviter tout entretien avec l'auteur des désastres de sa famille. Il l'appela néanmoins par son nom. Surprise de s'entendre nommer dans un pareil endroit, elle revint sur ses pas, considéra Dolgorouki, et, ne le reconnaissant point davantage, elle voulut continuer son chemin.

« — Princesse, pourquoi me fuyez-vous? s'écria Dol-
» gorouki? doit-on conserver de l'inimitié dans les lieux et
» dans l'état où nous sommes? »

» Ces paroles excitèrent la curiosité de la jeune princesse, elle s'approcha du prétendu paysan :

« — Qui es-tu? lui dit-elle, et quelle raison puis-je avoir
» de te haïr ?

» — Est-ce que tu ne me connais pas? reprit le paysan.

» — Non, répliqua-t-elle.

» — Je suis le prince Dolgorouki. »

» A ce nom, surprise, interdite, elle s'approcha tout à fait de la cabane.

« — Effectivement, dit-elle, c'est bien lui! Depuis
» quand et par quelle offense envers Dieu et le czar es-tu
» ici?

» — Il n'est plus question du czar, répondit Dolgorouki,
» il est mort huit jours après avoir été fiancé avec ma fille,
» que voilà mourante et étendue sur un banc. Tu parais
» surprise ; est-ce que tu ignores toutes ces particularités?

» — Hé! comment, répondit la princesse Mentschikoff,
» comment veux-tu qu'au milieu de ces déserts, où l'on
» ne nous laisse de communication avec qui que ce soit,

» nous soyons informés de ce qui se passe si loin de nous?

» — Oui, poursuivit Dolgorouki, Pierre II est mort. Son
» trône est occupé aujourd'hui par une femme que nous y
» avons placée contre les lois de l'État, et par la seule raison
» que, la croyant d'un tout autre caractère, nous nous
» promettions de vivre sous son règne plus heureux que
» sous ceux de ses prédécesseurs et des véritables héritiers
» de la couronne. Mais comme nous nous sommes trom-
» pés! A peine couronnée, nous n'avons trouvé en elle
» qu'un monstre de cruauté. Dans le but d'affermir sa
» puissance, elle nous a exilés pour des crimes imaginaires,
» espérant sans doute que nous ne supporterions pas les
» rigueurs de notre sort. Pendant tout le voyage, on nous
» a traités comme les plus infâmes scélérats ; on nous a
» laissé manquer du nécessaire, et nous en manquons en-
» core. J'ai perdu ma femme en chemin, et ma fille se
» meurt ; mais j'espère, malgré la misère où je suis, vivre
» encore assez longtemps pour voir, à son tour, en ce lieu,
» à cette place, cette femme, un monstre qui sacrifie les
» plus illustres familles de la Russie à l'ambition et à
» l'avarice de trois ou quatre brigands étrangers, ses
» amants et ses complices. »

» Quand la princesse Mentschikoff vit que Dolgorouki
entrait dans une telle fureur qu'il ne se connaissait plus et
semblait ne plus se posséder, elle se retira au plus vite et
regagna sa maison. Là, en présence de son frère et de
l'officier à la garde duquel ils étaient confiés, elle raconta
la rencontre incroyable qu'elle venait de faire et les
étranges nouvelles qu'elle avait apprises.

» Toujours animé d'un esprit de vengeance contre les
Dolgorouki, le jeune Mentschikoff écouta avec un grand

plaisir le récit des revers essuyés par ses ennemis, et blâma sa sœur de ce que, au lieu de s'enfuir avec tant de précipitation, elle n'était pas restée plus longtemps, afin d'en apprendre davantage, et ensuite lui cracher au visage comme il le méritait. Ayant ajouté, dans la chaleur de son discours, qu'il n'en serait pas quitte à si bon marché s'il trouvait l'occasion de le rencontrer, cet emportement lui attira une réprimande de la part de l'officier, leur gardien.

« — Souvenez-vous, lui dit-il, des sentiments qui rem-
» plissaient l'âme de votre père. Il n'a cessé de vous prê-
» cher l'oubli des injures. Vous lui avez juré, à son lit de
» mort, que vous pardonneriez à vos ennemis, ne manquez
» pas à votre serment. D'ailleurs, ajouta-t-il, si vous per-
» sévériez dans vos desseins de vengeance, je me verrais
» forcé de vous reprendre la liberté que je vous ai donnée. »

» Ce fut peu de temps après cette rencontre que la czarine Anne Iwanowna, prenant en pitié les malheurs et l'innocence de ces deux jeunes gens, leur accorda grâce pleine et entière (1730). A peine eurent-ils appris cette heureuse nouvelle, ils coururent à l'église d'Iakoutsk pour élever leur âme à Dieu et remercier la Providence. Au retour de l'église, ils aperçurent Dolgorouki, et firent comme s'ils ne l'avaient pas vu. Mais celui-ci les supplia de vouloir bien s'arrêter un instant.

« — Puisqu'on vous laisse une liberté qui m'est refusée,
» leur dit-il, approchez-vous et consolons-nous les uns les
» autres par la conformité de notre sort et par le récit mu-
» tuel de nos malheurs. »

» Le jeune prince s'approcha, en effet, et lui répondit :

« — J'avoue que je conservais encore de la rancune
» contre toi, mais en te voyant dans un état si misérable,

» je sens tout principe de haine s'éteindre en mon cœur, et
» je te pardonne comme mon père t'a pardonné. C'est
» peut-être au sacrifice qu'il a fait à Dieu de ses peines que
» nous sommes redevables de notre liberté et de notre rap-
» pel à la cour.

» — Vous avez donc la permission d'y retourner? lui
» dit le prince Dolgorouki, très-étonné et en poussant un
» soupir.

» — Oui, répondit Mentschikoff, et, pour qu'on ne nous
» y fasse pas un crime de l'entretien que nous avons avec
» toi, tu ne trouveras pas mauvais que nous nous retirions.

» — Quand partez-vous? reprit Dolgorouki.

» — Demain, dit Mentschikoff, accompagnés d'un offi-
» cier qui, en nous apportant notre grâce, nous a amené,
» pour nous en retourner, des voitures un peu plus com-
» modes que celles dans lesquelles nous sommes venus.

» — Adieu, donc, répliqua Dolgorouki; oubliez tous les
» sujets d'inimitié que vous pouvez avoir contre moi; son-
» gez quelquefois aux malheureux que vous laissez ici et
» que vous ne reverrez plus. Privés de toutes les nécessités
» de la vie, nous commençons à succomber sous le poids
» de notre misère. Je ne dis rien qui soit au-dessous de la
» vérité, et si vous en doutez, regardez mon fils, ma fille et
» ma bru, étendus sur des planches, et accablés de mala-
» dies qui ne leur laissent pas la force de se lever. Ne leur
» refusez pas la consolation de recevoir vos adieux. »

» Mentschikoff et sa sœur ne purent voir ce triste spectacle sans être émus; ils dirent à Dolgorouki qu'ils ne pouvaient, sans se rendre criminels, parler en sa faveur dans
le pays où ils allaient, mais qu'ils lui procureraient dans
celui qu'ils quittaient tout le soulagement dont ils étaient

capables, en lui faisant présent de l'habitation que leur père et eux y avaient établie.

« — Elle est commode, lui dirent-ils, et bien pourvue
» de bestiaux, volailles et autres provisions qui nous ont été
» envoyés par des amis inconnus. Reçois-les d'aussi bon
» cœur que nous te les abandonnons; tu peux dès demain
» en prendre possession, car nous partirons de grand
» matin. »

» Effectivement ils se mirent en route le lendemain de très-bonne heure pour Tobolsk, capitale de la Sibérie. Il ne leur arriva sur la route rien qui mérite d'être rapporté, si ce n'est qu'ils gardèrent leurs habits de paysan depuis Iakoutsk jusqu'à Tobolsk. A Moscou, on eut peine à les reconnaître, tant on les trouva changés de toute manière.

» La czarine les reçut avec des démonstrations de plaisir et de bonté ; elle s'attacha la princesse Mentschikoff en qualité de demoiselle d'honneur, et la maria ensuite avec M. de Biren, fils de M. de Biren, grand chambellan de Russie, et depuis duc de Courlande.

» Dans l'inventaire des biens et papiers du feu prince Mentschikoff, on avait appris qu'il avait des sommes considérables dans les banques d'Amsterdam et de Venise. Le ministère russe avait fait plusieurs tentatives pour retirer ces sommes, mais les directeurs de ces banques, inviolablement attachés aux usages de leur pays, refusèrent toujours de se dessaisir de l'argent appartenant au prince Mentschikoff, jusqu'à ce qu'ils fussent certains que ce prince ou ses héritiers étaient en liberté et maîtres d'en disposer. On prétend que cet argent, qui se montait à plus de cinq cent mille roubles, a servi pour la dot de madame de Biren, et que c'est à cette circonstance que le jeune prince Mentschikoff a dû la place de capitaine-lieutenant des gardes de la czarine. On lui restitua d'ailleurs la cinquantième partie des biens que son père possédait en fonds de terre. »

LIVRE TRENTE ET UNIÈME

I

Mohammed-Baltadji venait d'illustrer et de fortifier l'empire par la plus glorieuse paix qu'un grand vizir eût jamais signée le sabre à la main. Il recueillit, en arrivant à Constantinople (1711), le prix ordinaire de tous les services qui dépassent la reconnaissance des nations. L'opinion lui reprochait injustement de n'avoir pas exterminé l'armée russe et ramené le czar captif aux Sept-Tours. Les calomnies de Charles XII et de l'envoyé polonais Poniatowski trouvaient un peuple crédule pour les adopter, un favori envieux pour les envenimer dans l'âme d'Achmet III. Ce prince connaissait trop les vertus du *Fendeur de bois* pour les admettre, mais il recherchait trop la popularité des Ottomans pour déclarer innocent celui que le préjugé public déclarait coupable. Il exila le grand vizir dans l'île de Lemnos.

Un Géorgien sans talent, nommé Yousouf, ancien aga des janissaires, lui succéda pour garder le poste plutôt que pour le remplir, pendant que le favori attendait le moment d'y monter. Baltadji ne tarda pas à mourir à Lemnos, soit de poison, soit de vieillesse, soit d'ingratitude. Une prédiction à laquelle il avait toujours prêté foi lui annonçait qu'il serait enseveli dans un même tombeau avec le grand poëte mystique, le cheik Missri de Lemnos. La fortune vérifia l'augure; le *Fendeur de bois* et le poëte y reposent sous le même cyprès.

II

Le kiaya des baltadjis, Mohammed Othman-Pacha, accusé plus directement que le vizir de s'être laissé corrompre par l'or des Russes et par les bagues de la czarine Catherine, expia par la mort le soupçon de l'armée. On ne trouva après lui dans son trésor que deux mille ducats et l'anneau de mariage de l'esclave livonienne, prix ridicule de la corruption dont on l'accusait, et rançon puérile d'un czar et de son armée; l'insignifiance de ces dépouilles attestait plutôt son innocence. Les envoyés des Cosaques du Don vinrent déposer sur sa tombe leur soumission à la Porte, condition du traité du Pruth.

Yousouf, qui partageait avec Baltadji-Mohammed la conviction de l'opportunité et des avantages de ce traité pour l'empire, fut renversé par l'opinion publique et par le favori, impatients de renouveler les hostilités contre la Russie. Un esclave affranchi, l'abaze Souleïman, vendu au favori, fut chargé de satisfaire à cette passion de guerre, et marcha pour rejoindre l'armée à Andrinople; Achmet III lui-même suivit l'armée. Mais, voulant attester aux Ottomans qu'il allait combattre pour la foi et pour la gloire, et non pour la cause d'un roi chrétien, il envoya prier Charles XII, à Bender, de sortir de ses États, et de rentrer en Suède par la Russie, qui, en vertu du traité du Pruth, lui livrait le passage.

Ce prince, humilié de rentrer sans armée et sans vengeance dans son royaume, s'obstina à rester à Bender en bravant les ordres du sultan. Après de longues et vaines négociations pour fléchir la résistance de celui que les Turcs appelaient *la Tête de fer*, le pacha de Bender reçut ordre d'user de violence et de l'envoyer, non plus hôte, mais prisonnier, à Démotika, l'exil des rois. Charles XII, entouré seulement de trois cents Suédois, dont il dévoua la vie à son orgueil ou à sa démence, se défendit moins en héros qu'en insensé contre six mille Turcs et vingt mille Tartares du pacha de Bender, qui l'admiraient en le combattant. Réfugié enfin avec trois de ses généraux et quelques serviteurs dans une maison crénelée et barricadée, il la laissa s'écrouler à moitié sur sa tête sous les boulets de l'artillerie ottomane, et, embarrassé dans une sortie par ses éperons, il tomba dans les mains des janissaires (1714). Garrotté et conduit au château de *la Pierre-de-Fer*, près d'Andrinople, on le transféra de là à Démotika.

III

L'opinion publique ne tarda pas à s'élever contre cette violation de l'hospitalité envers un prince dont la bravoure illustrait, aux yeux des Ottomans, la folie. « Respectez votre hôte, même s'il est infidèle, » dit le Coran. Le grand vizir, le khan des Tartares, le mufti, le pacha de Bender, exécuteurs de cet attentat envers la majesté de l'exil et du trône, furent sacrifiés à l'indignation des musulmans (1714).

Le khodja Ibrahim, capitan-pacha, céda le commandement de la flotte à Souleïman et prit sa place au divan. Impatient du rôle servile que les vizirs, ses prédécesseurs, accomplissaient sous le kislar-aga, il conspira l'assassinat de ce favori avec le khan de Crimée et le reïs-effendi. Un coup de poignard porté par un esclave dans une fête devait délivrer l'empire de ce jeune ambitieux. Informé par une indiscrétion du complot contre sa vie, le favori prévint le vizir, s'abstint de paraître à la fête où il était convié, et obtint sans effort d'Achmet l'ordre d'étrangler son rival. Cet attentat ourdi contre son favori ne servit qu'à hâter l'avénement du kislar-aga au rang si longtemps convoité par lui de grand vizir.

IV

Ibrahim commença son administration par la délivrance de Charles XII de sa prison de Démotika. Le prince, reconduit avec honneur dans son royaume par une escorte de six cents cavaliers tschaouschs, reçut en présents une tente brodée d'or, un sabre enrichi de pierres précieuses, et huit chevaux arabes portant suspendus à des colliers de perles leurs titres de noblesse dans leur généalogie.

Des conférences ouvertes avec la Russie prévinrent et ratifièrent une seconde fois, à Andrinople, les principales clauses du traité du Pruth. Des troubles apaisés en Égypte, en Syrie, en Arabie, rappelèrent l'attention d'Achmet sur ses États d'Asie. Enfin le pillage en mer, par les Vénitiens, des vaisseaux qui portaient l'héritage d'Hassan-Pacha à la sultane Kadidjé, sa veuve, décida la déclaration de guerre à Venise. La Morée en devint le théâtre.

Achmet III lui-même s'avança avec le grand vizir, devenu son gendre, jusqu'à Thèbes. Le château de Morée, imprenable depuis tant d'années aux Kiuperli, aux Mezzomorto, tomba devant Achmet. L'isthme de Corinthe, franchi par soixante mille Ottomans, livra la ville aux janissaires. Le provéditeur vénitien, Minoto, fut vendu lui-même comme esclave, et délivré par la femme du consul de Hollande à Smyrne. Les Grecs du continent et des îles, las du joug de Venise, secondèrent les Turcs par leurs insurrections contre les Latins. Napoli de Romanie, avec sa citadelle au fond d'un golfe profond et à l'entrée de la riche plaine d'Argos, fut livrée par des traîtres aux cent vingt mille Turcs qui l'assiégeaient en vain par terre et par mer (1715).

Le sultan voulut jouir lui-même de son triomphe, et distribua des récompenses sur les ruines du fort de Palamède, qui couvre la ville. Coron, Navarin, Modon, sur le continent, les derniers châteaux vénitiens dans l'île de Crète, capitulèrent dans l'été de 1715. Venise recula jusqu'au fond du golfe Adriatique.

Ces succès sans revers sur l'Archipel et sur le continent de la Grèce attestèrent, dans le jeune favori d'Achmet, des talents qui légitimaient sa faveur. La sagesse de son administration au dedans égalait sa vigueur au dehors; il combattait d'une main et réformait de l'autre. On lui doit l'interdiction de mutiler les enfants nègres en Égypte pour en faire des eunuques, et l'adoucissement des supplices à Constantinople. Nul coupable sous son gouvernement ne fut exécuté sans jugement. L'empire, par son impulsion, reprit, depuis Bagdad jusqu'à Azof, le nerf détendu sous les administrations précaires de ses prédécesseurs.

Ce fut au milieu de cette paix et de cette prospérité de l'empire, ouvrage de son gendre, que la sultane Validé, veuve de Mahomet IV et mère d'Achmet III, mourut, pleine de jours et de puissance au sérail. La belle esclave de Retimo, élevée au trône par ses charmes, tombée du trône avec Mahomet IV, dans le vieux sérail où elle avait langui huit ans, régnait de nouveau depuis vingt ans sous ses deux fils Mustafa II et Achmet III. Deux mosquées, construites par sa piété sur les collines de Galata et de Scutari, portent son nom et gardent sa mémoire aux Ottomans.

Nulle femme, après Roxelane et la sultane Kœsem, ne régna aussi longtemps par son époux ou par ses fils sur les Ottomans.

V

Tant de fortune enivra, éblouit enfin le jeune vizir. Il refusa d'accepter la médiation de l'Autriche, offerte par le prince Eugène de Savoie aux Turcs et aux Vénitiens, pour arbitrer leurs différends et délimiter leurs possessions en Morée. Le prince Eugène se fondait, pour revendiquer cette médiation, sur les clauses du traité de Carlowitz, où l'Autriche avait garanti implicitement les conditions faites à la république par ce traité. Le grand vizir se refusa énergiquement à reconnaître aucun droit pareil d'intervention aux Autrichiens dans une guerre où les Vénitiens étaient les agresseurs. Il parla éloquemment au divan en ce sens, et, rassemblant tous les généraux et les juges d'armée au palais de Douad-Pacha devant le sultan, il ouvrit une discussion qui atteste dans le ministre la déférence, dans le conseil la liberté qu'on s'étonne de retrouver dans le gouvernement appelé improprement despotique. L'objet de la discussion était la paix ou la guerre avec l'Autriche.

Elle s'ouvrit par la lecture d'un manifeste rédigé par le grand vizir lui-même. Ce manifeste tendait à démontrer qu'aucune stipulation précise ou indirecte du traité de Carlowitz n'autorisait l'empereur à prêter secours à la république de Venise, en cas où cette puissance serait en guerre avec la Turquie ; que celui-ci avait par conséquent violé la paix, et qu'on devait lui déclarer la guerre. Le mufti décida qu'il devait en être ainsi. Le grand vizir demanda alors aux généraux s'il devait se rendre à Corfou, dont il avait depuis longtemps déjà résolu de faire la conquête, ou s'il devait se diriger vers les frontières d'Allemagne. Ils répondirent tous que le grand vizir devait prendre le commandement en chef et marcher contre les Allemands, parce que ceux-ci ne ressemblaient pas aux autres infidèles et étaient des ennemis redoutables.

« Des hommes pusillanimes, dit le grand vizir, représentent la puissance de l'ennemi de la foi comme plus grande qu'elle n'est réellement, et ils découragent par là les musulmans. N'est-il pas juste et conforme aux lois, très-vénérable mufti, de faire mourir de pareils hommes, traîtres envers l'empire et la religion, qui essayent ainsi de se soustraire aux fatigues de la guerre? Ce n'est pas sur le contenu d'une simple lettre que nous la commençons cette guerre; nous n'en faisons que les préparatifs, et nous marcherons sur Belgrade. Si les infidèles franchissent d'un seul pas les frontières ottomanes, nous les repousserons; en attendant, nous avons donné les ordres les plus sévères aux commandants des frontières, afin que la paix ne soit pas violée. »

Le grand vizir ajouta qu'il avait résolu d'envoyer le beglerbeg de Diarbékir, Kara-Mustafa, à Corfou, et il leur demanda ce qu'ils en pensaient. Les généraux, qui voyaient bien que la détermination du grand vizir était arrêtée d'avance, aimèrent mieux garder le silence que de s'entendre appeler ennemis de l'empire et de la religion s'ils osaient émettre une opinion contraire à la sienne.

« C'en est assez pour aujourd'hui, dit le grand vizir en

terminant; réfléchissez cette nuit, et, si Dieu le veut, trouvez-vous tous demain, vers midi, au conseil qui doit se tenir à Daoud-Pacha, en présence du padischah. »

Le lendemain, les oulémas et les généraux se réunirent sous la tente du caïmakam. Le grand vizir arriva dès la pointe du jour, et descendit de cheval devant la tente impériale, où l'assemblée ne tarda pas à se rendre. Damad-Ali ouvrit la séance par un discours dans lequel il passa en revue, comme dans le manifeste, tous les faits accomplis depuis la violation de la paix par la république jusqu'à la réception de la lettre du prince Eugène. Le mufti remit son fetwa au reïs-effendi, qui en fit la lecture; il demanda ensuite aux oulémas ce qu'ils en pensaient. Comme personne ne lui répondit, soit qu'ils n'eussent rien à dire, soit qu'ils ne voulussent pas se compromettre en faisant connaître leur opinion, il régna dans toute l'assemblée un profond silence qui dura près d'un quart d'heure.

Le grand vizir le rompit en s'écriant : « Messieurs, pourquoi ne parlez-vous pas ? Vous assistez à un conseil où chacun est libre de dire son avis; si vous avez quelque doute sur la légalité du fetwa, faites-le connaître. »

Enfin, l'ancien grand juge d'Anatolie, Mirzazadé-Cheik-Mohammed, prit la parole en ces termes :

« La lettre du premier ministre allemand, qui nous est arrivée par la poste, ne prouve pas que l'on ait transgressé nos frontières. Où voyez-vous donc la trace d'une violation de la paix? Ne vaudrait-il pas mieux que la Sublime Porte cherchât d'abord à obtenir quelque certitude à cet égard, sauf à donner ensuite des ordres en conséquence? »

Le grand vizir répliqua que la violation de la paix résultait de la lettre même où on accusait la Porte de s'en être rendue coupable.

« Je veux bien convenir de ce fait, continua le grand juge; l'ennemi nous accuse d'avoir violé la paix, mais il prétend lui-même n'avoir rien à se reprocher. Qui nous empêche de nous préparer à la guerre pendant que nous ferons une nouvelle demande? Est-il donc bien nécessaire d'avertir l'ennemi que vous avez l'intention de marcher contre lui? D'après ce que je puis voir, il ne me paraît pas juste de commencer la guerre à propos de cette lettre seulement; je crois qu'il suffit, pour le moment, de mettre en état de défense les frontières de l'empire.

« — Apporte le traité de paix, cria le grand vizir au reïs-effendi, et fais-en la lecture au vénérable cheik de l'islamisme. »

Le reïs-effendi lut le traité; mais dans les vingt articles qui le composaient il ne se trouvait pas un seul mot relatif à Venise.

Le sultan prit ensuite la parole, et dit :

« Au temps de la guerre de Russie, on avait aussi fait des recherches, et elles n'eurent aucun résultat.

» — Voyez-vous, dit le grand vizir en se tournant du côté de Mirza-Effendi, comme l'ennemi ment en nous accusant d'avoir violé la paix?

» — Sans doute, répliqua Mirzazadé; nous savons fort bien que nous n'avons pas violé la paix; mais celle-ci se trouve-t-elle donc rompue par le fait même de la fausse accusation de l'ennemi? »

Le grand vizir l'interrompit avec véhémence, et s'écria :

« A vous entendre parler, l'ennemi ne se rendrait coupable de trahison qu'en s'emparant de Belgrade; mais alors il serait trop tard pour se défendre.

» — Je ne dis pas, continua le grand juge, qu'il faille attendre qu'il nous ait donné cette preuve de son manque de foi; mais je prétends que tant qu'il n'aura pas franchi les frontières, cette lettre ne nous donne pas le droit de lui déclarer la guerre. »

Le grand vizir, qui aperçut en ce moment un livre entre les mains du cheik d'Aya-Sofia, le lui demanda pour savoir si l'on pourrait le consulter avec fruit. Le cheik se leva, mais le sultan lui fit signe de s'asseoir et de lire; il ouvrit donc l'ouvrage de Serkhasi et en lut deux pages, qui se trouvèrent favorables à l'opinion du grand juge.

Le grand vizir dit que ces décisions étaient sensées et ne pouvaient être réfutées, mais qu'elles n'étaient pas applicables au cas dont il s'agissait. Cédant ensuite à demi, il ajouta : « Nous ne voulons pas la guerre sans cause et sans violation flagrante de nos frontières; seulement, nous voulons marcher sur Belgrade, tout prêts à combattre s'il y a lieu. Nous avons même défendu très-sévèrement aux commandants des frontières de faire le moindre tort à l'ennemi par leurs incursions, et nous nous sommes bornés à les engager à se tenir sur leurs gardes. Hier au soir encore, nous avons reçu une lettre du pacha de Témeswar. » Et il dit au reïs-effendi d'en faire la lecture. Cette lettre annonçait que les impériaux ne laissaient pas passer les pontons qui arrivaient de Bosnie sur la Save.

Après plusieurs paroles échangées de part et d'autre, le grand vizir se tourna du côté des vizirs et des émirs, des *ayans* (premiers du pays), des *khodjagans* (seigneurs du divan) et des généraux de l'armée, et leur demanda une seconde fois de quel côté lui et le beglerbeg de Diarbékir devaient se diriger dans la double guerre qu'on allait avoir à soutenir. On décida, à l'unanimité, comme la veille, que le grand vizir marcherait contre l'Allemagne.

Le sultan dit : « Si Dieu le veut, nous nous rassemblerons à Andrinople pour nous consulter de nouveau au sujet de la guerre d'Allemagne, et nous agirons d'après les résolutions qui seront prises. »

Le cheik d'Aya-Sofia éleva les mains pour faire la prière. Le sultan se leva et l'assemblée se sépara. Le grand vizir sortit, vivement irrité du résultat de la délibération. Quelques jours après, le grand juge subit la peine de sa franchise; il fut envoyé comme simple juge à Parawadi.

Dès ce moment, on pressa les préparatifs de la guerre avec la plus grande activité. Indépendamment de la flotte qui se trouvait à l'arsenal, on fit construire quinze galiotes, vingt-cinq frégates, dix bateaux à quilles recourbées et huit felouques. Ibrahim-Aga, qui commandait le corps employé à la défense de la *Porte-de-Fer*, près du tourbillon du Danube, fut promu à la dignité de pacha à deux queues de cheval, et nommé capitan de la flottille du Danube. Le mewkoufatdji Ibrahim, et le defterdar de Nissa furent nommés commissaires, chargés de réunir les provisions de bouche sur la route de Constantinople à Belgrade. Le khan de Crimée fut invité à rejoindre l'armée, et le sultan lui envoya mille piastres à titre d'argent de carquois, et quatre mille pour la solde des seghbans. Le beglerbeg d'Anatolie, Turk-Ahmed, qui venait d'arriver à Gallipoli pour se rendre à Corfou, reçut l'ordre de se diriger, à marche forcée, sur Nissa. D'un autre côté, Ahmed-Aga de Lippa se rendit, par Choczim, à la cour de Rakoczy ou

Ragotski, porteur d'une lettre dans laquelle le grand vizir lui offrait, comme autrefois à Tékéli, la principauté de Transylvanie et le titre de roi de Hongrie, en l'engageant à recommencer la guerre contre l'empereur.

Le sultan se dirigea sur Andrinople, accompagné du caïmakam, du mufti, des deux grands juges, du chef des émirs et de tous les seigneurs du divan. Le lendemain de l'arrivée d'Achmet III dans cette ville, le beglerbeg d'Anatolie y fit son entrée à la tête de ses troupes. Aux premiers rangs, on voyait les courageux et les téméraires (*gonüllüs* et *delis*). Venaient ensuite les chasseurs et les miliciens (*seghbans* et *lewends*), puis cinquante agas de sa cour et neuf chevaux de main; enfin, derrière lui, marchaient plus de mille fusiliers à pied et plus de cent pages.

Le même jour eut lieu le troisième conseil que le sultan avait annoncé en levant la séance de la dernière assemblée. Après que l'on eut fait la lecture de la déclaration de guerre et du fetwa qui la légitimait, le grand vizir prit la parole :

« Nous ne sommes pas ici, dit-il, pour perdre notre temps à nous consulter sur la nécessité d'une guerre que nous avons déjà résolu d'entreprendre, mais bien pour nous exciter à la conduire d'une manière convenable, conformément à la sentence : *Combats les infidèles et sois sans pitié pour eux;* et vous, hommes de loi, qu'en pensez-vous? »

Les uns lui répondirent : « Que Dieu vous guide et vous soit favorable ! » Les autres laissèrent aux généraux le soin de répondre à leur place.

Le grand vizir ayant jeté un regard sur ces derniers pour connaître leur avis, ils s'écrièrent tous qu'ils étaient les esclaves du padischah, et qu'ils étaient prêts à faire le sacrifice de leurs corps et de leurs âmes pour le service de la religion et de l'empire.

Le grand vizir conclut en ces termes : « Il est hors de doute que Dieu nous accordera la victoire si nous suivons cette maxime : *Ne soyez ni joyeux ni tristes, et vous serez supérieurs (par l'égalité d'âme).* »

Le cheik du camp impérial mit fin à ce troisième conseil de guerre en récitant les autres paroles de ce verset du Coran : « *Dieu créa certains hommes pour le combat et d'autres pour soigner la soupe.* »

VI

Un nouveau manifeste, dans lequel le grand vizir déclarait la guerre, faisait retomber la responsabilité du sang versé sur le prince Eugène. L'armée marcha avec le vizir et le sultan à Philippopoli, ville intermédiaire entre Belgrade et Andrinople; elle se divisa en deux armées, l'une continuant sa route vers le Danube, l'autre se dirigeant à gauche sur la Macédoine et la Dalmatie, pour faire face aux Vénitiens (1716). Un ambassadeur polonais rejoignit le grand vizir à Nissa, pour implorer, selon l'usage des factions sarmates, le secours des nations voisines contre le roi Auguste. On croit, sans pouvoir affirmer avec certitude la date, que l'ordre de déposer l'hospodar, ou prince de Valachie, Brancovan, suspect à la Porte, fut promulgué pendant cette halte à Nissa. Mais, si la date est douteuse, la déposition et le supplice honteux de ce prince par

Achmet III ternissent à jamais la mémoire de ce règne. Le judicieux historien Salaberry, d'après les sources turques, retrace ainsi cette exécution, qui rappelle les atrocités commises, à la fin de l'empire byzantin, sur la famille royale de Trébizonde.

La trahison du prince Cantimir, l'hospodar de Moldavie, qui, dans la dernière campagne contre les Russes, avait conspiré avec les ennemis de l'empire contre Achmet, et qui s'était réfugié en Russie après la retraite du czar, inspirait de sinistres soupçons au sultan sur la fidélité de Brancovan. Ces injustes soupçons étaient son seul crime. Le prince des Valaques avait gouverné pendant vingt-six ans la Valachie, en père pour son peuple, en vassal irréprochable pour les Turcs. Malgré son innocence et ses vertus, Brancovan était traîné, chargé de fers, à Constantinople, pour y recevoir la punition d'une perfidie que sa conduite avait désavouée.

A peine le malheureux Brancovan fut-il arrivé aux Sept-Tours, que ses quatre fils et sa femme accoururent pour le défendre ou pour partager son sort. Mais il était condamné d'avance; son véritable crime était de posséder, du moins dans l'opinion, d'immenses richesses; et l'avidité de tous ceux qui espéraient profiter de ses dépouilles ne voulait pas être trompée. Brancovan, sa femme et ses quatre fils furent destinés à mourir. Le mufti avait obtenu qu'on leur laisserait la vie s'ils embrassaient la religion musulmane. Le tableau du supplice du grand-duc Notaras et de sa famillle, après la prise de Constantinople, reparut avec toutes ses circonstances les plus touchantes. Les six victimes s'offrirent à la mort : trois des enfants périrent sous les yeux de leurs parents, sans avoir donné le plus léger signe de faiblesse; mais le dernier, couvert du sang de ses frères, promit d'abjurer sa religion si on voulait lui laisser la vie. Cette pusillanimité ne le sauva pas : le sultan, consulté, méprisa une conversion qu'il n'attribua qu'à la crainte de la mort, et le jeune prince fut décapité. Brancovan mourut ensuite, montrant jusqu'au dernier moment la plus vive douleur, non pas de sa déplorable destinée, mais de la lâcheté de son plus jeune fils. La princesse, son épouse, fut la dernière victime, et périt étranglée.

Telle fut la scène terrible dont le château des Sept-Tours fut le théâtre en 1714. Ce lieu de sang en devint plus fameux; le supplice du prince Brancovan et de sa famille a laissé, chez les Ottomans eux-mêmes, un tel souvenir d'horreur et de compassion, qu'ils semblent avoir oublié que leur sultan Othman II y fut mis à mort, et qu'ils parlent encore du prince grec quand ils montrent les murs extérieurs des Sept-Tours aux étrangers.

VII

L'armée passa le fleuve sous les murs de Belgrade, pour marcher à travers les prairies sur Peterwardein (août 1716). Elle rencontra sous les murs le prince Eugène, à la tête de soixante et dix bataillons et de cinquante escadrons assouplis de sa main et aguerris par leurs longues campagnes sous ce Condé des Allemands.

La bataille commença au lever du soleil. L'impétuosité aveugle des janissaires enfonça l'infanterie allemande et la poursuivit plus loin que la prudence ne le permettait devant un général si habile à profiter des fautes même de courage. Le prince Eugène, sans s'inquiéter de la charge des janissaires sur sa gauche, profite du vide qu'ils ont laissé dans la ligne des Ottomans, et se précipite au galop avec ses cinquante escadrons. Tout cède au poids et à l'élan de cette charge. Le grand vizir, qui voit ses spahis et ses silihdars écrasés ou dispersés, saisit l'étendard du Prophète dans sa main gauche, et sabre de la droite ses soldats épouvantés, pour les ramener sur le champ de bataille. Désespéré de son impuissance à rétablir le combat, il monte à cheval et s'élance, avec un groupe de pachas et de pages, au-devant de la mort, pour ne pas survivre à la honte de son peuple. Une balle au front le renverse mort sous les pieds des chevaux.

Les Autrichiens, un moment rompus par le groupe intrépide qui l'environne, laissent à ses serviteurs le temps de relever son corps de la poussière, de le coucher en travers sur son cheval et de le rapporter à Belgrade.

L'armée, en déroute, y avait déjà précédé le corps de son général. Le Danube et la Save couvraient seuls les débris de ces cent cinquante mille Ottomans, contre les cent mille hommes victorieux du prince Eugène. Dix mille cadavres, cent vingt pièces de canon, cent quarante drapeaux, la tente du vizir, cinq queues de cheval, restèrent pour la seconde fois, comme dépouilles, au prince Eugène. Les papiers secrets trouvés dans la tente du vizir fournirent à la cour de Vienne la preuve des intelligences des Polonais avec la Porte. Le corps du grand vizir fut enseveli avec une triste pompe dans la mosquée du sultan Soliman, à Belgrade. Exhumé et transporté comme une sacrilége dépouille, soixante et dix ans après, par les Autrichiens vainqueurs à Belgrade, le corps du grand vizir Ali repose aujourd'hui près du tombeau du maréchal Loudon, non loin de Vienne, dans la forêt d'Hadersdorf.

VIII

Achmet III, déjà de retour à Constantinople pendant le désastre de Peterwardein, en reçut la nouvelle avec une apathique indifférence. Khalil-Pacha, un des généraux rentrés avec l'armée à Belgrade, reçut le sceau de l'empire, ramassé sur le champ de bataille. C'était un Albanais, ancien bostandji du sérail, élevé de grade en grade au rang de séraskier. Témeswar, après un assaut de six heures, où périrent six mille Turcs, se rendit au prince Eugène.

Le contre-coup de la défaite des Ottomans en Hongrie retentit jusqu'à Corfou, défendu par le comte Schulenbourg contre le capitan-pacha Djanüm-Khodja. Il fut emprisonné aux Sept-Tours, pour avoir échoué contre Corfou.

Pendant que le nouveau grand vizir réorganisait l'armée, le prince Eugène, traversant la Saxe, campait déjà devant Belgrade (1717). Une seconde bataille, livrée par le général de l'armée ottomane accouru pour secourir la ville, l'ouvrit au prince. Deux cents canons, quarante mortiers, dont quelques-uns lançaient des bombes du poids de deux cents livres, vingt mille boulets, trois mille bombes, soixante drapeaux, neuf queues de cheval, tous les instruments de musique des janissaires, la tente et le trésor du vizir tombèrent au pouvoir du vainqueur; six cent cinquante pièces de canon, qui bordaient le fleuve et qui armaient les barques de guerre du Danube, furent tournées contre les Ottomans.

Le grand vizir disparut dans la confusion. Mohammed, homme obscur, ancien secrétaire d'un pacha d'Ali, affidé d'Ibrahim, gendre du sultan, fut promu à la première dignité de l'empire. Kiuperli seul, pacha de Bosnie, soutint avec énergie le poids de l'Autriche dans ces provinces.

On parla de paix; le gendre du sultan, Ibrahim, fut chargé, comme grand vizir, de la négocier et de la conclure. Il écrivit au prince Eugène pour reconnaître comme négociateur celui qu'il reconnaissait pour vainqueur. Il ordonna en même temps de retenir à Andrinople le prince prétendant de Transylvanie Rakoczy, que la Porte avait rappelé de France, où il était réfugié, pour l'opposer aux Allemands.

Une bourgade de Servie, nommée Passarowitz, sur la Morava, fut fixée par les cours pour le lieu des conférences. L'Autriche y fut modérée dans ses exigences. Soit crainte de fortifier trop Venise sur l'Adriatique, soit ombrage des Polonais et des Russes, soit ménagement pour la puissance ottomane, dont le poids commençait à leur paraître utile depuis qu'il n'était plus écrasant, la cour de Vienne se contenta de garder dans Belgrade la clef des vallées de Servie et des avenues de l'empire. Le Balkan devint le boulevard rapproché d'Andrinople; le Danube, Nissa, Widdin, Nicopolis, Sophia, furent désormais la ceinture naturelle et artificielle de places et de positions qui couvrirent l'empire.

IX

Le prince Eugène, dont les Turcs avaient toujours admiré la valeur et honoré la loyauté dans la guerre comme dans les négociations, reçut d'Achmet III deux magnifiques chevaux du désert, un sabre et un turban.

« Grand vizir des chrétiens, dit Méhémet-Effendi, plénipotentiaire d'Achmet, mon sublime empereur estime ta valeur et ta sagesse, il désire ton amitié, et t'envoie des marques de la sienne dans les présents symboliques que je t'offre de sa part. Le cimeterre est l'emblème de ton intrépidité dans les siéges et dans les combats; le turban marque l'étendue de ton génie, la profondeur de tes desseins et ta prudence dans l'exécution. Je te félicite de la gloire que tu as méritée dans tes deux dernières campagnes; tu as vaincu les armées ottomanes où l'on voit une si belle discipline, qui ont sur les autres nations l'avantage du nombre, et qui ne sont comparables qu'à tes admirables soldats. »

X

Les présents portés à Vienne par Ibrahim-Pacha, beglerbeg de Roumélie, n'attestent pas moins la magnificence orientale.

« Ils se composaient, disent les annales de Raschid, d'un poignard circassien, dont le manche était incrusté de deux cents diamants, grands et petits; un carquois avec une chaîne en or, garni de rubis, de perles et d'émeraudes; sept harnais; sept gourmettes; trois paires d'étriers et sept masses d'armes, le tout en argent; sept selles de velours brodées d'or; sept housses de la même étoffe également brodées d'or, et quelques autres harnais d'une moindre valeur. Le magasin des tentes impériales lui fournit encore deux grandes tentes de cérémonie soutenues par deux colonnes; deux autres de toile cirée, percées de deux corridors; une grande tente de forme circulaire; un dais; toutes ces tentes munies de leurs tapis et coussins. Pour mettre Ibrahim-Pacha à même de subvenir aux frais de son voyage, le sultan lui fit don de trente-cinq mille piastres et lui en avança soixante-quinze mille autres. (La piastre change si souvent de valeur qu'il n'est pas possible de lui en assigner une permanente.)

» Les présents qu'il fut chargé de remettre à l'empereur, au nombre de sept fois sept, furent les plus riches et les plus magnifiques que jamais ambassadeur turc ait offerts au souverain d'un État de l'Europe. Sa suite, composée de sept cent soixante-trois hommes, de six cent quarante-cinq chevaux, cent mules et de cent quatre-vingts chameaux, reçut, dès son arrivée sur le territoire autrichien, les vivres de toute nature dont elle avait besoin; l'ambassadeur lui-même fut gratifié journellement d'une somme de cent cinquante écus.

» A son arrivée sur les rives de la Schwechat, Ibrahim-Pacha fut complimenté par le maréchal de la cour et par un commissaire impérial, chargé de l'introduire solennellement dans la capitale, sous l'escorte de plusieurs détachements de troupes impériales et de milices, de hussards et de la garde civique à cheval, composée des principaux négociants de la ville. En avant du cortége marchaient les tschaouschs des cérémonies du divan, le trésorier avec six chariots de bagage portant les présents, et traînés chacun par quatre chevaux; le garde des clefs avec les mules et suivi des tapissiers des appartements; les chevaux offerts en présent par le sultan; les gardes du corps du pacha, c'est-à-dire les courageux et les téméraires. Derrière eux venaient un officier portant un drapeau vert; les chevaux de main de l'ambassadeur; les fauconniers, les grands écuyers et le grand chambellan d'Ibrahim-Pacha; ses deux queues de cheval flottant dans les airs, tandis qu'une troisième, celle du quartier-maître, était portée horizontalement; l'inspecteur et le secrétaire des tschaouschs et le tschaousch-baschi, ou maréchal de cour de l'ambassadeur. Les sept chevaux favoris de l'ambassadeur, couverts de housses de peaux de tigre et de harnais en argent, au flanc droit desquels étaient appendus un bouclier en argent et un sabre, étaient conduits par quatorze tschaouschs du divan, dont les turbans étaient ornés de riches panaches.

» Venait ensuite l'ambassadeur, dans une voiture fermée par un grillage d'or, dont les parois extérieures étaient garnies d'écarlate, et celles de l'intérieur ornées de diverses peintures. A sa droite et à sa gauche s'avançaient, à pied, le porte-carafe et le chef des fusiliers, portant sur leurs épaules des peaux de tigre, vêtus de longues robes d'écarlate, coiffés de bonnets de feutre blanc et ceints d'un sabre à poignée d'argent, dont le fourreau était en velours rouge; douze valets de chambre, six coureurs, le grand porte-épée, le premier valet de chambre, les pages, les kiayas, le secrétaire de l'ambassadeur, deux imans, deux muezzins, les porte-étendards, les porteurs d'eau, les palefreniers, les dresseurs de tentes, la musique militaire, composée de chalumeaux, de cymbales, de trompettes, d'une multitude de petites timbales, du grand tambour. »

XI

Pendant qu'Achmet III déployait ce luxe asiatique en Allemagne pour éblouir l'Europe, des tremblements de terre et des incendies qui renversaient ou consumaient en une nuit vingt-deux mille maisons consternaient Constantinople (1719). Les éléments semblaient conspirer avec la fortune contre son règne. L'indolence voluptueuse du sultan l'empêchait de s'attrister de ces revers ou de ces augures. La fierté du grand vizir n'en fut pas abaissée. En permettant au czar de Russie d'entretenir un ministre résidant à Constantinople, il refusa obstinément de reconnaître au souverain des Moscovites le titre d'empereur (1720).

« Mon maître ne connaît dans le monde, dit-il, que deux empereurs, le sultan et l'empereur romain (l'empereur d'Allemagne). »

Il consentit avec ces réserves à renouveler avec la Russie la paix du Pruth.

XII

Des fêtes alternaient à Constantinople avec ces négociations et ces désastres. La description turque des cérémonies, des réjouissances et du luxe qui signalèrent, au printemps de 1721, les circoncisions et les noces des fils et des filles d'Achmet III, empruntée à l'historiographe de l'empire, Raschid, retrace des mœurs trop profondément ottomanes pour ne pas les opposer aux mœurs de l'Occident.

« Le sultan Achmet célébra en ce temps-là, dit Raschid, les noces de trois de ses filles, de deux de ses nièces, et la circoncision de quatre de ses fils. Les fiancés étaient le capitan-pacha Souleïman, le nischandji Mustafa, et Ali, fils de l'ancien grand vizir Kara-Mustafa. Ces trois favoris épousèrent les trois filles du sultan régnant.

» Othman-Pacha reçut la main de la princesse Oummetoullah, et le gouverneur de Négrepont, le silihdar Ibrahim, celle de la princesse Aïsché, celle-là même qui avait été fiancée à Kiuperli-zadé Noouman-Pacha, et qui par sa mort avait recouvré sa liberté; toutes deux étaient filles de Mustafa II. Le sultan, en choisissant pour inspecteur de la fête l'inspecteur des cuisines impériales, Khalil, lui ordonna de faire confectionner en même temps quatre grandes palmes nuptiales pour les quatre princes ses fils, et quarante autres plus petites avec un jardin en sucre. Les palmes des princes, symbole d'une union fertile, avaient treize aunes de hauteur, et étaient divisées en cinq étages; le jardin en sucre, long de six aunes sur quatre de large, signifiait, dans le langage allégorique de l'Orient, que les douceurs du mariage ne s'obtiennent qu'au prix de quelques douleurs physiques essuyées le jour des noces.

» De grandes vergues et de larges voiles furent transportées de l'arsenal au sérail, pour être employées à la construction d'une tente monstrueuse, sous laquelle se fabriquaient les palmes de noces ; dix autres tentes plus petites étaient occupées par des menuisiers, des serruriers, des peintres, des relieurs et des confiseurs chargés de la confection du jardin en sucre. Khalil reçut ordre de se procurer pour le festin dix mille assiettes en bois, sept mille neuf cents poulets à prendre dans les juridictions européennes de Rodosto, d'Amedjik et de Schehrkœïyi, et dans les juridictions asiatiques de Gœledjik, de Ienidjé, de Tarakli et de Gulbazari, situées dans le sandjak de Khoudawendkiar ; mille quatre cent cinquante dindons, trois mille poulardes, deux mille pigeons, mille canards ; cent tasses, de la forme de celles qu'on a coutume d'offrir, remplies de sucreries, le jour anniversaire de la naissance du Prophète ; quinze mille lampes destinées à l'illumination du lieu où devaient s'accomplir les différents mariages ; mille lampyres de Mauritanie en forme de demi-lune, et dix mille pots pour servir le sorbet.

» Des commissaires furent envoyés dans plusieurs provinces pour y recruter des cuisiniers, des confiseurs, des chanteurs, des danseurs et des saltimbanques ; cent vingt porteurs d'eau, munis d'outres imprégnées d'huile et couverts de peaux de cuir de Russie, portant des pantalons de même cuir, furent chargés de la police de ces fêtes ; car, dans cette circonstance, on voulut maintenir l'ordre sans être forcé de recourir aux coups de bâton et de massue.

L'inspecteur Khalil fut en outre chargé de fournir des vêtements neufs pour cinq mille enfants pauvres, qui, à l'occasion du mariage des princes, devaient être comme eux circoncis aux frais du sultan. Les lutteurs, les danseurs de corde et les bateleurs, qui arrivaient de toutes les provinces de l'empire pour montrer leur adresse, furent placés sous la protection des généraux, des armuriers et des canonniers, et reçurent l'hospitalité du chef des bouchers. On emprunta aux cuisines des janissaires, des canonniers et des armuriers, des plats et de grands chaudrons; aux fondations pieuses et aux palais des grands, des vases d'étain et de cuivre; enfin on fit servir toute la vaisselle des cuisines impériales.

» Nous avons vu que, sous le règne de Soliman le Grand, le grand vizir Ibrahim-Pacha, son favori, lors de la célébration de son mariage avec une princesse du sang, fut honoré de la présence du sultan au festin qu'il donna à cette occasion, et que cette faveur le rendit si fier, que, dans ses lettres à l'empereur Charles V et au roi de Hongrie, Ferdinand, il s'intitula : *Possesseur des noces* (Sahib-es-sour). Sous Achmet III, le tout-puissant grand vizir, Damad Ibrahim-Pacha, jouit d'un honneur non moins grand, car son fils Mohammed, qu'il avait eu d'un premier mariage et qui fut circoncis avec les princes, reçut comme eux deux palmes et un jardin en sucre, symboles de la force virile; seulement les siens furent d'une dimension moindre de moitié.

» Après que le sultan et ses fils eurent examiné les palmes qui venaient d'être achevées dans le vieux sérail, elles furent portées au nouveau sérail, d'où on les transféra, ainsi que les tentes impériales et celle du grand vizir, sur l'Okmeïdan, place immense située sur une colline derrière l'arsenal. Ce fut là que le kiaya-beg et le defterdar, l'aga des janissaires, les généraux de la garde à cheval et de l'étendard sacré, assistés du chef des ouvriers chargés de dresser les tentes, présidèrent à la construction des tentes nuptiales destinées aux grands dignitaires de la cour et de l'État.

» On célébra d'abord le mariage de Sirké-Othman-Pacha avec la nièce du sultan, la princesse Oummetoullah (15 septembre 1720). Son paranymphe (*saghdidj*) conduisait dans l'ordre accoutumé en pareilles circonstances, le cortége et portait les présents de noces du fiancé. A la tête de ce cortége, on voyait des corbeilles remplies de fleurs et de fruits ; puis des ballots de châles, des bourses d'or et des joyaux ; venaient ensuite des chevaux richement caparaçonnés et les autres présents. Le mufti, après avoir appelé la bénédiction du ciel sur les fiancés, en la personne du kislar-aga qui représentait la princesse, et du kiaya de Sirké-Othman, remit à ce dernier, de la part du sultan, la dot de sa femme, qui s'élevait à vingt mille ducats. Après ce cérémonial, on donna, de la part des nouveaux mariés, de riches pelisses au premier eunuque, au valet de chambre, au maître du salut et des cérémonies, à l'écuyer et au référendaire ; puis ils furent congédiés après avoir été encensés et abreuvés de café et de sorbets.

» Un intervalle de quatre jours fut laissé entre le mariage de Sirké-Othman et la fête de la circoncision des princes, qui dura seize jours entiers. Chaque jour fut marqué par des spectacles publics, des banquets, des illuminations et des feux d'artifice ; chaque jour aussi, plusieurs centaines de jeunes garçons furent circoncis aux frais du sultan.

Pendant les quatre jours qui étaient consacrés à préparer les princes à l'acte solennel de la circoncision, on fit construire, sur la place d'Okméïdan, des autels où l'on sacrifia des brebis ; on éleva des mâts de cocagne, des tirs à l'arc et un pavillon d'une grande hauteur, semblable à celui dont on fait suivre le camp impérial, et qu'on nomme le *kiosque de la Justice*, parce que, en temps de guerre, les exécutions ont lieu devant ce pavillon. On dressa des tentes pour les cent cinquante chirurgiens de l'armée, les chanteurs, les danseurs, les lutteurs, les bateleurs et autres hôtes de même nature, qui tous furent régalés de café et de sorbets, aspergés d'eau de rose et parfumés d'encens.

» Dès l'aube matinale, le bruit des tambours et des timbales annonça le commencement de nouvelles fêtes, et les porteurs d'outres se mirent en devoir de balayer et d'arroser la place. Le sultan ne manqua pas un seul jour de se rendre au lieu de la fête, accompagné des princes et suivi de sa garde, les soldats et les peïks du bostandji-baschi et du khasséki. A sa gauche marchaient ses fils, revêtus de kapanidjas en étoffe d'argent, et portant sur la tête des turbans ronds de l'invention de Sélim (*sélimi*) ; les vizirs avec leurs turbans de forme pyramidale (*kallawi*), les oulemas avec leurs turbans volumineux (*ourf*), et les kodjagians avec leurs turbans cylindriques (*moudjewwésé*), se tenaient quelques pas en arrière. La forme des pelisses d'État avait été réglée avec la même sévérité minutieuse que celle des turbans ; la kapanidja, en étoffe d'or ou d'argent et bordée par devant et par derrière de fourrure de zibeline noire, était portée dans les circonstances extraordinaires par le sultan, les princes, le grand vizir et autres vizirs, comme, par exemple, les gendres du sultan ; les pelisses d'État des seigneurs de la chambre s'appelaient erkiankürki, celles à larges manches étaient nommées ferradj ; la pelisse de dessus (oustkürk) était affectée aux grands dignitaires de l'État. L'oustkurk est distingué des autres vêtements par de fausses manches qui, retombant par-dessus les véritables, ne servent que lors de la cérémonie du baisement ; car ceux que leur rang subalterne exclut de l'honneur de baiser la main du Grand-Seigneur ou d'un vizir, ou même la manche qui renferme leur bras, ne peuvent, suivant l'étiquette de la cour ottomane, baiser que la fausse manche.

» On avait réglé pareillement les couleurs des draps dont les pelisses devaient être doublées, et, à cet effet, on en avait choisi neuf pour se conformer à un nombre que les Tartares regardent comme sacré, à savoir : le bleu, le violet, l'écarlate, le bleu foncé, le bleu clair, le bleu d'azur, le vert foncé, le vert clair et le vert jaune. Le blanc était la couleur des vêtements du mufti ; le vert clair, celle des vizirs ; l'écarlate, celle des chambellans, exécuteurs obligés des sentences de mort. Les six premiers dignitaires législatifs, les deux grands juges, le chef des émirs, les juges de la Mecque, de Médine et de Constantinople, et les six premiers fonctionnaires de la Porte, les trois defterdars, le defter-emini, le reïs-effendi et le nischandji portaient des vêtements de drap bleu foncé ; les grands oulémas et les kodjagians avaient des vêtements de couleur violette ; ceux des mouderris, des cheiks et des fonctionnaires subalternes de la chambre étaient de drap bleu clair ; les tschaouschs feudataires et les agas des vizirs se reconnaissaient à leurs vêtements bleu azur ; les agas de l'étrier impérial, le maréchal de l'empire, le miralem (porteur de l'étendard sacré), étaient habillés de vert foncé, d'une nuance semblable à celle qui décore habituellement les porcelaines de Chine ; enfin les employés des écuries impériales portaient des vêtements vert de naphte. Quant aux bottes, celles des officiers de la Porte étaient jaunes ; les généraux des troupes portaient des bottes rouges, et les oulémas des bottes bleues. La disposition des harnais, des housses et des couvertures de selle fut également réglée pour les jours ordinaires et pour les jours qu'on appelait jours de divan.

» Ainsi les dignitaires de l'État et de la cour dans l'empire ottoman étaient distingués par des uniformes réglementaires à une époque bien antérieure à celle où les souverains de l'Europe ont réglé le vêtement de leurs fonctionnaires ; et si la Russie, en divisant par classes les emplois civils et militaires, a déterminé le grade correspondant à chaque fonction, l'empire ottoman, depuis le règne de Soliman le législateur, avait vu fixer la position respective des fonctionnaires de premier, de second et de troisième ordre attachés à la Porte, ainsi que celle des oulémas. C'est ainsi que la dignité de grand vizir correspondait à celle de mufti, et les six premiers dignitaires de la loi trouvaient des correspondants dans les six premiers fonctionnaires attachés à la Porte ; les grands mollas correspondaient aux kodjagians, les mouderris et les cheiks aux employés subalternes de la chancellerie et de la chambre ; les agas des troupes aux agas de l'étrier impérial, et les seigneurs de l'État aux seigneurs de la cour.

» Le premier jour de la fête des princes, les vizirs, après avoir été admis au baise-main du sultan, furent invités à un banquet où chaque vizir de la coupole et chaque gouverneur avait sa table particulière. Tous envoyèrent leurs présents au kislar-aġa par l'entremise du grand référendaire ; la suite du grand vizir montra son habileté dans le jeu du djérid ; les porteurs d'outres élevèrent sur la place un kiosque construit à leurs frais ; on y voyait des automates exécuter des jeux ; un centaure se fit surtout remarquer par son adresse aux exercices du corps.

» Le lendemain (19 septembre), des danseurs égyptiens exécutèrent la danse des épées, des bouteilles et des cercles. Le même jour, le mufti, à la tête des grands oulémas, eut l'honneur de disserter, en présence du sultan, sur l'interprétation d'un verset du Coran. Les jeunes garçons qui devaient être circoncis défilèrent, conduits par l'inspecteur de la fête, devant le *kiosque de la Justice*, où le sultan était allé se placer ; les employés de l'arsenal et les canonniers passèrent sous ses yeux, les premiers en traînant sur des rouleaux plusieurs galères, les seconds en faisant avancer une forteresse artistement construite en bois. Les grands oulémas étaient assis avec les juges d'armée à des tables particulières, servies par les porteurs d'eau et les écuyers du sérail ; les restes du repas furent donnés aux oulémas subalternes.

» Le lendemain (20 septembre), après la prière du vendredi, des danseurs exécutèrent des danses dites de chameaux et de couteaux, et les oulémas furent traités par le grand vizir dans des tentes particulières appelées *tscherké* (tente de repas), dressées dans le voisinage de la tente militaire (*oba*) du grand vizir, qui lui-même logeait près de la tente de cérémonie (*otak*) du sultan.

» Le 21 septembre, des bateleurs et des saltimbanques arabes étonnèrent le peuple par leur adresse et leur force incroyables. Les cheiks et les prédicateurs des mosquées impériales, après avoir baisé la main du sultan et du grand vizir, furent traités avec magnificence.

» Le jour suivant, Achmet III se divertit beaucoup des sauts que firent en sa présence des mangeurs d'opium égyptiens, auxquels il fit jeter de l'argent; les tours des singes, des ours et des serpents apprivoisés fixèrent également son attention. Deux troupes de danseurs, l'une appelée *baghdjewan kouli* (esclaves jardiniers), l'autre *Édrené kouli* (esclaves d'Andrinople) rivalisèrent dans une danse mimique; les prédicateurs et les imans des mosquées de la capitale étaient ce jour-là les hôtes du grand vizir. Le sultan, en retournant vers le soir au palais de l'arsenal, que pendant la durée des fêtes il avait choisi pour demeure, fixa au lendemain la marche des divers corps de métiers. Les chefs de ces corps et les anciens offrirent leurs présents par l'entremise du *peschkeschdjüaga* (maître des présents) et des portiers du sérail, après quoi ils furent invités à un festin dressé sous les tentes du grand vizir. Le même jour Damad-Ibrahim traita à des tables particulières les généraux des six régiments de cavalerie, leurs procureurs, leurs inspecteurs et les tschaouschs.

» Le 24 septembre, on servit aux janissaires deux cents moutons bouillis, trois cents autres rôtis, et quatre cents plats de riz écossé. Au moment où, à un signal donné, les soldats se jetèrent sur cette proie, un grand nombre de pigeons, cachés entre les cornes des moutons, s'envolèrent aux vives acclamations des assistants. Les taillandiers firent passer sous les yeux du sultan un dragon en fonte qui vomissait du feu, et les canonniers une forteresse en bois défendue par un éléphant; enfin les ouvriers de l'arsenal passèrent avec une galère, voiles déployées et pavillon au mât. L'état-major des janissaires dîna avec le grand vizir Damad-Ibrahim, pendant que tschaouschs des cérémonies lançaient des fusées de tous côtés.

» Le jour suivant, huit autres corps de métiers défilèrent devant le sultan ; les joueurs de gobelets et les pehliwans, ainsi que les deux troupes de danseurs, satisfirent par leur jeu la curiosité des assistants ; le maréchal de l'empire et le grand chambellan dînèrent avec les chambellans, les tschaouschs et les fourriers de la cour, à des tables dressées pour eux et servies avec profusion ; par une faveur spéciale, le grand vizir leur avait permis de déposer leurs grands et lourds turban d'État (moudjewwezé), et de paraître avec leurs turbans ordinaires.

» Le lendemain, les lutteurs, les joueurs de baguettes et les bateleurs montrèrent leur adresse. Ce jour-là, Damad-Ibrahim donna à dîner aux officiers des bostandjis, au khasséki, à l'odabaschi, aux gardiens du sofa et des barques, aux employés de la vénerie impériale, à l'aide-major et au trésorier de l'écurie, au secrétaire de l'orge et aux palefreniers, au chef des valets employés à étriller les chevaux, au grand et au petit gardien des litières, au vaguemestre et à tous les écuyers du sultan.

» Ce ne fut que le 27 septembre seulement que vint le tour des seigneurs de la chambre, du reïs-effendi, des sous-secrétaires d'État, du maître des requêtes, du chancelier, du secrétaire intime du grand vizir, des présidents des diverses chancelleries, des intendants et des inspecteurs du trésor.

» Les ambassadeurs des puissances européennes assistèrent aux fêtes qui furent données pendant les sept jours suivants. La première invitation fut faite au nom du sultan à l'ambassadeur français, en même temps qu'aux généraux et aux officiers des canonniers, des armuriers, des soldats du train et des begs des galères, ainsi qu'à leurs capitaines et à leurs tschaouschs.

» Le lendemain 29 septembre, les ambassadeurs anglais et hollandais se rendirent au lieu du festin, avec les imans et les cheiks des derviches, habitant les faubourgs de l'autre côté du port de Constantinople (Galata, Kasim et Khasskœï); le baile de Venise et le résident d'Autriche à Constantinople furent invités en même temps que les beglerbegs et les kodjagians en retraite et en disponibilité; enfin le résident de Raguse reçut son invitation, le jour où l'on offrit aux habitants des quatre grands faubourgs de la capitale, Scutari, Galata, Aïoub et Kasim-Pacha, cinq mille plats de pilau.

» Le quinzième et dernier jour de la fête, le sultan traita les administrateurs des fondations pieuses et des biens des sultanes; ce même jour, on distribua de l'argent aux vingt-deux chambrées de janissaires qui faisaient le service de la cour, et les officiers qui avaient dirigé les fêtes furent, en récompense de leur zèle, revêtu de cafetans.

» Le lendemain 3 octobre, le sultan quitta avec les princes le palais de l'Arsenal, et retourna au sérail, dans la cour intérieure duquel on avait dressé des tentes pour les médecins, et une autre pour la cérémonie religieuse de la circoncision; car ces fêtes, pendant lesquelles mille enfants du peuple avaient été opérés aux frais du sultan, n'avaient été que les préliminaires de la fête de la circoncision des princes.

» Huit jours après les réjouissances données au peuple, on promena par toute la ville les palmes nuptiales. Dans cette occasion, les employés de la cour et de l'État parurent revêtus de leurs uniformes de gala; les généraux de cavalerie portaient des turbans de l'invention de Sélim, des jaquettes (*nimten*), des hauts-de-chausses fort larges en velours, des felares de Tscherkassie, des harnais et des housses de divan; le grand vizir, coiffé du turban pyramidal étincelant d'or et revêtu de la kapanidja, avait à sa droite un chambellan dont le turban était surmonté d'un panache blanc, et à sa gauche, l'oda-baschi des bostandjis avec son bonnet jaune. Devant lui marchaient ses laquais (*schatirs*). Les palmes étaient d'une dimension telle, qu'en beaucoup d'endroits il fallut démolir les maisons pour qu'elles pussent passer; sur la route que parcourut le cortége, les généraux des canonniers, des armuriers et des soldats du train d'artillerie s'étaient rangés avec leurs troupes. A la tête de ce cortége marchaient les porteurs d'outres, dont la musique se composait de fifres et de cornemuses. Venaient ensuite le prévôt du guet (*aasasbaschi*) et le lieutenant de police (*soubaschi*), l'aga des janissaires à la tête de tout son état-major, les tschaouschs, les mouderris, les administrateurs des biens des sultanes, les seigneurs du divan et les présidents de la trésorerie, les grands mollas, les chambellans, cent cinquante chirurgiens-majors précédés du chirurgien en chef, et quarante janissaires portant chacun une petite palme.

» Devant les deux grandes palmes qui les suivaient marchaient, côte à côte, l'inspecteur des noces, l'aga et le constructeur des palmes, suivis d'une troupe de porteurs d'outres et de charpentiers chargés de démolir tout ce qui pourrait entraver la marche du cortége. Derrière eux, on portait les quatre jardins en sucre cachés sous des voiles dorés, et quarante ouvriers de l'arsenal tenaient chacun une tasse remplie de fleurs, de fruits, d'arbres, d'oiseaux et d'animaux, le tout artistement façonné en sucre. Les trois defterdars, l'inspecteur de la chambre, le reïs-effendi, et les juges d'armée, divisés en *mazouls* (en retraite), en *payélüs* (titulaires) et en *bilfüls* (en activité) précédaient immédiatement les juges de Constantinople, qui, de même que les juges d'armée, étaient divisés en trois catégories : les juges en retraite, les juges titulaires et les juges en activité. La même distinction était observée pour les vizirs de la coupole et les gouverneurs, qui devançaient le grand vizir, escorté par les écuyers (*bouloubaschis*), les laquais et les gens des écuries et des jardins impériaux. A leur suite marchaient le grand écuyer et le bostandji-baschi, puis neuf chevaux de main, richement caparaçonnés, dont chacun était tenu en laisse par un écuyer coiffé d'un turban en forme cylindrique.

» Venaient ensuite le chef des émirs, puis le prince Souleïman à cheval, entouré des gardes du corps, les lanciers et les archers ; à sa droite et à sa gauche s'avançaient à pied le khasséki et l'aide-major des écuries, puis venaient, dans une voiture dorée et traînée par six chevaux de race, les princes Mohammed et Mustafa. Ils étaient escortés du porte-épée et du premier valet de chambre du sultan, qui, se tenant aux portières, jetaient au peuple, sur leur passage, des pièces de monnaie nouvellement frappées. Venaient ensuite le chef des eunuques noirs (*kislar-aga*) et le chef des eunuques blancs (*capou-aga*), les agas de la cour intérieure et la chapelle impériale ; la marche était fermée par les généraux des spahis et des silihdars, suivis de leurs escadrons.

» Comme les palmes étaient trop grandes pour passer sous la porte impériale du sérail, sans qu'on fût obligé de la démolir, on avait eu soin de les dresser hors de son enceinte, tandis que les petites palmes et les jardins de sucre étaient exposés devant la cour de marbre (*mermerlik*). Le mufti et les oulémas revinrent par la porte du centre, lorsque le grand vizir et les seigneurs du divan la franchirent pour se rendre à la salle d'audience (*aarzodasi*).

» Damad-Ibrahim, après avoir mis pied à terre aux acclamations des tschaouschs, aida, avec le kislar-aga, le prince Souleïman à descendre de cheval; puis, assisté de deux vizirs, il fit sortir de voiture les deux frères du jeune sultan. Rentrés dans leurs appartements intérieurs, les princes admirent au baise-pied les vizirs, qui se retirèrent ensuite sous la coupole.

» Lorsque le sultan entra dans la salle, le grand vizir, et, après lui, les jeunes princes, vinrent se prosterner devant lui et lui baiser les pieds; là se trouvait aussi le plus jeune des princes, le sultan Bayezid, qui devait subir l'opération de la circoncision. Le grand vizir sortit de l'appartement, à l'entrée duquel se tenaient les vizirs, comme aux jours ordinaires du divan. Damad-Ibrahim leur donna le salut, et le *sélamagasi* (le maître du salut) le lui rendit au nom des assistants. A la fin du repas des vizirs, les ouvriers de l'arsenal qui portaient les palmes, les peintres, les menuisiers et les artisans chargés de fabriquer les fleurs artificielles, furent reçus par le sultan, qui les congédia après leur avoir fait distribuer des présents. Les vizirs et les généraux de l'armée, précédés du grand vizir et du mufti, rentrèrent alors dans la salle d'audience. Ces deux derniers, ainsi que les autres vizirs, obtinrent seuls la permission de s'asseoir, tandis que le reïs-effendi, le defterdar, le tschaouschbaschi et les généraux se tenaient debout à l'entrée de la porte. De la salle d'audience, le grand vizir, accompagné du mufti et des vizirs, se rendit dans celle où est déposé le manteau du Prophète, et d'où, après avoir présenté ses hommages au sultan, il retourna dans la première salle. Il accompagna ensuite tout seul le Grand Seigneur dans la salle de la circoncision, où reposaient les trois princes aînés, qui venaient de subir l'opération confiée à l'habile chirurgien en chef; le plus jeune avait déjà été remis à sa nourrice.

» Lorsque Damad-Ibrahim fut retourné dans la salle d'audience, un des confidents du sultan vint apporter, sur un plateau d'or, les indices irréfragables de l'habileté de l'opérateur, indices que le grand vizir, puis le mufti et les vizirs, couvrirent de monceaux d'or. Tous les assistants se retirèrent, après avoir été revêtus, ainsi que les juges d'armée et les autres ministres, de pelisses d'honneur, et s'être prosternés devant le trône dans l'ordre hiérarchique.

» Pendant que les vizirs se reposaient, hors de la salle d'audience, sur les sofas dressés dans la cour de marbre pour les chambellans, les fonctionnaires subalternes qui avaient figuré dans cette fête, tels que l'inspecteur de la circoncision, le chef de la cuisine, le grand écuyer tranchant, le maître des cérémonies et les procureurs des silihdars et des spahis, furent revêtus de cafetans.

» A l'issue de cette cérémonie, les vizirs quittèrent le palais, et le grand vizir monta le cheval que le sultan lui avait envoyé, et dont les harnais en or et en émail étaient estimés à une valeur de cent bourses d'argent. A l'occasion de la circoncision du fils du grand vizir, les quatre jeunes princes envoyèrent à ce dernier des chevaux richement harnachés.

» Ainsi se termina l'acte solennel de la circoncision, qui, suivant l'exemple d'Abraham, est imposé comme un devoir à tout musulman; mais le temps était passé où le sultan pouvait se permettre d'inviter le doge de Venise et l'empereur à se rendre en personne à Constantinople pour assister à cette cérémonie. »

De telles magnificences, à la suite de tels revers, attestaient la décadence grecque dans l'orgueil musulman. Ne pas sentir son abaissement est la pire décadence, car c'est celle de l'âme. La paix de l'empire n'était pas assez glorieuse pour qu'il fût permis à Achmet III et à son ministre d'en jouir avec dignité; il y avait des remords sous leurs délices et de l'humiliation sous leur bonheur.

XIII

Ces années de paix furent employées à des embellissements de la capitale, à des constructions de jardins, de canaux et de mosquées, qui achevèrent de rendre les deux rives du Bosphore la Babylone de l'Orient. L'ambassadeur ottoman, Mohammed-Effendi, qui avait signé le traité de Passarowitz, et qui de là avait été envoyé en mission en France, en rapportait les récits, les plans et les peintures des palais de Versailles, de Marly, de Fontainebleau, magnificences que le grand vizir s'étudiait à transporter, en les appropriant aux lieux et aux mœurs, sur les collines et dans les vallées de Constantinople. Le *Livre des Noces* retrace comme des monuments de la grandeur ottomane les merveilles de ces constructions et le luxe qu'Ibrahim ne cessait d'offrir à son maître pour endormir son inquiétude d'esprit, et pour lui faire savourer la paix par ces jouissances. Ce ministre, quoique jeune, paraissait avoir compris, par tant de revers successifs, que le génie de la guerre abandonnait les musulmans, et qu'il ne fallait plus tenter une fortune si constamment adverse. La splendeur de ces édifices, de ces jardins, de ces fêtes, imitation de Louis XIV sous Achmet III, répand sur la fin de ce règne un lustre que *le Livre des Noces* a conservé à l'histoire.

Ce fut Ibrahim qui éleva, à l'entrée de la *Corne-d'Or*, sur un écueil détaché de la côte d'Asie, à la place d'un phare en bois détruit par un incendie, la tour de Léandre. Une tradition populaire des Grecs plaçait sur cet écueil la scène des amours et de la mort d'Héro et de Léandre. Une tradition turque racontait qu'une princesse, fille d'un empereur de Byzance, à qui les oracles prophétisaient qu'elle mourrait de la piqûre d'un aspic, y avait été élevée et enfermée par son père sous la garde des flots, pour tromper la destinée ; mais qu'un serpent, apporté dans une corbeille de fruits à la jeune fille, avait fatalement vérifié l'oracle.

Ce fut lui encore qui embellit d'arbres, de fontaines, de kiosques et de bancs de marbre, ombragés par des platanes majestueux, la vallée mélancolique des *Eaux-Douces* d'Europe, cette Tempé de Constantinople. Ce fut lui qui construisit, pour la sultane, le palais asiatique de Kiaghadkhané, et, qui par un canal de marbre de mille coudées, conduisit les *eaux douces* d'Asie serpenter et murmurer sous les murs de ce palais de campagne. L'haleine des cascades artificielles, copiées de celles de Versailles et de

Saint-Cloud, y rafraîchissaient l'air respiré par les sultanes. L'inauguration de ce palais, offert par le grand vizir à Achmet, fut l'occasion de pompes et de fêtes devenues historiques par leur nouveauté.

C'est du génie somptueux de ce vizir que datent les illuminations des grandes mosquées, imitées de Saint-Pierre de Rome, pendant les nuits du ramadhan, au moyen de grands demi-cercles de fer garnis de lampions, appelés des *lunes*, parce que pendant la nuit ils imitent les croissants étincelants au soleil qui couronnent les minarets et les coupoles.

Ce fut encore sous son administration que s'établit l'usage des fêtes des lampions et des tulipes ; elles se célébrèrent tous les printemps dans le jardin du sérail ou dans un des palais impériaux, situé sur l'une ou l'autre rive du Bosphore. Il était d'usage, dans ces fêtes, d'illuminer les parterres de tulipes avec des lampions en verre de couleurs différentes, en sorte que les parties ombrées des fleurs, en se réfléchissant dans les lampions, paraissaient brûler comme des lampions, et les lampions comme un second parterre de tulipes. Ainsi, la magnificence des illuminations qui avaient lieu dans l'antiquité à Saïs se trouva transportée, après tant de siècles, des bords du Nil sur les bords du Bosphore.

La plus brillante de toutes les fêtes de tulipes et de toutes les illuminations que jamais grand vizir ait données à un sultan fut celle que Damad-Ibrahim offrit à Achmet III, dans son palais d'été de Beschiktasch, en présence de ses nombreux fils ou filles, de leurs mères et de ses favorites.

« A cette fête assistaient le sultan, quatre de ses fils, Souleïman, Mohammed, Mustafa et Bayézid, les sept princesses ses filles, Oumm Koulsoum, Kadidjé, Aatiké, Saliha, Aïsché, Rabia et Seïneb ; la sultane, mère des quatre princes que nous venons de nommer, et les quatre mères de princes morts à un âge peu avancé ; les cinq sultanes, épouses légitimes d'Achmet III (sa première, sa seconde, sa troisième, sa quatrième et sa cinquième femmes) ; huit autres sultanes, seize esclaves confidentes des sultanes, et dix confidents du Grand Seigneur. Parmi les grands officiers de la cour intérieure, on remarquait le kislar-aga, le porte-épée, le premier valet de chambre, celui qui tient l'étrier, le chef de la première chambre des pages, le kiaya des baltadjis, le gardien de la nappe, le secrétaire du kislar-aga, le chef des cafetiers, l'aide des écuries impériales; en tout soixante personnes, non compris le sultan. Tous reçurent du grand vizir des présents en pierres fines et en châles, en riches étoffes et en or. »

Grâce à ces fêtes si souvent réitérées, la passion des fleurs devint le goût dominant du peuple, à tel point qu'elle surpassa bientôt celle qu'un grand nombre d'individus avaient à cette époque, en France et dans les Pays-Bas, pour la culture des tulipes. On vit alors paraître, en Europe, des traités volumineux sur la culture de cette fleur. A Constantinople, on créa un nouvel emploi, celui de maître des fleurs (*schoukoufedjibaschi*), dont le diplôme, orné de roses dorées et de fleurs de différentes couleurs, se terminait par ces mots, qui peuvent nous donner une idée du style fleuri des Orientaux :

« Nous ordonnons que tous les horticulteurs reconnaissent pour leur chef le porteur du présent diplôme; qu'ils soient en sa présence tout œil comme le narcisse, tout oreille comme la rose; qu'ils n'aient pas dix langues comme le lis; qu'ils ne transforment pas la lance pointue de la langue en une épine de grenadier, en la trempant dans le sang des paroles inconvenantes; qu'ils soient modestes et qu'ils aient, comme le bouton de rose, la bouche fermée, et ne parlent pas avant le temps comme la hyacinthe bleue, qui répand ses parfums avant qu'on les souhaite; enfin, qu'ils s'inclinent modestement comme la violette, et qu'ils ne se montrent pas récalcitrants. »

Le grand vizir, entraîné par son goût pour les fêtes, avait aussi renouvelé la mode des festins et des cavalcades, que jadis le grand vizir Kiuperli le vertueux avait mise en vogue, mais qui depuis était tombée en désuétude. Le dernier grand vizir avait, il est vrai, songé à la faire revivre, mais la crainte des dépenses énormes qu'elle occasionnerait lui en avait fait abandonner le projet. Le troisième jour de la fête du grand beïram, l'aga des janissaires donna, dans son palais, un festin somptueux au grand vizir; en sortant de table, Damad-Ibrahim retourna à la Porte, escorté par une cavalcade brillante et nombreuse qui, par ses ordres, s'était assemblée au palais de l'aga.

Mais ce furent surtout les fêtes célébrées à l'occasion de la première leçon donnée aux princes Mohammed, Mustafa et Bayézid, qui se firent remarquer par leur magnificence. Elles eurent lieu dans le kiosque dit *des Perles*, situé à l'extrémité du sérail, du côté de la mer (8 octobre 1721). On avait dressé des tentes pour le grand vizir, le capitan-pacha, le mufti, le juge d'armée de Roumélie, le defterdar, et le reïs-effendi. Le premier et le second iman du sérail, Feizoullah et Abdoullah, furent nommés précepteurs des princes. Damad-Ibrahim se rendit au sérail suivi de tout son cortége; il y entra par la porte du jardin contiguë à l'hôpital. Le defterdar, le reïs-effendi, le maître des cérémonies et Raschid, historiographe de l'empire, à la tête des officiers de la cour, se tenaient debout, chacun devant la tente dressée pour lui. Le grand vizir salua les officiers de la chambre intérieure, placés devant le kiosque *des Perles*. Son salut lui fut rendu par le maître du salut, qui, dans toute occasion, le rend au nom de celui qui l'a reçu; car, dans l'idée des Orientaux, le droit de salut appartient aux supérieurs et non aux inférieurs; aussi une assemblée manquerait-elle aux premières règles de l'étiquette, si elle voulait elle-même rendre le salut du sultan ou du grand vizir. La politique minutieuse du despotisme s'égare à tel point, qu'en fait même de salut, elle veut encore dominer; qu'elle s'irrite de l'initiative prise par le peuple dans son accueil au souverain, et établit un mandataire pour rendre à ce dernier son salut suivant le mode et à l'instant qu'il a fixé. Mais combien de fois la voix du peuple, longtemps étouffée, n'a-t-elle pas surmonté les entraves que lui imposait l'étiquette des cours, et combien de fois les cris d'allégresse et ceux de : *Vive le padischah!* proférés par les tschaouschs de l'État, n'ont-ils pas été couverts par cette clameur séditieuse : *Nous ne voulons plus de toi.*

Au moment où le sultan arrivait au kiosque *des Perles*, le kislar-aga Beschir et Damad-Ibrahim-Pacha s'avancèrent pour l'aider à descendre de cheval, et le conduisirent, en le tenant sous les bras, à la tente dressée pour le recevoir. Immédiatement après, Ibrahim, ainsi que le mufti et le capitan-pacha, rentrèrent chez eux pour prendre leur repas, dont les restes servirent à traiter leur suite. Après qu'ils se furent levés de table, le cortége passa par la porte du jardin dans la seconde cour du sérail, et se rendit à la salle d'audience, où les vizirs et les oulémas se tenaient assis sur le banc de marbre placé à l'extérieur de la grande porte. Un quart d'heure s'était à peine écoulé, lorsqu'on vit paraître, sous la porte *de la Félicité*, conduisant à la salle d'audience, l'aîné des fils du sultan, Mohammed. Le jeune prince, revêtu d'un kapanidja et portant sur son turban un panache de plumes de héron orné de diamants, était soutenu sous les bras par le khazinedar et le kislar-aga ; il donna successivement sa main à baiser aux vizirs, aux oulémas et aux ministres.

Lorsque les autres princes parurent, les tschaouschs les accueillirent par de longs vivats : puis ils les escortèrent jusqu'au kiosque *des Perles*, où entrèrent avec eux le grand mufti, le capitan-pacha, le chef des émirs, les deux juges de l'armée, le silihdar, le defterdar, le reïs-effendi, le tschaouschbaschi, le grand chambellan, l'historiographe de l'empire, le maître des cérémonies, les deux maîtres des requêtes, le cheik d'Aya-Sofia et le maître du salut. Le sultan prit place sur le trône ; à sa droite et à sa gauche s'assirent, sur de magnifiques tapis, les princes, le grand vizir, le mufti, le capitan-pacha, le chef des émirs, les deux juges d'armée et le cheik d'Aya-Sofia ; tous les autres assistants se tinrent debout. Lorsque, sur un signe de Damad-Ibrahim, le cheik eut adressé en langue arabe une courte prière à Dieu, le grand vizir prit dans ses bras l'aîné des princes et le déposa sur le tapis étendu en face du mufti ; puis le silihdar plaça au milieu d'eux un pupitre recouvert de drap écarlate, et le mufti commença à lui montrer les cinq premières lettres de l'alphabet. Le prince les ayant nommées après lui, Achmet III lui fit signe de baiser la main du mufti ; mais celui-ci l'en empêcha et lui donna un baiser sur l'épaule. La même cérémonie eut lieu pour les deux autres princes. Après qu'ils se furent retirés, les grands dignitaires, qui avaient reçu la permission de s'asseoir, furent revêtus de pelisses d'honneur, et les ministres et officiers de la cour, que l'infériorité de leur rang obligeait à se tenir debout, reçurent des cafetans.

Cette cérémonie terminée, les deux princes puînés obtinrent de la munificence du sultan un cheval richement harnaché, et un Coran enfermé dans un sac d'étoffe précieuse. L'historiographe de l'empire, dans la description détaillée qu'il fait de cette cérémonie, dit que le sultan, voyant les efforts des pages, placés derrière les ministres et autres officiers de la cour, pour apercevoir ce qui se passait, invita ces derniers, par un signe, à faire place à ces jeunes gens. Ce fait caractérise Achmet III, et rappelle cette circonstance où le grand vizir, pendant la fête de la nativité du Prophète, se leva pour faire place aux oulémas pressés par la foule, et porta, avec le juge d'armée, le tapis du mufti devant le candélabre, après avoir invité également les mouderris à s'avancer. Ibrahim donna ainsi un témoignage public de la haute estime qu'il professait pour le corps savant des oulémas. Le désir qu'il avait de leur être agréable se révéla ultérieurement dans plusieurs circonstances ; lorsque, par exemple, il se rendait trois fois par semaine à l'école fondée par lui, pour assister à la lecture et à l'interprétation du Coran ; lorsqu'il assigna aux juges de Médine et de Damas un rang supérieur à celui dont ils avaient joui précédemment ; lorsqu'il plaça le juge de la Mecque au-dessus des juges des trois résidences, Constantinople, Andrinople et Broussa, et ces derniers au-dessus du juge de Damas ; enfin, il leur donna une nouvelle preuve de sa haute estime en élevant à la dignité de juge d'Alep, Raschid, l'historiographe de l'empire, qui nous a servi de guide dans cette histoire pour un espace de soixante ans, et en confiant l'emploi de ce dernier au savant légiste, Ismaïl-Aazim, surnommé Koutschouk-Tchelebizadé.

Plus heureux que ses prédécesseurs, dont les fils, à l'exception d'un seul destiné à occuper un jour le trône, périssaient, suivant une ancienne loi barbare, sous la main du bourreau, Achmet III, depuis les dix années de son règne, s'était vu père de vingt-quatre fils et filles, et la moitié de cette nombreuse progéniture vivait encore. Trois ans s'étaient écoulés depuis le jour où il avait célébré les noces de trois de ses filles et la circoncision de quatre de ses fils. A l'époque où nous sommes arrivés (1723), il fiança trois autres de ses filles, Aatiké, Kadidjé et Oumm Koulsoum, la première avec Mohammed-Beg, la seconde avec Ali-Beg, et la troisième avec Ahmed-Beg, fils de Tscherkes Othman-Pacha. Mais chacune d'elles, au lieu de recevoir, comme leurs sœurs aînées, une dot de vingt mille ducats, ne reçut que la moitié de cette somme.

Nous avons eu trop souvent occasion de décrire les fêtes usitées lors du mariage des princes et des princesses du sang d'Othman, pour rappeler les solennités auxquelles donna lieu celui des trois princesses ; toutefois le *Livre des Noces*, plus volumineux de moitié que celui de Wehabi, fait mention d'une circonstance qu'il est d'autant plus nécessaire de rapporter ici qu'elle détruit une des fables longtemps accréditées en Europe sur les usages du harem impérial. On croyait et l'on croit encore que le sultan, chaque fois qu'il daigne accorder ses faveurs à l'une des esclaves de son harem, lui jette un mouchoir. Ce qui a donné naissance à cette supposition, c'est l'usage où est la fiancée, en recevant des mains de son paranymphe la corbeille ou présent de noces du fiancé (présent qu'on nomme le signe honorifique ou *nischan* des fiançailles), d'envoyer à son époux futur un mouchoir appelé *le mouchoir du nischan*, pour lui marquer qu'elle a reçu son présent de noces.

Lorsque Achmet III n'était distrait ni par ces fêtes nuptiales, ni par des fêtes de tulipes, ni par les pompeuses solennités religieuses, telles que la nativité du Prophète, la visite du manteau de Mahomet ou les processions des deux fêtes du Beïram, il employait le reste de son temps, soit à faire des visites au grand vizir, dont l'activité lui épargnait tout souci gouvernemental, soit à inspecter le trésor et l'arsenal. Pendant les soirées fréquentes que le sultan passait chez lui, le grand vizir avait coutume de lui offrir des sucreries exquises; ces soirées s'appelaient *halwa*, qu'il faut distinguer des fêtes du *khalwet*, ou promenade des femmes du harem. Lorsque ces promenades avaient lieu, il était d'usage de proclamer le *khalwet*, c'est-à-dire la solitude du harem. On obligeait les hommes à se retirer des rues par lesquelles devaient passer les femmes et les esclaves du sultan, sous peine de recevoir des eunuques, sinon toujours la mort, du moins des coups de bâton et des coups de sabre.

XIV

Achmet III n'omit jamais de se rendre à l'arsenal lorsqu'on devait y lancer un bâtiment nouvellement construit; aussi la mise à flot du premier vaisseau à trois ponts qui, à cette époque, sortit des chantiers de Constantinople, occupa-t-elle vivement son attention. Quant à ses visites au trésor, elles n'avaient d'autre but que celui de repaître ses yeux de l'aspect des monceaux d'or et d'argent accumulés par la sage économie de Damad-Ibrahim-Pacha.

La paix remplissait les coffres de l'État et vivifiait l'industrie et le commerce. Elle était la pensée fondamentale du règne, et justifiait assez par ses bienfaits la mémoire de Baltadji des accusations des Polonais et des Suédois contre sa prétendue corruption par l'or du czar. Le grand vizir Ibrahim n'était que le continuateur de cette pensée d'Achmet, dont l'empire recueillait les fruits.

Heureux l'empire, si les avantages trop goûtés de cette paix avec la Russie n'avaient pas induit le grand vizir Ibrahim et le sultan Achmet à une alliance aussi immorale et aussi antimusulmane avec le czar que celle qui, par des mains chrétiennes, partagea bientôt après la Pologne! Nous voulons parler de la coalition de la Porte et du czar contre la Perse. Reportons d'abord un moment nos regards sur ce royaume de Perse, qui semblait prédestiné en Asie, comme la Pologne en Europe, à une intermittence perpétuelle de gloire militaire et d'anarchie civile.

XV

Le démembrement de la Perse, au profit de la Russie et de la Porte, avait été précédé (1700) du démembrement spontané de ce royaume par les Afghans, peuplade belliqueuse et féroce, dont les chefs avaient amoindri le trône de Perse. Mahmoud, fils du premier usurpateur Afghan, assassin de son oncle Abdallah, s'était emparé d'Ispahan, capitale arrachée par ses armes au schah légitime de Perse, Tahmasp (1722). Pour anéantir d'un seul coup ses compétiteurs au trône, Mahmoud avait immolé en une nuit tous les partisans nobles et trois mille gardes du corps du roi fugitif. Ivre de sang et bourrelé de remords, Mahmoud, par une de ces alternatives extrêmes des caractères violents, s'était tout à coup condamné lui-même à une prison et à une obscurité perpétuelles, dans une caverne des montagnes, pour y pleurer ses victimes et pour y implorer dans le jeûne le pardon de ses forfaits (1724). Cette pénitence cherchée dans les entrailles de la terre, semblable à celle de Nabuchodonozor, d'Élie, de Chosroès, était antique et fréquente aux Indes, en Perse et en Judée. Mais ces anachorètes couronnés, après avoir brouté, comme des animaux, l'herbe des champs pour toute nourriture, sortaient souvent de leurs retraites avec des passions ou des démences altérées de nouveaux crimes.

Tel fut Mahmoud en quittant sa caverne; il tua de sa propre main trois oncles, onze frères et plus de cent fils du malheureux schah Husseïn, son captif, condamné par le tyran à assister à ce déluge de son propre sang. Une démence physique le saisit enfin après cette démence d'ambition ; il arrachait avec ses dents, pendant ses accès, des lambeaux de chair de ses propres membres pour les dévorer. Son cousin Aschraf, brigand de la même race, le fit enfin garrotter et étrangler dans le palais d'Ispahan (1724). Tahmasp, petit-fils d'Hussein, s'avança avec une armée de ses partisans contre Aschraf. Cet usurpateur, alarmé de l'approche de Tahmasp, envoya un ambassadeur à Constantinople (1725) pour y protester contre les empiétements des Russes et des Turcs sur les territoires de la Perse, et pour y solliciter l'alliance d'Achmet III.

La dissension religieuse entre les Turcs et les Persans servit de prétexte à la Porte pour congédier l'ambassadeur et pour déclarer la guerre à la Perse. Un petit-fils des Kiuperli, Abdourrahman-Pacha, à la tête de vingt mille hommes, défit les Persans dans les steppes de Moghan, voisines d'Ardebil.

Pendant ces revers d'Aschraf, le schah légitime Tahmasp proposait de son côté son alliance aux Turcs, et offrait de la payer par la concession d'une partie des provinces septentrionales de la monarchie. Ces propositions furent favorablement accueillies par le divan, et soixante mille hommes, commandés par le séraskier Ahmed-Pacha, atteignirent dans la plaine d'Hamadan l'armée persane d'Aschraf. Achmet, vaincu, se replia avec ses débris sur Bagdad (1727). Une paix conclue entre Aschraf et les Turcs à Bagdad dépouilla la Perse de Kermanschah, d'Hamadan, d'Ardelan, de Tebriz, de Tiflis, d'Erivan, de Sultanieh et d'une partie de la monarchie. C'est à ce prix qu'Aschraf, quoique vainqueur d'Achmet, achetait la reconnaissance de son titre usurpé par le divan.

Le czar, pendant ce démembrement de la Perse au midi et au nord, avait envahi de son côté les provinces persanes voisines de la mer Caspienne et du Caucase. Il fallait maintenant, entre la Russie et la Porte, une délimitation fiscale des territoires immenses si imprudemment et si odieusement conquis sur la Perse. Le général russe Alexandre Romanzoff, négociateur habile du traité de partage à Constantinople, partit de cette ville avec un plénipotentiaire ottoman, Mohammed-Dervisch-Aga, pour tracer ces limites. La France, par une immixtion impolitique dans ce partage, fut appelée à envoyer un commissaire français comme arbitre de cette délimitation. Elle fut tracée et signée, pour la honte des musulmans et pour leur malheur, le 23 décembre 1727. M. de Maurepas, ministre sans prévoyance de Louis XV, dirigeait alors les affaires étrangères, et ne pressentait par le piége où ce partage de la Perse entre la Russie et les Turcs, et leur rapprochement géographique, jetteraient tôt ou tard l'Orient et l'Occident.

XVI

La réception au divan de l'ambassadeur d'Aschraf, qui venait ratifier le traité de Bagdad, fournit au grand vizir l'occasion de déployer la pompe dont il aimait à éblouir l'Europe et l'Asie.

Le jour de l'entrée de l'ambassadeur persan Mohammed-Khan de Schiraz, les femmes reçurent la défense de se montrer dans les rues de Constantinople. Toutes les maisons de celles par lesquelles le cortége devait passer furent réparées et blanchies à neuf; les dorures de la salle du divan impérial, qui surmonte la coupole où siégent les vizirs, furent entièrement renouvelées; les balustrades qui joignent la porte centrale du sérail à celle de *la Félicité*, c'est-à-dire à celle du harem, furent tendues de drap écarlate. Ces divers embellissements firent donner à l'ambassadeur persan, par le peuple de la capitale, le surnom de *khan récrépisseur*. Deux fonctionnaires très-versés dans la langue persane, dont l'un était attaché comme aide à la chancellerie d'État, et l'autre secrétaire du divan, furent nommés, le premier mihmandar, et le second interprète de l'ambassadeur.

Pendant sa traversée de Scutari à Constantinople, Mohammed-Khan put apercevoir six grands vaisseaux de ligne rangés entre Beschiktasch et Topkhané, neuf galères peintes à neuf entre la porte de Karakœi et l'entrepôt aux huiles de Galata; sept autres vaisseaux de ligne étaient mouillés dans l'intérieur du port, entre l'arsenal et Constantinople. Pendant la traversée de Scutari à la douane principale, les canons de ces navires et ceux de tous les autres bâtiments à l'ancre dans le port tirèrent plus de neuf cents coups (3 août 1728). En arrivant à la douane, l'ambassadeur fut reçu par le maréchal de l'empire, qui lui offrit, de la part du grand vizir, un cheval magnifiquement harnaché. Le cortége fut ouvert par le capitaine du guet et par le lieutenant de police; vinrent ensuite les trois classes de tschaouschs, ceux du divan, ceux des spahis et des silihdars, et ceux auxquels étaient affectés des fiefs, avec les mouteferrikas, les secrétaires et les procureurs des spahis et les silihdars, les généraux des quatre régiments de la garde de l'étendard, les colonels des janissaires commandés pour le cortége, puis l'ambassadeur, sur un cheval harnaché à la mode persane ; derrière lui des esclaves conduisaient sept chevaux de main, qui n'étaient ni meilleurs ni plus fringants, dit l'historiographe de l'empire, que les chevaux de bois dont on se sert au jeu d'échecs ; quarante ou cinquante Afghans, mal vêtus, armés d'arcs ou de fusils, fermaient le cortége.

Le jour où le grand vizir lui accorda son audience, la salle de réception avait été décorée avec un luxe inouï (9 août 1728). L'antichambre elle-même, que l'on nomme la salle *des Nattes*, à cause des nattes de paille qui la recouvrent, fut tendue de tapis de Perse ; ceux qui ornaient la salle d'audience représentaient un parterre de fleurs tout resplendissant de soie, d'or et de perles. Aux pieds du grand vizir, à l'angle du sofa qui est réputé la place d'honneur, était étendue une couverture brodée de perles ; à sa droite, on voyait un portefeuille orné de pierres précieuses, et un encrier dont les émeraudes et les rubis projetaient cette vive et pure lumière qui doit jaillir des véritables bons écrits ; à sa gauche était placé un pupitre étincelant de pierreries, sur lequel était déposé un Coran, dont la reliure, en velours noir, était parsemée de brillants. Entre les deux fenêtres, on voyait étalés seize autres Corans, dont les reliures étaient brodées d'or et les sacs couverts de perles ; aux deux côtés de la cheminée, sur cinq pupitres, artistement ouvrés, étaient disposés des paquets de pelisses retenus par des liens d'étoffe d'or.

Le long du mur qui s'étendait de la cheminée au sofa, étaient placées, sur leurs pieds, huit pendules surmontées de leurs globes de cristal ; plus de cinquante livres précieux étaient rangés dans des armoires du plus beau travail ; deux grosses montres et trois miroirs ornaient la partie de la muraille comprise entre la cheminée et la porte. Les valets de chambre portaient des ceintures précieuses dans lesquelles étaient fixés des poignards et des couteaux ornés de pierreries. Les ministres d'État, le defterdar, le reïs-effendi, le tschaousch-baschi et les sous-secrétaires d'État, le chancelier, les maîtres des requêtes et le secrétaire du cabinet, rivalisaient de luxe ; mais tous étaient obscurcis par l'éclat des diamants qui ornaient les bagues, la ceinture, le poignard et les agrafes destinées à fixer les vêtements du grand vizir. Il était, dit l'historiographe, tout resplendissant et nageait de la tête aux pieds dans une mer de perles et de pierres précieuses, en sorte que son aspect seul réalisait le vœu exprimé par le salut usité chez les Ottomans : « Que l'aide de Dieu soit avec toi. »

Après que les tschaouschs eurent répondu par cette exclamation au salut du grand vizir, que reçut le maître des cérémonies au nom de l'assemblée, les sept vizirs de la coupole, dont cinq étaient gendres du sultan, entre autres le fils et les deux neveux du grand vizir, et les deux autres gendres de ce dernier, baisèrent sa main et s'assirent, le capitan-pacha à sa droite, les six autres à sa gauche ; les ministres d'État et derrière eux les secrétaires d'État se tinrent debout, les mains croisées sur la poitrine ; derrière les secrétaires d'État se placèrent les officiers de la maison du grand vizir, tout prêts à s'acquitter de leurs diverses fonctions. Les sucreries et le café furent servis dans des vases d'or ornés de pierres précieuses. Cette collation d'usage terminée, les vizirs se levèrent et allèrent se placer en face du sofa; l'ambassadeur alla s'asseoir auprès du grand vizir, sa suite se retira, et il eut alors avec ce dernier un entretien d'une demi-heure, pendant lequel Damad-Ibrahim se plaignit hautement de ce que l'ambassadeur n'avait apporté qu'une lettre du schah pour le sultan, et de ce que le premier ministre de Perse ne lui avait pas écrit.

A la fin de l'audience, le grand vizir fit distribuer des sorbets et des parfums, fit revêtir Mohammed-Khan d'une pelisse de zibeline doublée d'écarlate, et donna à tous les Persans de sa suite de riches cafetans et des chevaux couverts de magnifiques housses brodées de perles et de saphirs.

XVII

Cependant les prospérités de ce Salomon du Bosphore étaient perfides. Le czar Pierre le Grand était mort (1725), laissant l'empire à Catherine, la pensée de sa politique à Mentschikoff, son ambition à sa patrie, la Perse à moitié démembrée à ses généraux. Mais un grand homme, aussi féroce et plus guerrier que Pierre le Grand, venait d'apparaître en Perse et de rassembler de nouveau dans une seule main le faisceau disjoint de cette monarchie.

Traçons en quelques traits la figure de ce conquérant, en qui l'âme et le génie de Timour semblaient avoir passé de Samarcande à Ispahan.

XVIII

Sa vie, écrite sur les lieux par Mirza-Médhy, son historiographe, et par un Anglais résidant dans les camps, laisse peu d'ombre sur son caractère.

Le père de Nadir (né en 1688), Turc d'origine, appartenait à une de ces tribus turcomanes qui s'étaient jetées en Perse à l'époque de la grande migration. Cette famille était jusque-là obscure, mais noble, car tout ce qui n'était pas esclave en Perse participait à la noblesse collective de la tribu. « Le diamant, dit à ce sujet Mirza-Médhy, ne tire sa valeur que de son propre éclat et non du bloc de rocher d'où il est sorti! » C'était un simple tailleur d'habits, gagnant sa vie et celle de sa famille en cousant des manteaux de peaux de mouton. « Dites de moi, écrivait Nadir à ses ambassadeurs qui demandaient pour lui la main de la princesse Mazer-Allah, fille de l'empereur des Mongols (1738), dites que je suis fils de Nadir, fils et petit-fils de mon épée, et ainsi de père en fils jusqu'à la soixantième génération! »

Soldat dès son enfance, bientôt chef d'une horde d'aventuriers du Khorasan (1700), qui pillaient et massacraient leurs voisins les Tartares Ouzbecks, il avait commencé sa carrière de crimes par le rapt d'une fille de cette tribu, renommée par sa beauté, et ravie sur le cadavre de son père. Le roi Tahmasp l'enrôla dans l'armée avec laquelle il disputait la Perse à l'usurpateur Aschraf (1726). Ses exploits et le nombre croissant de ses soldats lui valurent le titre de gouverneur du Khorasan, sa patrie. Son indépendance du roi et sa tyrannie le firent révoquer de ce poste. Repoussé par ses compatriotes et désavoué par Tahmasp, il alla demander asile à un de ses oncles paternels, chef lui-même d'une autre bande d'Afghans, et qui gouvernait la forteresse et le pays de Khélat. Son oncle l'accueillit, lui recruta trois mille hommes, le réconcilia avec le roi Tahmasp, et ses exploits contre les Afghans, maîtres d'Ispahan, accrurent la terreur de son nom. Envieux de la forteresse de Khélat, il revint surprendre la place et égorger de sa propre main l'oncle qui l'avait protégé.

XIX

Maître par ce crime d'une capitale, d'un trésor et d'une armée, il reconquit tout le Khorasan à la cause du prince légitime. Tahmasp, justement jaloux d'un général qui se substituait partout à son autorité, le déclara traître et rebelle. Nadir s'arma de cette apparente ingratitude de son souverain pour faire insurger son armée contre Tahmasp; il marcha contre le schah, le fit prisonnier, mais, conservant la marque d'une fidélité à la vieille dynastie qui faisait sa popularité en Perse, il couvrit de respects apparents la captivité réelle du schah dans son camp.

Après une guerre constamment heureuse contre les Afghans, expulsés par ses armes de toute sa patrie (1729), Nadir reçut du schah en apanage le Khorasan, le Mazandéran, le Sistan et le Kerman, quatre provinces dont l'étendue égalait la moitié du royaume. Sa feinte modération lui fit refuser seulement le titre de sultan ; il aspirait plus haut. La coalition des Russes et des Turcs allait lui fournir bientôt l'occasion de grandir encore. Reconquérir sa patrie sur les Afghans, expulser leur dynastie étrangère, rétablir la vieille dynastie des sofis dans la personne du faible Tahmasp, combattre enfin, vaincre et expulser du nord de la Perse les Russes, du midi les Ottomans (1730), et se couronner enfin lui-même de tant de victoires sur les trois races ennemies de sa patrie, telle était la destinée de Nadir, sujet encore, mais bientôt roi !

Suspendons ici la marche ascendante de sa fortune, pour revenir assister à Constantinople à la chute d'un règne renversé par le seul bruit de son nom.

XX

Les événements de Perse retentissaient douloureusement à Constantinople dans le cœur des bons musulmans. La ligue contre nature des Turcs avec les Russes infidèles (giaours), pour démembrer un empire hérétique mais musulman, révoltait en secret l'instinct probe et religieux des Ottomans. Il y a des temps où les peuples, éclairés par les seules lumières de leur conscience, sont plus profondément politiques que leurs gouvernements. On ne sait quel pressentiment prophétique protestait dans l'âme des Turcs contre une alliance qui rapprochait et grandissait l'empire de Russie. La pitié et l'indignation fomentèrent coup sur coup cette réprobation de l'opinion publique contre un souverain et contre un vizir qui assistaient impassibles aux tragédies de la dynastie persane.

L'usurpateur Aschraf, dont les ambassadeurs, accueillis par Achmet III, résidaient encore à Constantinople, venait d'être trois fois vaincu par Nadir (1729). Dans sa déroute, Aschraf, poursuivi par Nadir, avait lâchement égorgé le vieux roi Husseïn, son prisonnier, père de Tahmasp. Le sang de ce vieillard, assassiné par son geôlier, criait vengeance contre Aschraf, si prématurément reconnu par Achmet. Ce lâche usurpateur s'enfuyait avec une poignée d'Afghans vers l'Afghanistan, quand les tribus du Beloutchistan, informées de ses revers et avides de ses dépouilles, l'enveloppèrent dans leur désert et lui tranchèrent la tête, qu'ils envoyèrent en témoignage de fidélité à Tahmasp.

Ce jeune prince, replacé sur le trône par Nadir, venait de rentrer roi à Ispahan au milieu des acclamations de son peuple (1729). Le jour de son entrée dans le palais d'Ispahan, une femme couverte de haillons sortit des cuisines du harem d'Aschraf, et, se dévoilant devant le roi, lui fit reconnaître en elle sa propre mère. C'était la sultane favorite d'Husseïn, mère de Tahmasp, qui, pour échapper au massacre de la famille des rois sofis, s'était cachée en effet sous ce costume d'esclave, et dévouée aux plus vils services dans le harem de l'usurpateur. Le récit de cette reconnaissance inespérée de la mère et de son fils arrachait des larmes à tout l'Orient.

XXI

A peine Tahmasp avait-il recouvré le royaume, que son ambassadeur arriva à Constantinople pour redemander, au nom de la légitimité et de l'armée ameutée, la restitution des provinces de la Perse, enlevées à l'usurpateur par les Turcs et par les Russes. Le grand vizir ne répondit à cette juste revendication de Tahmasp que par une déclaration de guerre à la Perse, et par l'emprisonnement de l'ambassadeur envoyé à Lemnos.

Il se préparait à marcher lui-même au secours de Tauriz, menacé, disait-il, par Nadir, et en effet il fit déployer, le 24 février 1730, l'étendard sacré à Scutari. L'armée s'y rassembla, selon l'usage, autour des queues de cheval plantées sur cette première halte de la rive d'Asie en face du sérail. Le sultan Achmet III devait s'y transporter lui-même avec toute sa cour militaire, le 3 août. L'armée devait se mettre en mouvement le 18 septembre, par la route d'Alep, avec le grand vizir. Le sultan devait rester pendant la campagne à Scutari, pour assister au départ successif de tous les contingents de troupes appelés d'Europe et d'Asie pour cette expédition. Rien n'indiquait la moindre opposition au plan et au succès de cette campagne. L'orage couvait, comme il couve dans les États muets, sous une complète sérénité.

XXII

Cependant de sourds chuchotements parmi les janissaires, les canonniers, les spahis, campés dans les tentes de Scutari, agitaient l'armée à l'insu du grand vizir et des généraux. Les uns disaient que c'était un sacrilége que d'aller détrôner, en Perse, un calife descendant du Prophète pour partager ses dépouilles avec les barbares *giaours* de la Moscovie ; d'autres, que c'était une honte que de laisser l'armée se consumer pendant un mois autour de Scutari, pendant qu'un esclave, Afghan-Nadir, *kouli-khan* (esclave du khan) expulsait les Ottomans et Kiuperli-Pacha lui-même de Tauriz. Ces souffles opposés de la sédition produisaient, comme de coutume, un mécontentement général. Rien n'est si dangereux à un gouvernement que de rassembler dans l'oisiveté des hommes qui ne tentent rien isolés, mais qui sentent leur puissance d'opinion en sentant leur nombre ! Une circonstance tout accidentelle, l'impatience, au soleil, des troupes qui attendaient ce jour-là, sous les armes, le sultan à Scutari, changea tout à coup un vague murmure en explosion.

XXIII

L'habitude des sultans, quand ils quittent le sérail pour passer à Scutari, est de traverser le Bosphore à la première aube du jour. Le soleil était déjà au milieu du ciel, et les barques dorées d'Achmet III ne se détachaient pas de la plage *des Canons*, que l'on voit à Scutari. Les soldats se demandaient le motif de ce retard; déjà les corporations de Constantinople qui le précèdent ou le suivent dans ce trajet, les queues de cheval, les chevaux de main, les imans de la mosquée impériale, avaient traversé le canal depuis longtemps et l'attendaient sur la grève d'Asie.

Achmet hésitait encore au fond du sérail. Soit répugnance à s'armer contre un prince légitime qui venait de remonter sur le trône de ses pères et de donner ainsi lui-même l'exemple de l'encouragement à l'infidélité des peuples à leur dynastie, soit remontrances du mufti et du prédicateur de Sainte-Sophie, Ispérizadé (fils d'Ispéri), soit défiance de la politique du grand vizir, accusé par l'opinion d'avoir trempé dans la reddition de Tauriz à Nadir-Kouli-Khan, soit plutôt déférence pour les conseils de sa sœur Kadidjé, princesse qui possédait tous les secrets d'État et qui avait l'âme et le génie d'un vizir, Achmet refusait de quitter le palais.

Le grand vizir, inquiet du mécontentement que ces délais inusités pouvaient susciter à Scutari parmi les troupes, envoya au camp Ismaïl-Aga pour lui rapporter ce qui s'y passait. Ismaïl revint dire au grand vizir, en présence d'Achmet, que les janissaires, sous les armes depuis minuit, et trompés d'heure en heure dans leur attente, commençaient à s'indigner du mépris que cette inexactitude semblait leur témoigner.

Achmet III se décida alors à monter dans sa barque. Il fut accueilli par le silence des troupes. La nuit laissa fermenter l'agitation.

XXIV

L'absence de l'armée, du sultan et du vizir livra la capitale au hasard de l'émotion publique. Le lendemain (29 septembre 1730), un groupe de dix-sept janissaires, restés dans la ville sous le commandement d'un Albanais, nommé Patrona-Khalil, donnèrent tout à coup le signal de la révolution devant la porte de la mosquée de Bajazet, sur la place nommée le *Marché aux Cuillers*. S'élançant de là dans le grand bazar voûté à l'heure où la foule s'y répand pour acheter les provisions du jour, ils le parcoururent en criant de fermer les boutiques, signe de terreur, et en conviant tous les bons musulmans à les suivre.

Grossis dans leur course par des groupes de leurs camarades et par un cortége de populace, ils marchèrent au palais de Hassan, aga des janissaires, et le sommèrent d'ouvrir les prisons aux malfaiteurs emprisonnés par ses ordres. Hassan, intimidé, obéit lâchement à Khalil. Les prisons ouvertes vomirent à l'instant dans les rues un ramas d'hommes aigris par la captivité, ivres de la liberté, altérés de vengeance. Ils pillèrent les marchés des fripiers, des selliers et des armuriers, et répandirent le tumulte et l'effroi dans toute la ville. Pendant ce pillage, Khalil, pénétrant les armes à la main dans la caserne des janissaires, prit la marmite du cinquième régiment, signe de ralliement de ce corps autour de son foyer, et la portant sur sa tête au *Marché aux Viandes* y établit le camp de la sédition.

XXV

Constantinople était à la merci de l'émeute. Elle grossissait et s'organisait à la voix de Khalil. Le capitan-pacha, qui devait surveiller la ville, était parti sans soupçon à l'aube du jour pour aller transplanter des tulipes dans son délicieux parterre de Tschengelkaï, au bord du canal du Bosphore. Le reïs-effendi s'était également oublié depuis la veille dans son kiosque de campagne, à l'ombre des platanes des *Eaux-Douces*.

Ils accoururent tardivement dans leurs barques, descendirent au fond du port, s'informèrent des causes du tumulte, et, traversant le bazar, ordonnèrent aux marchands effrayés de rouvrir leurs boutiques. Ils remontèrent promptement dans leurs caïques, et firent ramer vers Scutari pour se concerter avec le grand vizir et l'aga des janissaires sur la répression du mouvement.

XXVI

Le grand vizir traversait au même moment le canal avec les vizirs de la coupole, le mufti et les généraux, pour tenir conseil dans le kiosque impérial qui touche au rivage. On décida que le mouvement était assez grave et assez général pour nécessiter le retour du sultan à Constantinople et pour déployer contre les révoltés du *Marché aux Viandes* l'étendard vert du Prophète.

Avant de remonter dans sa barque pour se rendre à l'avis du conseil, Achmet III s'entretint secrètement avec sa sœur, la sultane Kadidjé, son conseil intime, qui l'avait suivi à Scutari. Elle avoua depuis qu'elle lui avait conseillé d'emmener avec lui ou de garder sous sa main, au sérail, tous ses principaux ministres, afin de pouvoir au besoin racheter sa vie en livrant ses serviteurs responsables aux rebelles. Il était nuit sombre quand le sultan quitta sa sœur et débarqua, honteux de céder à la sédition, près de la *porte des Canons*, sur la grève de la mer qui baigne le kiosque du rivage. Il se glissa par les jardins dans le sérail. Un conseil s'y tint sans désemparer, en sa présence, la nuit et le jour.

XXVII

Les négociations habituelles s'établirent entre le *Marché aux Viandes* et le sérail. Elles furent vaines; le grand vizir ne croyait pas suffisamment au danger; Patrona-Khalil se sentait soulevé de plus en plus par le peuple.

« Nous n'avons rien à reprocher au sultan, répondait à tous les messages de la cour l'attroupement, mais nous ne nous séparerons pas avant qu'on nous ait accordé les quatre têtes qui perdent la foi et la politique de l'empire, celles du grand vizir, du kiaya, du mufti et du capitan-pacha. »

Achmet à ces exigences tenta vainement d'opposer

l'appel suprême aux fidèles musulmans, le déploiement du drapeau vert, oriflamme du sérail, promené dans les rues de Constantinople, voisines du palais. Nul ne s'y rallia ; il parut au peuple porté dans des mains sacriléges. Une tentative nouvelle fut faite auprès des séditieux. Achmet III livra aux bostandjis, qui paraissaient neutres entre le sérail et le camp, le capitan-pacha et le kiaya, et fit dire à Khalil qu'il consentait à la destitution du grand vizir et du mufti.

« L'exil du mufti nous suffit, répondirent les rebelles, mais nous voulons la vie d'Ibrahim. »

La nuit du 29 au 30 septembre enveloppa de son silence et de ses ombres la révolution suspendue sur un trône et la mort sur tant de têtes. Rien ne s'était prononcé pendant les ténèbres. Les meneurs secrets ou ceux qui prétendent toujours avoir inspiré les révolutions, afin d'en partager les dépouilles, commencèrent à lever le masque et à se détacher du sultan, sous prétexte d'aller s'interposer entre lui et le peuple. De ce nombre étaient le mufti, vieillard qui inspirait aux révoltés plus de pitié que de haine, l'Albanais Soulali-Effendi, soupçonné de connivence avec Khalil, et le prédicateur de Sainte-Sophie, Ispérizadé, chef des imans de la capitale. Ces trois médiateurs parurent au milieu des oulémas rassemblés dès l'aurore dans la mosquée de Sainte-Sophie pour délibérer sur le péril public.

« Est-il donc vrai, s'écria le mufti, que la colère du peuple s'acharne sur un misérable vieillard tel que moi, et qu'on veuille ensanglanter ma barbe blanche ? »

Les oulémas lui protestèrent que nul, ni parmi eux ni parmi le peuple, ne songeait à se souiller d'un tel crime.

« Eh bien, reprit-il, puisqu'il n'y a pas d'autre voie

de salut pour l'empire que la déposition du sultan, il faut délibérer sur cette terrible nécessité des circonstances. »

Ils se recueillirent, firent la prière en commun, et se rendirent processionnellement au sérail dans le kiosque d'Érivan, où le grand vizir lui-même les attendait pour conférer en secret avec eux.

« Je sais, leur dit-il avec l'accent de la fidélité qui se dévoue, que je suis un homme déjà mort, mais notre devoir à tous est de chercher à sauver du moins les jours sacrés du sultan ! » Puis, se tournant vers le mufti : « Le padischah, lui dit-il, t'a révoqué et banni, ainsi que le capitan-pacha et le kiaya ! »

Les bostandjis, à ces mots, s'emparèrent du vieillard et le conduisirent dans leur chambrée pour le garder avec le kiaya et le capitan-pacha en otages du sultan et des rebelles. Mustafa-Effendi, juge de Médine, fut investi du titre et du costume de mufti. Les oulémas se retirèrent alors avec le nouveau mufti du kiosque d'Érivan, et, rentrés à Sainte-Sophie, nommèrent des délégués choisis parmi les plus vénérables membres du clergé pour s'entendre avec les rebelles et pour leur proposer de désigner eux-mêmes les candidats populaires aux grandes charges.

XXVIII

En arrivant sur le *Marché aux Viandes*, ils trouvèrent les choix déjà faits. Les janissaires, dont les officiers se refusaient à partager l'indiscipline, avaient nommé malgré eux pour ministre des affaires étrangères le vieux maître d'armes Souleïman ; pour aga des janissaires le maître sellier de ce corps, nommé Mousli ; pour grand juge de Constantinople un bouffon, nommé Ibrahim, et pour grand-juge d'Asie, l'Albanais Soulali-Effendi, dit Ali, leur secret instigateur.

Souleïman-Aga et Soulali-Effendi se rendirent, au nom de l'armée, au sérail, porteurs de l'ultimatum du camp. Cet ultimatum exigeait les quatre têtes des ministres, la confirmation des dignités décernées par l'émeute, et un acte d'impunité authentique signé par le sultan et par les oulémas.

Achmet III, entouré désormais de ses ennemis, céda en gémissant la tête de son serviteur et de son ami pour sauver la sienne. Le grand vizir fut conduit dans l'appartement du bourreau, situé sous la porte centrale de la seconde cour du sérail, où le mufti, le capitan-pacha et le kiaya attendaient depuis la veille l'heure de l'exécution. Le nouveau divan, rassemblé pendant cette seconde nuit autour du sultan, consentit pour toute grâce à ne livrer aux rebelles que les cadavres de leurs victimes, au lieu de les jeter vivantes aux tortures de la multitude. Les bourreaux cachèrent par pitié à Achmet l'heure de cette lugubre exécution.

Le sultan se flattait encore d'un retour de pitié dans l'âme des rebelles, quand, sur le faux bruit d'une prétendue colonne de soldats venant assiéger le sérail, on pressa le supplice et on jeta les trois corps sans vie sur un chariot traîné par deux bœufs pour conduire ces restes au *Marché aux Viandes*. Ils n'arrivèrent pas jusque-là ; la multitude féroce les enleva du chariot et les sema sur la route, comme pour réjouir la ville d'une dépouille sanglante de son triomphe.

Le cadavre d'Ibrahim fut jeté sous les roues, à côté de la belle fontaine qu'il avait construite sur la grande place du sérail; celui du capitan-pacha auprès de la fontaine Khorkhor, celui du kiaya sur le *Marché aux Viandes*.

Cette sinistre satisfaction, au lieu d'apaiser la multitude, lui montra ce qu'elle pouvait oser. On s'indigna de ce que le sultan livrait à la justice populaire des cadavres au lieu des victimes vivantes. Sur la foi des profanateurs des cadavres qui avaient dépouillé de ses vêtements le corps du grand vizir, le bruit se répandit dans la foule et dans l'armée que le prince avait trompé, pour sauver son ami, la vengeance du peuple; que le corps du prétendu Ibrahim était celui d'un rameur arménien du Bosphore, nommé Manoli, qui ressemblait de visage à Ibrahim.

Cette rumeur s'accrédita par l'étonnement des spectateurs en constatant que le cadavre était celui d'un incirconcis. L'ambassadeur de France, en rendant compte de cette circonstance à sa cour, confirme ce bruit : « Le grand vizir, écrit-il, était d'origine un chrétien arménien qui avait négligé de se faire circoncire en venant en Turquie, et qui s'était contenté de faire à l'extérieur profession de mahométisme; il n'était au fond d'aucune religion. »

XXIX

Furieux de cette prétendue substitution d'une victime à une autre, les rebelles demandent pour la première fois à grands cris la déposition d'Achmet III. Ispérizadé ose lui déclarer en face que l'armée ne veut plus de lui pour padischah. Achmet ne négocie plus pour le trône, mais pour sa vie et pour celle de ses enfants. Ispérizadé et Soulali, ses maîtres plus que ses ministres, vont marchander, au camp du *Marché aux Viandes*, les conditions de sa déchéance. Ils reviennent trois heures après rapporter à Achmet sa grâce et celle de sa famille, jurée sur le Coran par les rebelles, à condition qu'il résignera le trône à son neveu Mahmoud, fils de Mustafa II. Ce prince, tiré de sa prison, paraît devant son oncle, qui le baise d'abord au front comme sultan, puis à la main comme sujet.

XXX

Ainsi finit (1730), après vingt-sept ans de règne, la vie politique du sultan Achmet III, qui avait été le génie de la paix pour un peuple épuisé de guerre. Nul prince n'avait mieux compris son peuple, nul peuple ne comprit moins son prince. Le ressentiment de la paix dans ses sujets, à la fois impatients et incapables de guerre, fut la véritable cause de sa perte. Il descendit du trône pour sa vertu. Son ministre Ibrahim expia, pour une cause plus juste, le seul crime politique que l'histoire puisse lui reprocher, le partage inique de la Perse avec la Russie, prélude et modèle du partage de la Pologne.

XXXI

Mais Mahmoud Ier n'était pas souverain tant que Patrona-Khalil, le chef et l'âme de la révolte, campait sur la place du *Marché aux Viandes*, entouré des janissaires et du peuple. La dissimulation, vice des esclaves, était la nécessité des sultans esclaves de la sédition. Mahmoud y avait été exercé dès l'enfance. Il feignit de se jeter avec abandon dans les mains du plus populaire des séditieux.

Khalil, appelé au sérail, parut devant son nouveau maître. L'audace et l'intelligence éclataient dans ses traits. Jeune, leste, martial d'attitude, beau de visage, les lèvres ombragées d'une moustache noire, les jambes nerveuses et nues, vêtu du simple cafetan de drap grossier des janissaires, éloquent de langage, impérieux de regard, on ne reconnaissait déjà plus dans cet Albanais le marchand de vieux habits qui vendait, quelques jours auparavant, ses loques dans les rues de Constantinople. Il avait pris l'esprit de son rôle de vengeur du peuple avec la même facilité que le sabre du révolté. Nul homme n'était plus fait pour personnifier une sédition militaire.

« Que désires-tu de moi pour prix du trône où tu m'as fait monter? lui demanda avec une apparente déférence Mahmoud.

» — Sublime empereur, répondit ce chef des rebelles, mes vœux sont remplis, les ennemis de l'empire sont punis, et Ta Hautesse est assise sur le trône de ses ancêtres. Je n'ai pas formé le noble dessein de t'y placer sans savoir que *ceux qui font les sultans ne meurent jamais dans leurs lits.*

» — Rassure-toi, reprit le prince, je te jure, par les mânes de mes pères, que, loin de vouloir attenter à ta vie, mon dessein est de te récompenser.

» — Si telle est l'intention de Ta Hautesse, dit Patrona, donnes-en la preuve éclatante : abolis à l'instant le *malikiané* (baux à vie), qui a causé la mort du vizir Ibrahim et la déposition de ton frère Achmet.

» — Tu seras content, « lui dit Mahmoud.

Et à l'instant il donna l'ordre de supprimer l'impôt impopulaire.

Ce désintéressement apparent du chef des rebelles confirma pour quelques jours son ascendant sur les troupes. Il l'entretint, aux dépens du trésor, en assouvissant les révoltés de grades et de gratifications. Le kiaya des janissaires ayant risqué de lui faire une observation sur le prompt épuisement du trésor, s'il n'arrêtait pas le cours des exigences et des prodigalités, Khalil, absolu comme un rebelle et cruel comme un parvenu à la tyrannie, lui trancha la tête pour toute réponse. De ce jour il régna sous le nom de Mahmoud 1er et de ses ministres. Il conduisit, à cheval, le sultan à la mosquée d'Aïoub, pour y ceindre le sabre d'Othman, seul armé au milieu des soldats désarmés, et jetant à pleines mains les sequins d'or à la multitude.

Rencontrant dans la foule un ancien boucher grec, nommé Jannachi, qui lui avait autrefois vendu sa viande à crédit : «Jannachi, lui dit-il en riant, es-tu décidé à ne pas vivre plus longtemps que moi?»

Le Grec lui ayant répondu par des protestations de

dévouement : « Eh bien! lui dit Patrona, que puis-je faire pour toi ? Tu n'as qu'à parler. »

Le boucher Jannachi lui demanda aussitôt d'être fait prince de Moldavie. Grégoire Ghika, alors hospodar et frère du drogman de la Porte, était bien vu de la cour ottomane. Le grand vizir refusa une première fois Jannachi venant demander un trône sur la recommandation de Patrona.

« On n'avait pas de reproche à faire à l'hospodar, disait-il, et son nom illustre contrastait trop avec la vile profession du protégé qui se présentait pour le déposséder.

— Que m'importe, dit Patrona impudemment, Grégoire Ghika n'est-il pas giaour? Jannachi l'est aussi ; c'est mon ami, je veux qu'il soit préféré. »

Il chargea Mousli d'accompagner son Grec à l'audience du vizir, et le boucher Jannachi en sortit hospodar de Moldavie.

Tout ce qu'osaient impunément les trois chefs est au-dessus de toute croyance. Patrona, Mousli et Ali, toujours armés, ainsi que leurs complices, au mépris des défenses du sultan et du grand vizir, entraient au divan, portant de larges sabres, et sous les yeux de ce premier ministre, muet devant eux, ce triumvirat de taverne distribuait les emplois et jugeait les causes.

XXXII

De tels excès, agréables un moment à la multitude comme des preuves de sa toute-puissance, lui deviennent bien vite odieux comme des scandales qui déshonorent dans ses favoris sa propre image. Les soldats, rentrés à la voix de leurs officiers dans leurs casernes, ne laissaient plus à Khalil qu'une bande indisciplinée de quelques milliers de rebelles, rebut de l'armée et de la ville. Un de ces suppôts de Khalil ayant tué dans une rixe un janissaire, les casernes s'émurent et se convoquèrent sur l'Atmeïdan pour venger leur camarade. Khalil osa paraître dans cette assemblée et y défier les janissaires au nom de douze mille Albanais ses compatriotes, prêts, disait-il, à prendre sa cause.

«Quand tu ferais venir à Constantinople tous les bandits de l'Albanie, tes pareils, nous les braverions, » lui répondit le cri général.

Il baissa de ton comme tous les tribuns qui ne sont forts que de leur insolence, et qui mendient par la délation les restes de la popularité qui leur échappe.

«Ne te mêle donc plus des affaires d'État, lui dirent les anciens camarades de révolte; que Mousli, ton séide, ne parle plus en ministre de l'empire; qu'il ne se présente plus tous les jours à la porte du divan avec le faste et l'insolence d'un kiaya. Crois-tu que le sultan et son grand vizir aient besoin de vos lumières pour se conduire?

» — Mais, dit Patrona avec modération, si je cesse un instant de veiller sur le sultan et sur le divan, vous reverrez bientôt en place des ministres aussi odieux que ceux que nous avons punis; je n'ai d'autre but que le bonheur public. »

Mille cris d'indignation se firent entendre aussitôt.

« Ce n'est pas d'un homme tel que toi, lui disaient les janissaires, que le salut du peuple dépend. Notre sublime empereur se montre assez juste et assez éclairé pour que tu lui laisses le soin de rendre ses sujets heureux. Nous ne souffrirons pas plus longtemps qu'un homme comme toi dicte des lois à Sa Hautesse, et prétende être admis au partage de l'autorité souveraine. Nous te donnons trois jours pour licencier les bandis que tu payes ; au delà de ce terme, nous les exterminerons partout où nous les rencontrerons. »

XXXIII

Humilié, mais obstiné dans son orgueil et dans son ambition de chef de parti, Khalil tenta d'arracher par la corruption ce qu'il n'avait pu obtenir de la menace. Il parvint à acheter, à force d'or et de promesses prodigués aux janissaires, la nomination de Mousli, son principal complice, au grade de kiaya ou de premier lieutenant général de cette milice. Il se réservait à lui-même le poste de capitan-pacha. Djanüm-Pacha, intrépide et fidèle marin, auquel ce poste était destiné par le grand vizir, et qui était alors à Chio, fut secrètement mandé à la cour. Il se concerta avec le grand vizir, le khan des Tartares et un petit nombre d'hommes résolus du sérail, pour purger l'empire du triumvirat qui prétendait régner sous le nom des casernes et des cafés de la capitale.

Les triumvirs Khalil, Mousli et Ali se croyaient inviolables sous leur popularité encore armée : des déférences apparentes leur dérobèrent habilement le piége où la vengeance de Mahmoud les attirait. Appelés inopinément au divan, sous prétexte qu'on avait besoin de leurs lumières, ils s'y rendirent sans défiance, et laissèrent dans la première cour du sérail l'escorte dont ils marchaient toujours environnés. Le divan, présidé par le grand vizir, en présence du-sultan lui-même, était nombreux et imposant. Djanüm-Pacha y assistait en qualité de commandant en second de la flotte ; un officier supérieur des janissaires, surnommé Pehliwan ou *le Lutteur*, à cause de la majesté de sa stature et de la vigueur de ses bras, avait été introduit secrètement dans le sérail pour exécuter les triumvirs, et il attendait, caché derrière un rideau, le signal ou le prétexte de son apparition dans la salle pour l'exécution.

Le conseil s'ouvrit par une délibération sur la paix ou sur la guerre. Patrona-Khalil insista pour que le divan déclarât la guerre aux Russes comme alliés des Persans, confondant ainsi, dans son ignorance, les deux nations antipathiques aux musulmans, mais qui étaient alors en guerre l'une contre l'autre. On feignit d'écouter avec respect ses divagations patriotiques et d'y souscrire. L'orateur allait se retirer avec ses deux complices, quand le grand vizir, le vieux Mohammed-Pacha, homme indiqué à Mahmoud comme prêt à lui sacrifier un reste de jours, se leva et annonça aux chefs des factieux que le padischah, pour le récompenser de ses services, le nommait beglerbeg d'Europe, et ordonna en même temps aux chambellans de service de le revêtir de la pelisse d'honneur, signe de son investiture ; il nomma également Mousli et Ali, les deux autres membres du triumvirat, à de hautes dignités de l'empire. Dans les législations ottomanes, ces nominations étaient probablement nécessaires au supplice des coupables pour les soustraire, par le caractère politique dont on les investissait ainsi, aux tribunaux ordinaires, et pour les ranger au nombre des justiciables du seul tribunal de la raison d'État.

« Je ne veux pas d'un poste qui m'exile de la capitale, répondit insolemment Patrona-Khalil; je n'accepterai que le poste de commandant général des janissaires, qui m'ont nommé d'eux-mêmes leur chef pour accomplir la révolution. »

Cette insulte au sultan et ce défi à son grand vizir soulevèrent un murmure d'indignation dans le divan.

Le Pehliwan, caché dans le cabinet *des Porcelaines*, ne put se contenir plus longtemps, et, s'élançant le sabre à la main dans la salle : « Quel est, dit-il à Khalil, le misérable assez audacieux pour vouloir être aga des janissaires? » Puis, provoquant loyalement Khalil à se défendre, afin de le frapper en brave et non en assassin, il croisa le fer avec lui, et, lui plongeant son sabre jusqu'à la poignée dans la poitrine, il l'abattit aux pieds du sultan. « Ainsi périssent, s'écria-t-il, tous les ennemis du sultan et de l'empire! »

Mousli et Ali, qui s'étaient levés pour défendre leur chef, tombèrent sur son corps, sous le poignard de Djanüm le marin (1730). On remit les trois cadavres aux bostandjis pour les jeter à la mer par les fenêtres du kiosque *des Canons*.

XXXIV

Aucun bruit ne révéla au dehors cette tragédie du divan. On fit courir au contraire, dans les cours, la rumeur des hautes dignités auxquelles Khalil et ses amis venaient d'être promus. On introduisit un à un, dans le sérail, tous les officiers et tous les soldats de leur escorte, sous prétexte de leur distribuer leur part de récompenses, d'honneurs et de pelisses. Des bourreaux, apostés derrière la porte, les étranglèrent jusqu'au dernier, sans que le soupçon transpirât de tant de cadavres.

Avant que la mort des triumvirs fût ébruitée dans la capitale, tous leurs principaux complices, désignés d'avance aux tschaouschs, étaient égorgés, et leurs corps flottaient sur la mer de Marmara, à l'ombre des Sept-Tours.

Ainsi triompha la révolution et périrent les instruments de la révolution. Ainsi périssent justement tout ceux qui, après avoir été le bras d'une révolution de palais, de caserne ou de parti, veulent perpétuer, dans l'intérêt de leur popularité ou de leur ambition personnelle, un mouvement qui peut être quelquefois la nécessité, mais qui ne peut jamais être l'état permanent des sociétés, monarchies ou républiques. Factieux capable, politique déplorable, Patrona-Khalil, sorte de Mazaniello des Turcs, avait mérité et prévu son sort. S'il s'était fait justice en disparaissant dans la foule, il aurait laissé la mémoire d'un champion désintéressé du peuple ; il laissa celle d'un factieux soldatesque, la pire race des factieux. Il aspira plus haut qu'il ne pouvait atteindre. L'audace suffit à faire un tribun, l'éducation seule fait un homme d'État. Mazaniello et Khalil périrent le jour où ils voulurent gouverner.

XXXV

Le vieux vizir Mohammed, capable du dernier service qu'il venait de rendre, mais incapable de contenir les séditions que leur succès encourageait à renaître, fut éloigné avec honneur et nommé gouverneur d'Alep. Kabakoulak-Pacha ou le pacha *à l'oreille dure*, qui avait combiné et ourdi toute la tragédie du sérail contre les triumvirs, reçut le sceau. C'était un Asiatique de Kara-Hissar, fils d'un paysan, longtemps serviteur domestique de son compatriote le troisième Kiuperli, puis son kiaya, puis pacha de Bosnie, enfin pacha d'Égypte, où il avait vaincu et assoupli les indomptables mameluks circassiens, janissaires du Nil. Sa brutale sévérité ne sut pas ménager assez la transition graduée, toujours nécessaire entre l'excessive licence et l'excessive autorité.

La destitution et le supplice du boucher Jannachi, protégé de Khalil et devenu prince de Moldavie, souleva contre le grand vizir les janissaires. Ils campèrent de nouveau sur la place du Marché. L'étendard sacré, déployé cette fois à temps par le sultan, groupa les défenseurs du trône autour du grand vizir. Les janissaires, attaqués et vaincus dans leur camp, périrent un à un, pendant six mois, par ses exécutions nocturnes. Le nombre de cadavres que le Bosphore rejetait tous les matins sur ses grèves finit par émouvoir le peuple. Dans la crainte de convertir la pitié en sédition, Mahmoud 1er sacrifia le vizir, et l'envoya gouverner Négrepont (1731). Un homme qui a laissé un grand nom dans la mémoire de l'Orient et de l'Europe, Topal-Osman ou Othman *le Boiteux*, fut appelé d'Albanie pour gouverner l'empire.

XXXVI

Osman *le Boiteux*, né en Grèce, avait été page dans le sérail; nommé ensuite gardien des noyers des jardins, puis jardinier en chef, il avait préféré la guerre aux loisirs des kiosques et des fontaines. Les deux queues de pacha avaient récompensé ses exploits de la bataille de Péterwardein, où il avait cherché vainement la mort à côté du grand vizir Ali, tué dans la mêlée. Envoyé après la révolution en Albanie et en Bosnie, pour y étouffer les dernières étincelles de la sédition militaire (1730), sa modération et sa fermeté l'avaient désigné à Mahmoud; ses vertus privées, et surtout la plus douce de ses vertus, la reconnaissance, le signalèrent particulièrement à l'estime des Français.

Fait prisonnier sur mer dans son adolescence par un corsaire espagnol, le capitaine du vaisseau sur lequel il était blessé et enchaîné entra, pour se ravitailler, dans le port de Malte. Un marin marseillais, nommé Arnaud, étant monté à bord du navire espagnol pour y complimenter le commandant, son ami, fut frappé de l'infortune et de la physionomie du jeune musulman; il lui témoigna son intérêt par quelques paroles et par quelques secours. Topal-Osman, touché de ces marques de générosité, osa suplier le chrétien de l'acheter comme esclave. « Tu ne t'en repentiras pas, lui dit-il; quel que soit le prix qu'on te demande de moi, je te le rendrai avec usure. »

Le Marseillais crut à la physionomie et à l'accent du jeune captif. Il le racheta au prix de six cents sequins, l'emmena à Marseille, le soigna dans sa propre famille, le guérit de ses blessures, et le renvoya sans rançon, sur sa seule parole, en Égypte. Topal-Osman chargea le navire qui l'avait ramené à Damiette d'une riche rançon et d'une plus riche cargaison gratuite, offerte en présent à son libérateur. Chaque année, depuis sa délivrance, il se complaisait à renouveler ces présents au Marseillais et à sa famille. A peine élevé au rang de grand visir, il se souvint de nouveau de son hôte français, et l'invita, par l'intermédiaire de l'ambassadeur de France, à venir recevoir de lui, à Constantinople, l'hospitalité d'un second fils. « Dis-lui surtout, ajouta-t-il en recommandant la promptitude à l'ambassadeur, dis-lui de se hâter, parce qu'un vizir ne vieillit pas en place. »

Arnaud arriva avec ses fils sur un navire chargé de présents pour Topal-Osman. Ces présents consistaient, disent les annales anecdotiques du temps, en orangers de Provence chargés de fleurs et de feuilles, en serins chanteurs des îles Canaries, et en douze esclaves musulmans que le Marseillais avait achetés en passant à Malte, pour les offrir au vizir. Topal-Osman réunit dans son palais un somptueux cortége de parents et d'amis pour honorer son hôte.

« Vous voyez, leur dit-il en embrassant le vieillard et en montrant du geste les Turcs délivrés, vous voyez vos frères qui jouissent de la liberté après avoir gémi dans l'esclavage ; ce Français est leur libérateur. J'étais esclave comme eux, j'étais chargé de chaînes, couvert de blessures : il m'a racheté, il m'a soigné, il m'a sauvé. Liberté, vie, fortune, je lui dois tout. Il a payé ma rançon sans me connaître, il m'a renvoyé sur ma parole, en me confiant son propre vaisseau : quel musulman eût été capable d'une plus grande générosité ! »

La tolérance presque partiale de Topal-Osman pour les chrétiens des différentes communions qui couvraient l'empire ayant scandalisé les ombrageux oulémas, clergé que le fanatisme de sa foi porte dans tous les cultes à l'oppression des fois étrangères, le vertueux vizir fut forcé de céder aux murmures de la multitude et de remettre le gouvernement à Ali-Pacha (1732), et partit pour commander l'armée ottomane, menacée sous Bagdad par Nadir ou Thamas Kouli-Khan, dictateur de la Perse.

Reprenons le récit des exploits et des crimes de Nadir.

XXXVII

Tahmasp, son roi légitime, réinstallé, comme on l'a vu, par lui à Ispahan, avait d'abord vaincu les Turcs ; bientôt, défait par eux dans une seconde bataille, il leur avait cédé par un traité de paix toutes les provinces de la monarchie au delà de l'Araxe (1732). Nadir, éprouvant ou simulant une généreuse indignation d'une paix achetée par le démembrement de la patrie, crut trouver dans l'humiliation de la Perse un prétexte patriotique à son ambition, jusque-là patiente, du trône.

« Un pareil traité, écrivit-il dans une proclamation à la Perse, est un attentat contre la volonté du ciel, car les anges qui gardent le tombeau du divin Ali, notre prophète, nous appellent hautement à la délivrance de ses sectateurs captifs des hérétiques ottomans. Cette paix avec les Turcs ne durera pas. Restez tranquilles jusqu'à ce que je vienne vous trouver. Avec la protection du Très-Haut, je vais marcher à la tête d'une armée forte de ses premiers succès, habituée aux siéges, nombreuse comme les fourmis, vaillante comme les lions, et réunissant à la vigueur de la jeunesse la prudence de l'âge mûr. Que l'échanson, dit-il en faisant allusion à une chanson populaire, avertisse notre ennemi, l'adorateur du feu, de couvrir sa tête de poussière; car l'eau qu'il avait détournée est rentrée dans son lit. »

Ces invocations mystiques au patriotisme et à la foi de la vieille Perse émurent le fanatisme et l'orgueil national. L'opinion d'Ispahan vola au-devant de Nadir.

XXXVIII

Il arriva, toujours enveloppé d'ambiguïté, sous les murs de cette capitale, tour à tour serviteur obéissant ou protecteur insolent de Tahmasp. Enfin, après avoir rassuré suffisamment ce prince par des protestations répétées de sa fidélité, il le contraignit, plus qu'il ne l'invita, à venir assister dans son camp, hors des murs, à un festin militaire donné en son honneur. Tahmasp, arrêté perfidement avec toute sa cour au milieu de la fête, fut jeté sur un cheval et envoyé prisonnier dans le Khorasan avec ses enfants et ses femmes (1733).

Timide encore, même après ce crime, devant le titre sacré de roi, qu'il n'osait ni recevoir ni prendre, il garda auprès de lui, à Ispahan, le plus jeune des enfants de Tahmasp, âgé de huit mois, et nommé Abbas III. Quant à lui, il parut se contenter de régner sous le nom de ce roi au berceau, avec l'autorité absolue de régent ou de dictateur de la Perse. Il marchait sur Bagdad avec une armée nombreuse, fanatique, aguerrie, au moment où Topal-Osman, le grand vizir, devenu généralissime, s'avançait lui-même pour secourir cette capitale des califes.

XXXIX

Topal-Osman, dont le génie militaire, inné chez les Albanais, était digne de se mesurer à la vieille renommée de Nadir, remporta sur les Persans, sous les murs de Bagdad, la victoire la plus sanglante qui eût jamais illustré les armes des Turcs en Asie. Son bras n'y participa pas moins que son coup d'œil. Pendant qu'à la tête de son infanterie il supportait sans fléchir le choc des cent vingt mille cavaliers de Nadir, que trois chevaux tombaient morts sous lui, et que, trois fois relevé de terre, il oubliait ses blessures pour combattre encore, une cavalerie arabe de ses alliés du désert, apostée par le beglerbeg derrière des dunes de sable, fondait comme le simoun sur le flanc gauche de Nadir et dispersait comme une poussière son armée déjà lasse de huit heures de mêlée.

Nadir fugitif ne put rallier sa déroute qu'à cent milles du champ de bataille ; mais, aussi digne du commandement dans le revers que dans le succès, il récompensa, comme les Romains, ses soldats au lieu de les punir, et il les ramena à la victoire par la certitude de vaincre avec eux. Une seconde bataille dans les plaines de Bagdad justifia sa confiance. Topal-Osman, dont les blessures saignaient encore, était contraint de se faire porter au combat sur une litière; sa voix, son geste, son regard, manquaient à ses troupes : elles cédèrent à l'impétuosité des Persans, que la honte de leur défaite aiguillonnait à la vengeance. Au moment de la déroute, les serviteurs du beglerbeg le firent monter à cheval pour échapper à Nadir; mais, atteint par les Persans et reconnu à la richesse de ses vêtements, il tomba percé d'un coup de lance par la main d'un soldat qui lui trancha la tête et la porta à Nadir. Le héros persan respecta dans le héros ottoman le courage et le malheur. Il renvoya aux Turcs la tête embaumée de leur général, pour que les honneurs de la sépulture fussent rendus à Topal-Osman par des mains amies.

Abdallah, pacha de Kars, menaçait la Perse, au nord, d'une seconde armée supérieure à celle que Nadir venait d'anéantir à Bagdad. Nadir marcha à lui sans perdre le temps à l'occupation de la capitale des califes; il jeta un pont sur l'Araxe.

« Les Turcs, dit-il à son armée, sont huit contre un ; c'est un motif de plus pour faire de glorieux efforts. J'ai rêvé la nuit dernière qu'un animal furieux s'était précipité dans ma tente, et qu'après une longue lutte j'étais parvenu à le tuer. Avec un tel présage, s'écria-t-il, le succès est certain pour ceux qui combattent sous la protection de ce bras puissant qui élève les faibles à la gloire et abaisse les plus fiers oppresseurs ! »

Si de telles paroles étaient propres à encourager les troupes, son exemple n'était pas moins efficace. Après avoir tout réglé et fait d'habiles dispositions pour son armée, il se précipita sur l'ennemi à la tête des plus courageux des siens ; et partout où il se porta, les Persans furent invincibles. Dans une de ces charges, Abdallah-Pacha fut tué par un soldat qui apporta sa tête à Nadir. Le combat était dans toute sa fureur ; Nadir fit mettre cette tête sur une pique et ordonna qu'on la plaçât dans le lieu où elle serait le plus en vue de l'ennemi.

Ce qu'il avait prévu arriva : la mort de leur général enleva l'âme aux Ottomans. Ils s'enfuirent en laissant à Nadir tout le territoire conquis sur la Perse. La monarchie entière, démembrée par la coalition des Russes et des Ottomans, fut recomposée par deux victoires.

XL

Avant de considérer l'effet de ces revers à Constantinople, groupons d'un regard le reste de la destinée de Nadir-Schah. La nation, assemblée à sa voix dans l'immense et fertile plaine d'Ardébil, capable de contenir et de nourrir une multitude aussi nombreuse que les hordes de Timour, fut conviée à se choisir un roi digne de tenir le sceptre et l'épée (1736).

« Tous les chefs de vos grandes tribus sont devant vous, dit-il aux représentants de la Perse, choisissez librement entre vous le plus digne de vous régir ; c'est assez pour moi d'avoir délivré mon pays des Afghans, des Turcs et des Russes. »

Trois fois on lui décerna la couronne, trois fois il feignit, comme César, de la détourner de sa tête. Il l'accepta enfin, mais à la condition que la Perse abjurerait le schisme d'Ali, qui avait, disait-il, porté malheur au pays, et formerait, sous l'iman Djafar-al-Sadik, une secte nouvelle dans l'islamisme, secte qui se réconcilierait dans une orthodoxie commune avec les musulmans, sectateurs d'Omar, pour l'union et la force de la foi.

Il instruisit, par des proclamations et par des ambassadeurs, la Porte Ottomane et les souverains mahométans de l'Inde de cette révolution religieuse de la Perse, qui lui conciliait d'avance les populations dont il méditait la conquête. Les uns ont attribué cette conversion nationale à la piété de Nadir, les autres à son ambition; ces deux mobiles s'y confondirent. La religion, âme des hommes de l'Orient, est au fond de toute chose, même du crime, dans ces contrées de l'enthousiasme et de l'adoration.

XLI

A peine couronné (1737), il reprit en sens inverse la route autrefois parcourue par Timour vers les Indes. Il construisit, près de Candahar, la ville de Nadirabad, ville de Nadir, à l'exemple d'Alexandre, qui marquait ses haltes par des capitales. Mohammed-Schah, prince efféminé par le trône, régnait alors à Delhi. Le proverbe indien disait de lui qu'il n'était jamais sans un verre à la main ou une favorite dans ses bras. Vaincu et captif dans sa capitale, Mohammed-Schah reçut du vainqueur le pardon et le sceptre (1739), à condition de céder à Nadir les plus populeuses provinces et les trésors fabuleux de l'empire. Un massacre de cent vingt mille habitants de Delhi, insurgés contre Nadir pendant qu'il occupait la ville, confirma par la terreur l'asservissement de l'Inde.

Son retour en Perse, avec une armée chargée de deux milliards de dépouilles et suivie d'un million d'esclaves, rappelle les triomphes de Sapor, de Timour et d'Akbar. D'innombrables éléphants accompagnaient le conquérant et portaient à Ispahan les merveilles de l'Inde. Le trône d'or des Mongols, appelé le *paon*, parce qu'il représentait la forme de cet oiseau, dont la queue étincelait de pierreries, était étalé par Nadir devant les populations de la Tartarie, qu'il alla éblouir et intimider à son retour.

Il rentra par Khélat en Perse, et se reposa trois mois à Mesched, dont il avait fait la capitale nouvelle du royaume. En marchant contre les Lesghis, peuplade insoumise d'Afghans, un assassin, caché derrière les arbres d'une forêt, tua son cheval, et le blessa à la main. Son fils Riza-Kouli, qui marchait à côté de lui, lança son cheval, pour punir l'Afghan fugitif, à travers la forêt; il ne put l'atteindre. L'ombrageux Nadir vit dans cette tentative d'assassinat et dans le zèle affecté de Riza-Kouli l'intention d'un parricide; la gloire et la popularité de ce jeune héros offusquaient son père. Il lui fit impitoyablement crever les yeux (1741). « Ce ne sont pas mes yeux que vous avez brûlés, lui dit le jeune prince, ce sont ceux de la Perse. »

Le remords le jeta dans une démence qui l'altérait de sang. Chaque halte de son armée laissait une traînée de cadavres suppliciés par ses ordres (de 1742 à 1746). Ses propres lieutenants conspirèrent enfin sa mort pour assurer leur vie. Pendant qu'il dormait, quatre de ses officiers, parmi lesquels le capitaine de ses gardes Saleh-Beg, entrèrent dans sa tente sous prétexte d'avis pressants à donner au schah. Réveillé au bruit de leur voix, Nadir, qui reposait tout armé, se leva en sursaut, se défendit en lion contre les quatre assassins, en étendit deux à ses pieds, et ne succomba enfin que sous le poignard de Saleh-Beg (1747).

XLII

Ses grands projets de conquêtes au nord, de navigation de la mer Caspienne, et de fusion de tous les cultes de l'Inde, de la Perse et de la Turquie en une seule religion générale, épurée et fondée sur la morale universelle, périrent avec lui. Timour avait eu la même pensée, trop haute encore pour son temps. A l'exemple de Timour, Nadir faisait traduire les évangiles comme des codes de vertus. Les chrétiens étaient traités par lui avec autant de bienveillance que les musulmans; sa raison aspirait à fonder une théologie naturelle; mais le sabre qui détruit les temples ne fonde pas les idées.

Avant l'égarement de son esprit, perdu par le remords du supplice de son fils, Nadir ne se donnait ni pour un être surnaturel, ni pour un fondateur d'empire, mais pour un ministre aveugle de la fatalité. Il tomba un jour dans son champ une flèche à laquelle était attaché un écrit portant ces paroles : « Si tu es roi, protége et rends heureux ton peuple; si tu es prophète, montre-nous le chemin du salut;

si tu es dieu, aie pitié dans ta miséricorde de ceux que tu as créés. »

Il fit des recherches vaines pour découvrir l'auteur de l'écrit, et fit distribuer dans tout son camp des copies de ce papier, avec la réponse suivante :

« Je ne suis ni un roi qui doive protéger ses sujets, ni un prophète qui doive montrer le chemin du salut, ni un dieu qui doive faire des actions de miséricorde; je suis celui que le Tout-Puissant a envoyé dans sa colère pour châtier un monde coupable. »

Revenons à Mahmoud Ier, que la paix forcément conclue avec la Perse livrait à l'ambition d'une nouvelle puissance, plus permanente et plus redoutable à l'empire que l'apparition fugitive d'un héros persan. C'était la Russie.

FIN DU TOME CINQUIÈME DE L'HISTOIRE DE LA TURQUIE.

TABLE

DES MATIÈRES CONTENUES DANS CE VOLUME

		Pages.
LIVRE XXVI (suite).	Ibrahim. Mahomet IV, enfant, 1650.	3
LIVRE XXVII.	Mahomet IV, 1655.	37
LIVRE XXVIII.	Suite de Mahomet IV, 1675.	99
	Soliman III, 1687.	185
LIVRE XXIX.	Suite de Soliman III, 1689	193
	Achmet II, 1691.	197
	Mustafa II, 1695.	201
LIVRE XXX.	Achmet III, 1703.	227
LIVRE XXXI.	Suite du règne d'Achmet III, 1711.	311
	Mahmoud Ier, 1730.	381

FIN DU VINGT-SEPTIÈME VOLUME.

PARIS. — TYPOGRAPHIE DE COSSON ET COMP., RUE DU FOUR-ST-GERMAIN, 43.

www.ingramcontent.com/pod-product-compliance
Lightning Source LLC
Chambersburg PA
CBHW052036230426
43671CB00011B/1678